학습장애 학생을 위한

차별화 교수법

For information:

Corwin Press, Inc.

A Sage Publications Company

2455 Teller Road

Thousand Oaks, California 91320

E-mail : www.corwinpress.com

Sage Publications Ltd.

6 Bonhill Street

London EC2A 4PU

United Kingdom

Sage Publications India Pvt. Ltd.

M-32 Market

Creater Kailash I

New Delhi 110 048 India

Korean translation edition © 2007 by Sigma Press, Inc.,

Published by arrangement with Corwin Press, Inc.

학습장애 학생을 위한
차별화 교수법

William N. Bender 지음
김자경 · 김기주 옮김

CORWIN
PRESS

Σ시그마프레스

학습장애 학생을 위한
차별화 교수법

발행일 | 2007년 2월 26일 1쇄 발행
        2009년 3월 9일 2쇄 발행

저자 | William N. Bender
역자 | 김자경, 김기주
발행인 | 강학경
발행처 | ㈜시그마프레스
편집 | 김명숙
교정·교열 | 문수진

등록번호 | 제10-2642호
주소 | 서울특별시 마포구 성산동 210-13 한성빌딩 5층
전자우편 | sigma@spress.co.kr
홈페이지 | http://www.sigmapress.co.kr
전화 | (02)323-4845~7(영업부), (02)323-0658~9(편집부)
팩스 | (02)323-4197

인쇄·제본 | 백산인쇄

ISBN | 978-89-5832-336-5

Differentiating Instruction for Students With Learning Disabilities

by William N. Bender

* 책값은 뒤표지에 있습니다.

차 례

머리말

이 책은 미국 University of North Carolina에서 철학박사 학위를 받고 현재 University of Georgia 특수교육학과에 재임 중인 William Bender 교수가 2002년 Corwin 출판사를 통해 출간한 저서를 국제 저작권법에 따라 해당 출판사의 허가를 받고 우리말로 번역한 것이다. 이 책은 *Differentiating Instruction for Students with Learning Disabilities*란 영문 제목에서 볼 수 있듯이, 학습장애 학생을 위한 다양하고 효과적인 교수법에 대해 구체적으로 다루고 있다. 저자인 William Bender 교수는 오랫동안 중학교 교사로 근무한 경험과 더불어 특수교육 분야에 대한 전문적인 연구를 바탕으로 현재에도 교사를 대상으로 한 교수법 워크숍을 꾸준히 시행하고 있다. 따라서 이 책에 실린 교수법들은 학습장애에 대한 저자 자신의 전문적 지식과 실천을 근거로 한 것들이라 볼 수 있다.

역자가 교육 현장을 방문하거나 개인적인 친분이 있는 교사들을 만날 때마다 가장 많이 듣는 이야기 중 하나는 학습장애 학생을 위한 교수법에 관한 교재를 추천해 달라는 것이다. 그러나 국내에는 학습장애와 직접적으로 관련된 도서가 부족할 뿐만 아니라, 출간된 책 대부분이 이론적인 측면에 초점을 두고 있기 때문에 선뜻 추천할 만한 것이 없는 형편이다. 이런 이유로 이 책을 처음 접했을 때 주저 없이 번역을 결심하게 되었다.

국내에서는 지난 20여 년간 통합교육이란 큰 물결 속에서 학습장애로 판별된 대부분의 학생들은 일반학교 내 일반학급이나 특수학급에서 교육을 받고 있다. 이런 현실에 비추어 볼 때 특수교육교사와 일반교육교사 모두 이들 학생들에 대한 이해와 교수법에 대한 전문적인 지식을 갖추는 것이 필요하다. 이 책에 포함된 교수법들은 교사가 일반교육환경에서 학습장애 학생뿐만 아니라 일반학생 및 학습부진 학생에게도 효과적인 교육을 제공할 수 있는 것들이다. 또한 이 책은 이러한 교수법을 적용하는 데 있어 일반교육교사와 특수교육교사가 어떻게 협력해야 하는지에 대해서도 상세히 기술하고 있어 교육적인 효과를 배가시킬 수 있다. 따라서 특수교육교사뿐만 아니라 일반교육교사들에게도 좋은 지침서가 되리라 생각한다.

2004년 개정된 미국 장애인교육법(IDEA)에서는 학습장애 판별을 위한 새로운 준거로 "아동이 과학적이고 실험에 근거한 교수(scientific, research-based intervention)에 반응하는지 측정하여 학습장애 여부를 결정해야 한다."고 제시하고 있다. 이 법은 이전까지 학습장애의 유일한 판별 준거인 것처럼 적용되어 왔던 '학업성취와 학습잠재력 간의 심각한 불일치' 준거를 폐지하고 이 새로운 준거를 제시하고 있는데, 이는 어느 때보다도 교사들의 능력을 중요시하고 있다는 것이다. 위에서 언급한 대로 이 책은 이론적인 성격보다는 실제적인 성격이 강하다. 하지만 이 책에 있는 모든 교수법은 이론적인 근거뿐만 아니라 그간의 연구 결과들이 함께 제시됨으로써 과학적이고 실험에 의해 그 효과가 입증된 것들이라 할 수 있다. 따라서 이 책의 내용은 학습장애 교수방법으로 활용할 수도 있고, 이 새로운 학습장애 판별준거를 적용하는 과정에서도 사용될 수도 있다고 생각한다.

이 책을 통해 일반교육 및 특수교육을 담당하는 현직교사들을 비롯하여 예비교사들이 학습장애 학생을 교육시키는 데 필요한 많은 정보를 얻을 수 있길 바란다.

끝으로 이 책을 번역하는 과정에 많은 도움을 준 연구실 식구들(서주영, 강혜진, 이동화, 김지현, 박원경, 김남영, 이선화)과 출판을 맡아 수고해 주신 (주)시그마프레스에 감사의 마음을 전한다.

2007년
역자

서 론

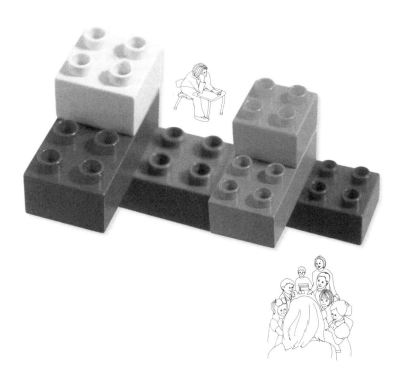

서론

학습장애 학생들은 내가 겪어본 학생들 중 가장 용기 있는 학생들이다. 학습장애 학생들을 직·간접적으로 20년 이상 가르쳐 왔기 때문에 이들의 행동문제에 대해서 어느 정도 알고 있지만, 문제의 근본적인 원인이 무엇인지에 대해서는 잠시 숙고해 볼 필요를 느낀다. 학습장애 학생들은 자신에게 주어지는 과제를 배우려고 노력함에도 불구하고 어렵기 때문에 계속해서 좌절하며 잘못된 행동을 보이게 된다. 뿐만 아니라, 학습장애 학생들은 또래로부터 놀림거리가 되기도 하는데, 이들은 종종 또래로부터 드러내 놓고 오해받거나 무시당하며 적개심의 대상이 된다(심지어는 지금도 일부 교사들로부터 이런 대우를 받는다).

하지만 학습장애 학생들의 대부분은 일탈적인 문제행동을 보이지 않고, 그들이 가진 특정한 장애에 잘 대처하고 있으며, 나름대로 생산적인 방법으로 학습과 생활을 영위해 나간다. 이 책은 궁극적으로 학습장애 학생들을 위해 쓰였다. 나는 진심으로 이 책이 그들의 학습과 삶을 보다 손쉽게 만들 수 있기를 바란다.

이 책의 궁극적인 목표는 특수학급과 일반학급에 통합된 학습장애 학생들에게 적용할 수 있는 차별화 교수 전략이 다양하다는 것을 보여주는 것이다(Gregory & Chapman, 2002; Tomlinson, 1999). 대다수의 학습장애 학생들은 학교생활의 대부분을 일반학급에서 지내고 있다(Mastropieri & Scruggs, 1998). 따라서 일반학급 교사들은 학습장애 학생에게 효과적이라고 입증된 차별화 교수 전략들에 대해 알아야 한다. 다행히 이와 관련된 연구가 20여 년 이상 진행되어 왔고, 우리는 이제 꽤 많은 교수 전략들이 학습장애 학생들에게 효과적일 것이라고 확신을 갖고 말할 수 있다(Vaughn, Gersten, & Chard, 2000). 이 책에 실린 내용들은 대부분이 연구를 통해 입증된 것들이며, 교수 전략들은 학습장애 학생들을 위해 현재까지 최상의 실천과제로 대표되는 것들이다. 이 책에 실린 다양한 전략들을 특수학급이나 통합학급에서 교사와 학생들이 함께 실천함으로써 학습장애 학생들의 전반적인 학업성취가 높아지게 될 것이고, 이들의 학급에서의 만족도는 더 커질 것이다.

이 책은 특정 전략이 왜 효과적인지를 설명하고자 하는 것이지, 학습장애에 대해 소개하거나 학습장애 학생들의 특징에 대한 정보를 제공하려는 것은 아니다. 또한 이 책은 최근 연구에 대한 개략적인 내용을 포함하고는 있지만 기존의 연구를 재검토하려는 것은 아니다. 자기점검법을 예로 들자면, 이 책에는 이 전략에 관한 많은 연구들이 인용되어 있다. 하지만 이 책의 주요 초점은 관련 연구에 대한 철저한 규명이 아니라, 이 전략이 학습장애 학생들을 위해 제안된 이유와 어떻게 적용할 것인지에 대한 실질적인 지식을 제공하고자 하는 것이다.

> 학습장애 학생들은 내가 경험해 본 학생들 중 가장 용기 있는 학생들이다.

차별화 교수 개념은 이 책에서 기본이 되는 모델이며, 각 장에 기술된 전략들은 이 모델의 맥락 속에서 설명될 것이다(Gregory & Chapman, 2002; Tomlinson, 1999; Tomlinson et al., 2002). 이 책에서는 교육적인 절차와 관련된 것은 **전략**(strategie)이라는 용어를 사용했고, 손쉽게 적용할 수 있는 교육적인 아이디어는 **기법**(tactic)이라는 용어를 사용했다. 또한, 차별화 교수 개념의 내용·절차·성과 구조는 이 책에서 추천한 교수 전략들을 통해 검토될 것이다(Tomlinson, 1999). 따라서 차별화 교수의 구성은 이 책의 전체 내용의 배경이 될 것이다. 교사를 위해 제시된 다양한 '반성적 과제(reflective exercises)'는 차별화 교수 모델과 여기에서 추천된 전략과의 관련성에 주안점을 두었다.

제1장은 차별화 교수의 개념과 이 개념이 특수학급 혹은 통합학급에 있는 학습장애 학생들에게 어떻게 적용될 수 있는지에 대해 설명한다. 제2장은 차별화 교수 이론의 주요 토대가 된 두뇌 친화적 교수(brain-compatible instruction) 연구로부터 파생된 교수법을 살펴본다. 우리는 두뇌 친화적 학습에 관한 연구를 통해 공부는 학생에게 의미 있어야 하며, 더 나아가 그들 자신의 학습에 대해 개인적인 책임을 갖도록 해야 한다는 것을 알 수 있다. 제3장과 제4장은 학습장애 학생들을 위해 교사가 다양한 초인지(metacognitive)와 비계설정(scaffolded) 학습기법을 사용하여 학습과정을 차별화 할 수 있도록 하는 내용을 포함한다. 제5장은 통합학급에서 사용할 수 있는 다양한 또래기술들의 소개를 통해 학급의 모든 학생들을 위한 차별화 교수를 시기적절하게 제공할 수 있도록 도와줄 것이다. 제6장은 학급의 다양한 학생들에게 차별적으로 제공될 수 있는 여러 가지 평가 모델을 소개한다. 제7장은 초·중등학생들을 위한 읽기 교수에서의 실질적인 전략 활용에 초점을 두어 기술한다. 읽기장애는 학습장애 학

생들 사이에 가장 보편적인 장애이기 때문에 이 장이 이 책에서 핵심적인 부분이라고 생각된다. 물론 쓰기장애나 수학장애 역시 몇몇 학습장애 학생에게는 부정적인 영향을 주지만, 읽기장애는 대부분의 학습장애 학생들에게 심각하게 나타나며, 어떠한 책도 모든 장애 영역을 다룰 수는 없다는 점을 고려해 주기 바란다.

차별화 교수와 더불어 이 책에서 다루는 또 다른 주요 주제는 관계에 관한 것이다. 학습과정에서 가장 중요한 요소는 교사와 학생 간의 관계이며, 전략이나 교수적 기법이 아니라 교사와 학생 간의 관계가 효과적인 교수의 기본이라고 믿는다. 나는 이 책이 다양한 교수 전략과 기법에 초점을 맞추고 있기 때문에 특별히 관계에 대한 설명이 필요하다고 느낀다. 효과적인 지도의 기본은 보살피는 관계에 있다. 학생들은 교사들이 자기에게 관심이 있다는 것과, 교사들이 진정으로 학생들의 행복을 바란다는 것에 대한 절대적인 확신이 있어야만 학습이 효과적이고 능률적이게 된다. 보살피는 관계는 학생들의 동기 부여에 효과적일 것이다. 더 근본적인 의미로 본다면, 학생들에게 관심을 갖고 있는 교사들에게는 차별화 교수 전략을 적용하기 위한 충분한 동기가 부여될 것이다. 이렇듯 관계와 관련된 내용은 자기 관리 부분과 함께 본문의 특정 부분들에서 다루어질 것이며, 이는 교사가 학생에게 주의를 기울이게 하거나 학습행동에 전념하도록 동기를 부여하는 것과 같은 내용을 포함한다. 또한 교사는 비계설정 교수를 사용할 때 언제 비계 교수를 철회할지 혹은 학생을 지원해야 할지를 결정하기 위해서 학생의 학습에 더 긴밀하게 관여해야만 한다. 이런 교수적 결정은 학생의 학습기법에 대한 깊은 이해를 바탕으로 했을 때에만 가능하다. 즉 교사와 학생 간의 관계가 필수적인 것이다. 다시 말해, 오늘날의 교실 학습에서 가장 중요한 측면은 학생과 교사 간의 관계인 것이다. 긴밀한 관계를 통해서만이 이 책에서 제시하는 전략들이 학생의 학습을 강화시키고 학습장애 학생들을 더욱 돋보이게 할 것이다!

마지막으로 나는 특수교육교사와 일반교육교사 모두에게 이 책에 실린 모든 전략들이 다른 장애 학생뿐만 아니라 학업성취 수준이 낮은 학생들에게도 사용될 수 있다는 점을 알려주고 싶다. 교사들이 차별화 교수를 시도해 보고 전략들을 특정 상황들에 적용해봄으로써 효과가 있음을 직접 알게 되길 바란다. 다시 언급하지만, 이 책에 실린 전략과 기법들은 오늘날 학습장애 학생들을 위한 '최상의 방법'들을 대표한다.

> 학습과정에 있어 가장 중요한 요소는 교사와 학생 간의 관계이며, 전략이나 교수적 기법이 아니라 이 관계가 효과적인 교수의 기본이라고 믿는다.

1 학습장애 학생을 위한 차별화 교육

1

학습장애 학생을 위한 차별화 교육

이 장에 포함된 전략

✔ 차별화 교수와 교실 조직화

✔ 큐빙(cubing)

✔ Bender 교실 구조 질문지(Bender Classroom Structure Questionnaire)

✔ 주의력 기술 향상을 위한 10가지 기법

✔ 수업을 구조화하기 위한 10가지 기법

대부분의 일반교육교사들은 학습장애 학생들의 학습 특성으로 인해 어려움을 가지고 있다. 이들 베테랑 교사들은 학습장애 학생들이 학습과제에 대한 동기감이 적고, 복합적인 수업에 적응하지 못하며, 사고와 학습 습관을 정리하는 데 서툴다는 것을 깨닫게 된다. 학습장애 학생의 이러한 학습 특성이 심각한 학업적 결함으로 연결되면 일반교육교사에게는 큰 부담이 된다. 나는 전국적으로 워크숍을 실시하면서 교사들이 이러한 학생들에게 대응하기 위한 전략과 아이디어를 배우고 싶어 한다는 것을 알게 되었다.

차별화 교수(differentiated instruction)란 개념은 일반교육교사들이 일반학급에서 다양한 학습자의 요구에 맞도록 교수를 차별화하기 위한 필요성에 그 기반을 두고 있다. 여기에는 학습장애 학생뿐만 아니라 다른 장애 학생들도 포함한다.

차별화 교수는 학생의 다양한 학습 요구에 대한 교사의 반응으로 개념화될 수 있다(Tomlinson,

1999, 2001). 교사는 학급 내 개별 학생의 학습 스타일과 학습 선호도를 이해해야 할 뿐만 아니라, 학생의 개별 요구를 충족시켜 주기 위한 맞춤 교육을 실시함으로써 각 학생에 대한 관심을 보여주어야 한다. 교사가 학생의 학습에 대해 전문적으로 관찰함으로써, 교사는 다음 세 가지 영역에서 학습을 수정(예: 차별화)하는 데 집중할 수 있게 된다.

- 내용(무엇을 학습시킬 것인가?)
- 절차(어떻게 내용을 학습시킬 것인가?)
- 성과(어떻게 학습을 관찰하고 평가할 것인가?)

> 차별화 교수란 개념은 일반교육교사들이 일반학급에서 다양한 학습자의 요구에 맞도록 교수를 차별화하기 위한 필요성에 그 기반을 두고 있다.

학습내용(content)은 학생들이 무엇을 배울 것인가와 수업 후에 우리가 무엇을 성취하기를 원하는가에 관한 것이다(Tomlinson, 1999, pp. 1-65; Tomlinson et al., 2002, p. 46). 내용은 주(州)에서 공인된 교육과정이나 교과목, 그리고 학년 수준에 의해 분류된 차트, 혹은 주(州)나 국가 규준, 혹은 교육과정 자료로 제시될 수 있다. 어떤 내용을 교수해야 하는지에 대해서는 교사가 결정할 수 없는 경우가 대부분이다. 그러나 제시될 내용을 학생들의 학습 스타일에 따라 어떻게 수정할 것인가에 대해서는 통제력을 가질 수 있다. 이러한 과정을 통해 어떤 내용은 다른 내용에 비해 더욱 강조될 것이다(Tomlinson, 1999).

학습절차(process)는 학생들이 학습내용과 어떻게 상호작용하는가에 관련되는 것으로, 이러한 학습 상호작용은 부분적으로는 학생의 다양한 학습 선호도에 의해 결정될 것이다(예: 청각적인 학습자인가, 시각적인 학습자인가, 구체물을 필요로 하는 학습자인가 등). 요즘은 학생들의 다양한 학습 스타일과 선호도로 인해 차별화된 교실에서 모든 이들의 다양한 학습 욕구를 다루기 위한 광범위한 활동이 이루어질 것이다(Gregory & Chapman, 2002, pp. 9-17; Tomlinson et al., 2002, pp. 46-59). 이러한 학습절차는 다음과 같은 것들을 포함한다.

1. 학습 촉진화(activating the learning) – 학습할 내용, 선행학습 내용과의 연관성, 학습할 내용의 중요성, 학습 후 할 수 있어야 하는 것 등을 설명하는 도입활동.
2. 학습활동(learning activities) – 모델링, 리허설, 반복합창, 내용과 연관된 동작, 교육적 게임과 같이 학생들을 위한 실제적 교수활동들을 포함한다.
3. 집단활동(grouping activities) – 개별과 집단 중심의 학습활동 모두 학습절차에 포함되도록 계획되어야 한다.

학습에 대한 다양한 요구들에 대해 차별화 교수가 필요하다.

마지막으로, 학습 성과(product)는 학습의 증거로, 교사들로 하여금 학습이 된 학생과 더 많은 시간과 계속적인 중재를 필요로 하는 학생을 결정하게끔 하는 것이므로 가장 중요한 요소일 것이다(Tomlinson, 1999, pp. 1-65). 다시 말하지만, 학급 내 학생들의 학습 스타일은 교사가 평가 유형을 결정짓는 데 도움을 줄 것이다(Gregory & Chapman, 2002, p. 20). 차별화된 학습이 이루어지는 교실에서는 학생들이 주어진 주제에 대한 자신들의 지식을 보여주기 위해 4~5가지 유형의 프로젝트 중에서 선택하도록 하는 것이 보편적이다. 미술 프로젝트, 역할극, 문헌 혹은 웹기반 조사, 멀티미디어 프로젝트, 지필 프로젝트, 문서화된 보고서, 혹은 구두 보고, 이 모두는 학생들이 그들의 지식을 보여주기 위해 수행할 수 있는 대표적인 훌륭한 프로젝트들이다. 이와 관련된 평가 요소는 제6장에서 더 자세히 다루어질 것이다.

교사는 차별화 교수 모델을 사용하기 위해, 그리고 학급 내 개별 학생들의 학습욕구에 대응하기 위해 교실 조직, 교육과정, 교수방법, 그리고 평가 절차들을 끊임없이 수정할 것이다(Gregory & Chapman, 2002, pp. 1-37; Tomlinson, 1999). 더욱이 학급 내에서의 교사와 학생 간의 관계와 학생에 대한 교사의 지식은 교수 차별화의 토대가 된다. 교사와 학생 간의 견고하게 다져진 긍정적인 관계와 학생의 학습 스타일과 학습 선호도에 대한 교사의 완벽한 지식만이 차별화 교수를 위한 효과적인 기반이 될 수 있다.

차별화된 교실을 대표하는 차별화 교수 수정의 한 예로, 여러 저자들은 큐빙(cubing)의 개념을 제시하고 있다(Cowan & Cowan, 1980; Gregory & Chapman, 2002; Tomlinson, 2001).

6면	기능	관련 용어
1면	설명한다	상기하기, 명명하기, 위치 정하기, 목록화하기
2면	비교한다	대조하기, 예시하기, 설명하기, 쓰기
3면	관련시킨다	관련짓기, 설계하기
4면	분석한다	자세히 검토하기, 토의하기, 도표로 표시하기
5면	적용한다	제안하기, 규정하기
6면	논쟁한다/반대 입장이 된다	논쟁하기, 공식화하기, 지지하기

큐빙은 특정 지식을 개념적으로 설명하는 방법으로, 학생들로 하여금 특정 지식을 6가지 관점으로 생각하도록 도와주는 기법이다. 학생은 큐빙의 여섯 면을 마음속으로 그리면서, 각 면이 지식을 보는 각기 다른 방법들을 보여준다는 설명을 듣는다(Gregory & Chapman, 2002, pp. 1-15).

큐빙의 개념을 사용하면 동일한 개념을 서로 다른 6가지 관점에서 살펴보게 되며, 학생들의 다양한 지식수준을 확인할 수 있을 것이다(예를 들면 어떤 학생들은 개념에 대해 초보적인 설명 수준인 반면에 다른 학생들은 개념을 분석하는 수준이다). 차별화된 교실에서 교사는 큐빙 개념을 토대로 한 수업을 의도적으로 구성해야 하고, 수업 중 제시되는 개념들은 아주 다각적인 방법으로 다루어짐과 동시에 좀 더 복합적인 방식으로 고려되어야 한다는 것을 학생들에게 강조해야 한다. 북베트남과 중국의 성장이 남베트남에 미치는 영향에 대한 케네디 대통령과 존슨 대통령의 대응방법에 관한 조사에 있어 큐빙의 개념을 통해 학생들은 다음과 같이 다양한 관점으로 제시할 수 있을 것이다.

대응방법을 설명한다	베트남에 미군 주둔하기
대응방법을 비교한다	15년 전 프랑스 군대가 주둔한 것과 비교
대응방법을 관련시킨다	다른 대통령들이 다른 지역에서 국가의 힘을 제한하기 위해 시도한 것(예를 들어 윌슨 대통령의 1916년 독일에 대한 대응)과 관련시키기
대응방법을 분석한다	케네디 대통령과 존슨 대통령의 대응에 대해 토론하기
대안을 적용한다	다른 시기의 대통령들이 다른 국가의 영향력 제한을 위해 선택한 방법들을 제시하기(예 : 제퍼슨 행정부의 아프리카 해안 해적들에 대한 대응)
대응에 대해 논쟁한다	케네디 대통령과 존슨 대통령의 대응방법이 현명했는지에 대해 토론하기

큐빙의 개념을 사용하는 수업은 큐브의 하나 혹은 그 이상의 측면에 대해 각기 다른 목표를 설정하게 될 것이고, 학생들은 다양한 활동에 근거한 교수를 접하게 될 것이다(Gregory & Chapman, 2002, pp. 1-56). 따라서 차별화된 교실은 다양한 수업 형태, 학습절차, 학생들에 의해 개발된 성과들로 이루어진다.

여러 가지 측면에서, 이 책의 본문 전체는 차별화 교수 개념에 근거하고 있으며, 학습장애 학생뿐만 아니라 오늘날 교실 안의 다양한 학습자의 욕구를 충족해 줄 수 있도록 내용 수정, 교수적 차별화, 환경의 다양화에 중점을 두고 있다. 다음 장부터는 내용과 평가의 교수적 수정에 초점을 두고 있지만, 이 장은 '교사가 어떠한 유형의 학급 구조를 만들 것인가?'라는 질문을 통해 차별화 교수를 위한 세팅에 초점을 두었다. 잠깐만 숙고해 보아도 교사가 학급을 어떻게 구조화하고 운영해 나가는지는 교수적 차별화가 얼마나 가능한지에 의해 결정되리라는 것을 알 수 있다. 결론적으로 이 장과 다음 장들에서는 앞서 언급한 차별화 교수의 세 가지 요소를 다양한 교수전략에 대한 배경이나 토대로서 설명할 것이다.

〉〉〉• 반성적 과정으로서의 교수

교육은 가장 고도화된 반성적 과정으로, 전문가는 효과가 있는 전략과 그렇지 못한 전략에 대해 자신과의 대화뿐만 아니라 다른 사람과의 대화도 계속해 나간다. 이러한 대화는 학습장애 학생들을 가르치는 데 있어 매우 중요하다. 그러므로 이 책을 통해 또 하나 강조되는 것

제대로 구조화된 수업은 지루하지 않다.

이 바로 이러한 반성적 과정이다. 이 책에는 교사들이 본문에 실린 전략들을 다양한 교실 환경에서 어떻게 적용할 수 있는지에 초점을 둔 반성적 과제들을 포함하고 있다. 먼저 교실의 구조에 대해 생각해 볼 것이다.

대부분의 일반 초임교사들은 교생실습 때 그들을 담당했던 교사가 사용한 구조와 유사한 구조 및 조직과 교수적 스타일을 자신의 학급에 적용한다. 초임교사는 이들 담당교사와 유사한 방식으로 자신의 책상을 배치하며, 이들 중 대다수는 그들이 담당했던 교사와 유사한 방식으로 가르치고 있음을 스스로 발견하게 된다. 유능한 교사가 교생실습을 담당하는 경우가 대부분이므로, 초임교사가 이들의 방식을 모방하여 효과적이고 적절한 구조로 학급을 실행하게 되는 경우도 많다. 사실상 대부분의 초임교사들은 경력 1년 혹은 2년차가 될 때까지는 전반적인 학급조직에 대해 구체적으로 신중하게 생각하지 않는다.

> 2년 이상의 성공적인 경험을 가진 베테랑 교사들은 학급의 구조화와 관련하여 반성적인 과정을 거친다. 이러한 반성적 과정은 학급조직뿐만 아니라 교수적 기법을 향상시킨다.

그러나 2년 이상의 성공적인 경험을 가진 베테랑 교사들은 학급의 구조화와 관련하여 반성적인 과정을 거친다. 이러한 반성적 과정은 학급조직뿐만 아니라 교수적 기법을 향상시키게 된다. 이러한 반성을 통해 교육 효과는 최대화하는 한편 방해 요인은 최소화하기 위해 교실을 의도적으로 구조화해 나갈 수 있으며, 이것은 학습장애 학생들을 다루기 위해서는 반드시 필요하다. 학습장애 학생들은 구조화된 환경에서 훨씬 더 효과적으로 학습하는 경향이 있는데, 이는 아마도 학습장애 학생들의 일반적인 특성 중의 하나가 비조직적이기 때문일 것이다. 따라서 학급에서의 책상 배치에 관한 것이나 교과서의 특정 영역을 학습하는 가장 효과적인 방법에 관한 조직적 이슈와는 상관없이 고도로 구조화된 수업과 과제들은 학습장애 학생들의 학습을 용이하게 할 것이다. 학습장애 학생들의 교육을 고찰할 때 교사들의 첫 번째 강조사항은 수업 중 교수적 차별화를 용이하게 실시하기 위한 교수적 공간과 접근에 대한 재구성이며, 이렇게 차별화된 교실에서는 학습장애 학생들의 요구를 만족시킬 것이다.

교실 구조란 무엇인가?

교사들의 교실 구조에 대한 반성에 앞서 첫 번째로 고려되어야 할 이슈가 이것에 관한 정의이다 : 교실 구조란 무엇인가? 책상 배치에 관한 것인가? 과제를 정하고 내주는 것과 관련된 것인가? 학생들이 시간을 어떻게 소비하는지에 관한 것인가? 교실 구조에 대해서는 포괄적 정의를 사용하는 것이 더욱 효과적이다. 물론, 우선적으로 교실 구조는 교실 가구와 기기를 정리하는 것과 관련되며, 책상과 컴퓨터의 위치를 어떻게 구성하는지 등도 포함한다. 그러나 차별화된 교실에서의 교실 구조는 이 외에도 교육의 리더로서의 교사가 학생들의 시간을 구조화하고 특정 과제를 구조화하는 것을 포함한다. 높은 수준으로 조직화된 특정 과제는 학습장애 학생들의 수행을 향상시키게 된다. 그리고 이 책의 다른 장과 더불어 이 장에서는 과제의 구조화에 대한 구체적인 제안을 보여줄 것이다. 수업 가이드 1.1은 교실 구조의 구성요소에 관한 부가적인 견해들을 제공하고 있다.

교실 구조에 대한 자기평가

교사가 자신의 교실을 어떻게 구조화는지에 대해 이해하는 한 가지 방법은 비공식적 자기평가를 사용하여 학급의 구조적 요소를 정밀하게 살펴보는 것이다. 약 12년 전에, 나는 학습장애 학생들을 위해 얼마나 다양한 교수적 기법을 적용할 수 있는지와 관련하여 교사들이 그들의 교실 구조를 반성적으로 살펴볼 필요가 있다는 것을 알았다. 그 결과로, 나는 벤더 교실 구조 질문지(Bender Classroom Structure Questionnaire, BCSQ)를 개발했다(Bender, 1986, 1992; Bender, Smith, & Frank, 1998). BCSQ는 차별화된 교수를 장려하며 학습장애 학생들의 효과적인 통합을 촉진시키는 교수적 실천 유형을 대표하는 항목들로 구성되어 있다(Bender, 1986, 1992). 이 설문지는 특수교육교사와 일반교육교사의 교실 구조화와 관련된 다양한 연구에서 사용되고 있다(Bender & Beckoff, 1989; Bender et al., 1988; Bender & Ukeje, 1989; Bender, Vail, & Scott, 1995). 첫 번째 반성적 과제로서 교사들은 이 질문지를 사용해서 자신의 교실 구조와 차별화 교수의 실행 여부에 대해 평가해 보기 바란다. 질문지는 수업 가이드 1.2에 제공되어 있다.

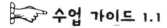 **수업 가이드 1.1**

교실 구조란 무엇인가?

이 책에서의 교실 구조는 다음과 같은 의미를 내포한다.

- 가구의 배치
- 학습센터의 설치
- 교수용 컴퓨터와 다른 도구들의 배치
- 학생들을 위한 교수적 집단 구성 패턴
- 학생들의 학습시간 편성
- 교실 조직의 요소들에 의해 조작되거나 제한되는 교사와 학생 간 의사소통 구조
- 다양한 학습활동을 증가시키기 위한 수업내용, 학습과정, 교수활동 구조

반성적 과제: 나의 학급 평가

BCSQ를 사용하여 당신의 수업에서 사용해 온 교수적 기법에는 어떤 것들이 있는지
적어도 일주일에 한 번은 확인하라. 당신이 더 자주 사용하고 싶은 기법을 고르고,
이번 주에 그 기법을 어떻게 실행할지에 대한 몇 가지 아이디어를 적어보라.

이 질문지를 사용함으로써 교사들은 통합학급의 학습장애 학생들에게 효과적인 것으로 입증된 다양한 기법과 전략을 얼마나 자주 그리고 제대로 실행하는지에 대한 감각을 갖게 될 것이다. 물론, 모든 교사가 상황과 상관없이 이 모든 차별화 교수를 실행할 수 있다고 기대하지는 않는다. 하지만, 학생들은 차별화 교수적 접근이 이루어지는 교실에서 더욱 성공적인 수행을 거둘 수 있을 것이며, 사려 깊은 교사는 이 검사도구를 통해 어떻게 가르쳐야 할지에 대한 반성적인 사고를 하게 될 것이다. 우리는 이 검사도구와 같은 비공식적 자기평가를 토대로 학급 구조의 다양한 요소들에 대해 생각해 볼 수 있는 것이다.

>>>• 효과적인 교수를 위한 교수적 그룹핑

통합학급을 운영하는 교사들은 대개 수업시간에 18명, 22명 혹은 28명의 학생들을 가르치게 되는데, 오래 전부터 어떠한 형태로든 학습을 개별화하기 위해 학급 내에 교수 그룹을 구성하기 시작했다. 물론 교육관련 문헌에서 이미 논의되어 온 바와 같이, 차별화 교수는 부분적으로 학생들의 효과적인 그룹핑에 그 기반을 두고 있다. 일반교사들이 교수 그룹을 조직하기 위해 이용할 수 있는 다양한 옵션들이 있다(Gregory & Chapman, 2002, pp. 57-79). 그러나 많은 교사들은 일반적인 통합학급에 소속된 대다수 학생들이 전체집단중심 교수를 필요로 한다고 믿고 있다. 실제로 오늘날의 학급에서도 이러한 단일교수 방식이 수업시간 중 가장 높은 비율을 차지한다(Elbaum, Moody, Vaughn, Schumn, & Hughes, 2000). 그러나 과거에도 전(全) 학급중심 강의·토의식 수업모델의 효과에 대한 논쟁이 있었고, 연구를 통해 소그룹, 교사 주도 수업이 장애 학생과 비장애 학생 모두를 위한 효과적인 교수과정이라는 제안이 있어 왔다(Elbaum et al., 2000). 확실한 것은 일반교실은 가능한 한 다양한 형태의 소집단 중심 교수가 진행될 수 있도록 구조화되어야 한다는 것이다.

여러 연구에서 또래교수(tutoring)의 사용을 집단 배치를 위한 대안으로 지지하고 있다(Mortweet, Utley, Walker, Dawson, Delquadri, Reddy, Greenwood, Hamilton, et al., 1999; 또래교수에 관한 다음 장을 참조하라). 장애 학생들이 또래교수에 포함될지라도 효과가 있다고 여러 연구에서 밝히고 있다. 이러한 이유에서 BCSQ의 대다수 항목들은 전체 집단, 교사 주도 토의방식의 지속적인 사용보다 교수집단 배치의 다양화에 관한 내용을 다루고 있다. 실

제로 교수적 그룹핑 패턴의 다양성은 차별화 교수의 한 특징이다.

최근 들어 많은 일반학급에서는 기존의 강의식 혹은 전체집단중심 토의식 모델에 학습장애 학생들에게 더 적합한 교수적 형태를 도입하고자 하는 시도가 이루어지고 있다. 즉 학습장애

> 학생들은 다양한 접근법이 자주 실행되는 학급에서 더욱 성공적일 것이다.

학생들의 성공적인 수행을 위해 교수적 그룹핑의 다양화가 이루어지고 있는 것이다. 하지만 여전히 통합수업에서는 전체집단중심 교수가 주를 이루어야 하는 활동들이 있다. 오전 운동, 가상게임, 친목활동, 멀티미디어 교수, 수업발표, 혹은 사회성기술 훈련과 같은 활동들은 전

👉 수업 가이드 1.2

벤더 교실 구조 질문지(The Bender Classroom Structure Questionnaire)

이름 _____   날짜 _____

아래의 자기평가 질문지는 교수적 개선에 도움을 주기 위해 교육 환경의 다양한 측면을 측정하도록 고안되어 있습니다. 이 질문지를 작성하는 데 약 15분 정도가 소요됩니다. 아래의 밑줄 친 부분을 채우고, 각 항목에 대해 거의 드물게(예를 들면 한 달에 한 번 이하)로부터 거의 항상(거의 매일)까지의 5점 척도로 당신의 교실을 평가하십시오.

몇 년 동안 학교에서 가르치고 있습니까? _____

교사자격증에 명시된 과목은 무엇입니까? _____

몇 년 동안 장애 학생을 지도했습니까? _____

현재 가르치고 있는 교과목은 무엇입니까? _____

장애아 교육과 관련된 교육과정을 몇 학점 이수했습니까? _____

현재 학급에 학습장애 학생은 몇 명입니까? _____

학급의 전체 학생 수는 몇 명입니까? _____

항목	거의 드물게				거의 항상
1. 나는 수업진도를 빠르게 유지한다.	1	2	3	4	5
2. 나는 과제물을 돌려줄 때 학급학생들과 함께 재검토한다.	1	2	3	4	5
3. 몇몇 학생들은 수업시간에 언제든지 자유롭게 이동해서 학습자료를 가져올 수 있다.	1	2	3	4	5
4. 학생들은 서로 간에 구두로 칭찬을 주고받는다.	1	2	3	4	5
5. 나는 수업시간에 배운 내용을 암기하는 다양한 방법을 학생들끼리 공유하도록 격려한다.	1	2	3	4	5

6. 수업시간에 학생이 수행한 수업활동지의 수정에 비중을 둔다.	1	2	3	4	5
7. 학생들은 일어서기 전에 반드시 손을 들어야 한다.	1	2	3	4	5
8. 나는 "어떻게 그것을 배웠니?"와 같이 학습전략에 초점을 둔 질문들을 한다.	1	2	3	4	5
9. 주의산만을 최소화하기 위해 교실 출입문은 항상 닫아놓고 학생들은 제자리에 반드시 앉아 있게 한다.	1	2	3	4	5
10. 새로운 내용은 적절하게 빠른 속도로 소개한다.	1	2	3	4	5
11. 나는 암기를 위한 특정 방법을 제시한다.	1	2	3	4	5
12. 학습속도가 느린 학생을 돕기 위해 또래교수를 사용한다.	1	2	3	4	5
13. 나는 수업시간에 조용하게 있는 것이 중요하다고 강조한다.	1	2	3	4	5
14. 나는 같은 개념을 다른 방식으로 가르쳐야 할 학생이 있는지에 대해 학년 초에 결정한다.	1	2	3	4	5
15. 나는 격려로서 등을 토닥여주는 것과 같은 신체적 접촉을 사용한다.	1	2	3	4	5
16. 나는 성공적으로 수행한 학생을 칭찬한다.	1	2	3	4	5
17. 학생들이 과제학습을 비공식적으로 도와줄 것을 격려한다.	1	2	3	4	5
18. 학생들의 학습에 가장 효과적인 방법을 알아내고자 노력한다.	1	2	3	4	5
19. 학습 속도가 느린 학생을 위해 주제 문장과 주요 요점을 눈에 띄게 표시한 읽기 교재를 사용한다.	1	2	3	4	5
20. 나는 필요할 때마다 개별적으로 수업을 진행한다.	1	2	3	4	5
21. 나는 학생이 내적 언어를 사용해 과제 지시사항을 속으로 따라하도록 가르친다.	1	2	3	4	5
22. 수행에 대한 보상으로 학급 전체를 대상으로 한 혜택을 제공한다.	1	2	3	4	5
23. 나는 장애 학생의 노력에 대한 보상을 위해 분화된 성적 등급 시스템을 사용한다.	1	2	3	4	5
24. 나는 구술시험이나 시험시간 연장과 같은 몇 가지 평가 옵션을 사용한다.	1	2	3	4	5
25. 과제에 대한 지시는 간단하고 명료하게 전달한다.	1	2	3	4	5
26. 나는 특정 학생들의 학습 특성에 적합하게 차별화된 교육과정 자료를 준비한다.	1	2	3	4	5
27. 나는 동일한 과제에 대해 학생의 능력에 따라 교수 수준을 다양화한다.	1	2	3	4	5
28. 서로 다른 학생을 위해 교수용 자료들은 다양하게 준비된다.	1	2	3	4	5
29. 나는 학생들의 과제참여행동을 지속적으로 모니터한다.	1	2	3	4	5
30. 나는 학습성취능력이 낮은 학생들을 위해 개별화된 수업을 한다.	1	2	3	4	5
31. 이해를 돕기 위해 수업시간에 시각자료와 OHP 자료를 사용한다.	1	2	3	4	5
32. 학생들은 학업과 행동상의 향상 여부를 매일 기록하기 위해 자기점검법을 사용한다.	1	2	3	4	5
33. 토큰 경제가 강화수단으로 사용된다.	1	2	3	4	5
34. 개념을 설명할 때 화이트보드를 자주 사용한다.	1	2	3	4	5
35. 나는 단호한 규율 방안을 갖고 있다.	1	2	3	4	5

36. 협동학습집단 형태의 수업이 자주 사용된다.	1	2	3	4	5
37. 학생들의 행동 개선을 위해 개별적인 행동계약을 맺는다.	1	2	3	4	5
38. 학생들이 어려운 개념을 이해하도록 돕기 위해 사전 조직자(advance organizer)를 사용한다.	1	2	3	4	5
39. 수업시간에 학생들은 일일 측정표에 진전도를 직접 기입한다.	1	2	3	4	5
40. 학급 내에 일련의 학급규칙들이 게시되어 있다.	1	2	3	4	5

BCSQ 채점

BCSQ 채점은 형식적·비형식적으로 이루어질 수 있다. BCSQ에서 점수가 높을수록 더 바람직하며, 이것은 교사가 성공적인 통합을 촉진시키기 위해 반드시 적용되어야 할 교수적 기법을 수행하고 있음을 가리킨다. 각 항목별로 표시한 점수를 모두 합하여 점수를 계산하는데, 40점(최저점수)에서 200점의 점수 범위가 나온다.

Bender(1992)는 조지아 주(1~8학년)에 근무하는 일반교육교사 127명이 이 질문지에서 143점(SD=19)을 얻었다고 보고했다. 뉴저지 주(3~12학년)에 근무하는 50명의 교사들은 138점(SD=19)을 얻었다. 이 점수는 당신이 학급에서 학습장애 학생들을 위해 얼마나 다양한 교수를 제공하고 있는가를 보여줄 것이다.

출처 : Bender, W. N. (1992). "The Bender Classroom Structure Questionnaire : A Tool for Placement Decisions and Evaluation of Mainstream Learning Environments." *Intervention in School and Clinic*, 27, 307-312. Copyright ⓒ 1992 by PRO-ED.

체집단중심 활동일 때 가장 효과적인 활동일 수 있다. 이러한 전체집단중심 활동은 동일한 시간에 모든 학생이 교사에게 집중할 수 있는 학급 내 공간을 필요로 한다. 결론적으로, 어떤 수업이든 전체집단중심 활동, 교사 주도의 소집단 교수, 또래교수, 그리고 개별학습 기회들과 같은 다양한 교수적 활동이 원활히 진행될 수 있도록 물리적인 공간이 마련되어야 할 것이다. 이러한 교실의 배치는 교사의 차별화 교수 적용능력을 배가시킬 것이다.

 반성적 과제 : 나는 어떻게 가르치는가?

1. 내가 전달하는 내용을 학생들이 경청하는 데 소모되는 시간은 몇 퍼센트인가?
2. 학생들이 급우와의 프로젝트 집단활동에 참여하는 시간은 몇 퍼센트인가?
3. 학생들의 개별 탐구에 사용된 시간은 몇 퍼센트인가?
4. 학생들이 학습한 것을 가지고 성과물을 만들어 내는 데 소모하는 시간은 몇 퍼센트인가?

이상적인 교실 배치 모델

교실 조직에 대해 고려할 때에는 통합된 일반학급과 특수학급 모두 차별화 교수의 필요성, 계획된 활동의 유형, 학급 내 학생 수, 그리고 학생들의 행동과 학업문제에 대한 요건을 파악해야 한다. 통합학급과 특수학급은 서로 책상의 수는 다르지만 몇 가지 고려사항을 기초로 해서 배치하면 된다. 교실 구조화에 대한 많은 의견들이 수년에 걸쳐 제시되어 왔고(Hewett, 1967; Wang & Birch, 1984; Wang & Zollers, 1990), 아래에서 다루어질 논의들은 교실 구조화를 위한 이들의 지침을 반영하고 있다.

이상적인 교실 공간에서는 다양한 교수적 과제들이 동시에 사용될 수 있다. 하지만 모든 교실이 최적의 공간을 갖고 있지는 않다. 그림 1.1은 일반학급에서 차별화 교수가 용이하게 이루어지도록 돕기 위한 교실 배치의 기본적인 제안으로 책상, 학습센터, 학습 열람석, 컴퓨터 등의 배치도를 보여주고 있다.

이 교실 배치는 대·소 집단교수 영역뿐만 아니라 개별 좌석, 컴퓨터지원 멀티미디어 교수, 개인 열람석에서의 작업을 위한 영역이 포함되어 있다. 가장 주목할 만한 것은 책상들을 반원 구조로 배치한 것이다. 이러한 배치에서는 문제행동을 하는 학생들을 교사 가까이에 앉

•• 그림 1.1 일반적인 교실 도식

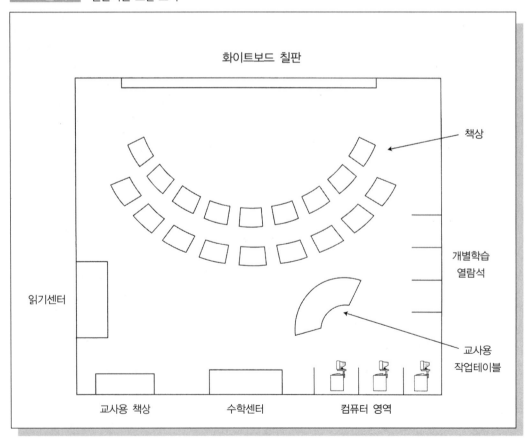

혀야 한다. 그러나 이 학생들은 서로에게 부적절한 행동모델이 될 수 있기 때문에 모두 함께 앉게 하면 안 된다! 교사는 이러한 배치를 사용함으로써 학생들의 행동을 시각적으로 더욱 쉽게 관찰할 수 있다. 특히, 교사가 특정 학생을 돕는 동안에도 다른 학생들의 행동을 시각적으로 모니터할 수 있다. 이때 도움을 필요로 하는 학생은 반원의 바깥쪽 혹은 뒤편에 앉혀야 한다. 이러한 배치는 교사가 거의 모든 시간 동안 학급의 모든 구성원을 볼 수 있게 한다. 이러한 시각적 모니터링의 용이성은 학생들의 행동을 개선시키고 학습장애 학생들을 도와주는 데 도움이 될 것이다. 이러한 반원 배치는 일반적으로 학생 수가 적은 특수학급에도 적합하다.

다시 말해, 학습장애 학생들을 위한 차별화 교수를 용이하게 하기 위해서 교사는 교수적 다양성이 허용되도록 자신의 교실을 물리적으로 배치해야 한다는 것이다. 여기에는 다양한 교수적 영역이 필수적이다. 일반적으로 다양한 학습센터, 교사용 작업테이블, 그리고 집단작업·사회성 기술 영역들을 포함한다. 학년에 따라 이러한 영역들은 다양하겠지만, 차별화된 교수는 학습장애 학생들을 더 높은 수준으로 성공하게 해줄 것이다. 다음은 당신의 교실에 적용 가능한 다양한 교수 영역에 대한 간단한 설명들이다.

학습센터

학습센터 구조 거의 모든 교실에는 교실 환경 내에 교수적 수정과 조정을 위한 학습센터가 필요하다. 왜냐하면 학습센터에서의 활동과 정보들은 학습장애 학생들을 포함한 다양한 학습자들의 다양한 요구에 초점을 맞추기 위한 하나의 방법으로 제공될 수 있기 때문이다 (Gregory & Chapman, 2002, pp. 105-110). 초등학교 교실에는 적어도 읽기·말하기, 수학 학습센터가 있어야 한다. 학년 수준과 가르쳐야 할 수업내용에 따라 과학, 사회, 그리고/혹은 다른 과목을 위한 센터도 포함할 수 있다.

중등교과 영역 교사들을 위해서는 다양한 센터들이 교과내용에 따라 만들어질 것이다. 한 가지 예로 역사와 사회 수업에서는 다음과 같은 학습센터를 포함할 수 있다.

일상생활 센터	정부센터
무역센터	국제관계
정치센터	역사박물관

이러한 예들이 제시하는 것처럼, 학교 내 각 과목별 학습센터는 공부할 단원의 특정한 학습내용이 아니라 주제에 대한 이슈나 일반적인 개념에 바탕을 두고 만들어져야 한다. 교사는 앞에 언급한 역사센터들에 다양한 역사적 시대 그리고/혹은 학습할 단원에 적합한 자료를 비

치할 것이다. 이 자료들은 한 시대의 수업이 끝난 뒤 다른 역사적 시대의 교수가 시작될 쯤에 교체되지만, 학습센터의 명칭과 중심 개념은 일 년 동안 지속된다.

학습센터 자료 각 학습센터의 자료들은 연속적으로 비치되며, 학생들이 적합한 자료를 쉽게 찾을 수 있도록 라벨을 붙이고 정리되어 있어야 한다. 또한 학습장애 학생에게는 학습센터에서 공부할 자료들을 얻는 방법을 가르쳐야 한다. 이를 통해 학습장애 학생은 조직화 기술뿐만 아니라 즉각적으로 특정 과제에 집중하는 능력을 발달시킬 수 있다. 따라서 학습센터는 효율적으로 자료를 조직하는 법을 보여주는 모델이 되어야 한다.

> 반원 책상 배치는 교사가 대부분의 수업시간 동안 학급의 모든 구성원들을 바라볼 수 있게 해 준다.

우선 학습센터의 설치에 있어서, 교사는 교내 미디어센터 및 학급에 이미 갖추어져 있는 교육용 자료에 대한 정보를 목록화하여야 한다. 여기에는 책, 차트나 벽 포스터, 게시판, 컴퓨터 소프트웨어, 교육용 게임, 구체물, 다양한 용도의 게임보드들이 포함될 수 있다. 대부분의 교사들은 개별 혹은 소집단용으로 사용될 수 있는 수업활동지를 개발하여 학습센터에 비치하기도 한다. 그리고 교사들은 미디어 전문가를 통해 단기 혹은 장기 대여가 가능한 자료들이 있는지 알아봐야 한다. 많은 경우, 교사는 예외적으로 일주일 혹은 한 달 단위 등의 대여가 가능할 수도 있다. 또한 교사는 읽기 수준이 낮은 학생들에게 읽힐 수 있는 자료들도 필요할 것이다. 이를 통해 거의 모든 학생이 학습센터로부터 교육용 자료를 얻을 수 있게 되는 것이다.

다음으로 교사는 각 학습센터에서 학생들이 공부할 수 있도록 하기 위해 설명을 해주어야 한다. 많은 교사들은 각 학습센터의 벽에 '활동카드'를 게시해 놓는데, 이것은 각 학습센터에서 완수 후 점수를 부여받는 활동들에 대해 설명해 놓은 것이다. 교사는 학습장애 학생이 학습센터를 이용하게 하기 위해 활동설명을 간단하고 명확하게 해야 한다. 또한 활동카드에 제시된 과제 수준을 다양하게 할 수 있다. 즉 다른 학생들이 '수준 2'와 '수준 3'을 완수하는 동안 몇몇 학생들은 '수준 1'을 완수하도록 할 수 있다. 다시 말해, 이러한 차별화된 교수는 학습장애 학생이나 다양한 학습적 요구를 가진 학생의 요구에 맞게 제공되어야 한다.

교사용 작업테이블과 책상

교사용 작업테이블은 교사가 한 학생 혹은 소집단의 학생들과 활동하는 동안 학급 전체를 두루 살필 수 있는 곳에 두어야 한다. 최근 문헌들에서 밝히는 바와 같이, 이러한 배치는 소집단의 교사 주도 수업을 훨씬 용이하게 할 것이다. 교탁은 교실의 앞쪽에 두면 좋지만 꼭 교실 앞 중심자리에 있어야 하는 것은 아니다. 교사가 학급의 모든 학생들을 쉽게 볼 수 있는 곳이라면 교실의 앞쪽 어디라도 괜찮을 것이다.

일반적으로 나는 교사들이 교사용 책상을 교사용 작업테이블로 사용하지 않기를 권고한다. 일반적으로 교사용 책상은 출석부 기록과 더불어 방과시간 무렵에 과제를 내주거나 채점을 하기 위해 사용된다. 그러므로 교사용 책상은 학습과 상관없는 많은 것들로 혼잡하다. 또한 학생들에게 공개되어서는 안 될 것들도 있다. 따라서 만약 학생들이 교사와 함께 교사용 책상에서 학습하게 된다면 부적절한 행동을 가중시키게 될 것이다. 반대로, 교사용 작업테이블은 학생들이 거기서 사용하게 될 교수용 자료들 외에는 정돈된 상태로 있게 해야 한다. 교사용 작업테이블은 학생들에 대한 교사의 시각적 모니터링이 용이하도록 교실 앞쪽에 두도록 하고, 교사용 책상은 교실에 어느 곳에 두어도 무방할 것이다.

집단교수 영역

친목활동, 집단용 게임, 혹은 학급 수준 프로젝트와 같은 많은 사회적 활동들은 집단교수 영역에서 가장 잘 수행될 것이다. 통합된 학급에서는 25개 내지 30개의 책상들이 교실을 채우고 있기 때문에 집단교수 영역은 학생의 책상 영역이 될 것이다. 그러나 좀 더 작은 학급들에서는 기자재가 설치되어 있지 않은 교실 한편의 카펫이 깔린 바닥에서 집단 프로젝트를 완수할 수

> 학습장애 학생에게는 학습센터에서 공부할 자료들을 얻는 방법을 가르쳐야 한다. 이를 통해 학습장애 학생은 조직화 기술뿐만 아니라 즉각적으로 특정 과제에 집중하는 능력을 발달시킬 수 있기 때문이다.

도 있다. 이러한 집단교수 영역들은 일반적으로 수업도구들을 비치해 둔 선반과 가까운 곳에 둔다. 함께 영화를 관람하기 위해 스크린을 이곳에 둘 수도 있다.

컴퓨터 · 멀티미디어 교수 영역

컴퓨터와 멀티미디어 교수(예를 들어 단어를 읽어주는 언어마스터기기)의 사용이 최근에 급격히 증가하고 있다. 현대화된 교실에서 학습 촉진용 멀티미디어 기자재가 없는 경우는 드물다. 실제로 컴퓨터와 멀티미디어는 교사들이 학습장애 학생뿐만 아니라 특수한 요구를 가진 학습자들에게 차별화된 교수를 제공하기 위한 매우 중요한 도구이다. 컴퓨터는 대부분의 일반학급에서 벽 쪽에 놓여 있으며 콘센트 위치에 따라 컴퓨터 자리가 결정되기도 한다. 학습장애 학생들을 위한 훈련을 고려함에 있어서 교사들은 주의산만하거나 공격적인 학생들이 잘못된 행동을 하지 않도록 하기 위해 이러한 교육적 도구들 사이에 충분한 공간을 두어야 한다고 말한다. 일반적으로 이런 도구들은 컴퓨터를 위해 만들어진 개별 열람실에 두어야 하고, 한 학생이 다른 학생의 작업을 볼 수 없도록 해야 한다.

개별학습 열람석

학습장애 학생들은 수업시간 중 주변의 움직임에 의해 쉽게 산만해진다. 따라서 이들이 통합

교사용 책상에는 학생들이 집단으로 학습할 공간적 여유가 거의 없다.

된 학급에서는 개별학습 열람석이 필수적이다. 일반적으로 대부분의 개별학습 열람석은 한쪽 벽을 따라 배치되고, 특정 학생들의 개별 작업을 위해 사용된다. 이곳에 '연구실(office)'이라 명칭을 붙인다면 학생들이 이 영역을 편안하게 이용할 수 있을 것이다. 만약 이곳에서 공부하는 것이 학생에게 효과적인데도 불구하고 학생이 꺼린다면 학습 열람석이라는 용어 대신 '개인 연구실(private office)'이란 명칭을 부여할 수도 있을 것이다. 명심해야 할 한 가지 중요한 사항은 학습장애 학생이 시각적인 산만함이 없는 작업공간을 필요로 한다면 개별학습 열람석은 학생이 과제에 집중할 수 있도록 하기 위해 제공되어야 한다는 점이다.

교사들은 학습장애 학생들이 학습공간에서의 시각적인 산만함과 더불어 청각적인 산만함으로도 방해를 받는다는 사실을 알아야 한다. 수업시간에 연주되는 부드러운 배경음악은 학생들의 학습성과를 촉진시킬 수 있다. 하지만 어떤 이에게는 휴식이 되는 음악이 어떤 사람에게 방해가 될 수도 있다. 어떤 교사들은 한두 명의 학생에게만 이어폰을 통해 부드러운 음악을 제공하고 싶어할 수도 있다. 여하튼, 교사들은 학급의 모든 학생들에게 이러한 음악이 미치는 영향을 생각해야 한다.

>>>>• 학습장애 학생들을 위한 차별화 교수

앞서 언급한 대로 이 책 전체는 차별화 교수에 대한 것이고, 뒤에 제시되는 각 장은 일반학급에서 다양한 교수를 제공하기 위한 특정 교수기법들을 소개한다. 앞서 제시한 교실 구조화 지침과 뒤의 여러 장에서 소개되는 아이디어들과 더불어 차별화 교수를 위한 몇 가지 일반적인 아이디어들은 학습장애 학생 지도의 어려움에 직면할 때 교사들에게 우선적인 지침이 될 수 있다.

첫째, 대부분의 일반적인 교실 구조는 몇 가지 간단한 지침을 따름으로써 학습장애 학생이 적극적으로 참여할 수 있는 구조로 강화될 수 있다. 주의집중 수준을 높이기 위한 10가지 기법들이 수업 가이드 1.3에 제시되어 있다.

둘째, 학습장애 학생들을 위한 대안적인 수업을 개발하고 수업을 구조화하는 노력이 있어야 한다. 수업 가이드 1.4에 제시된 Mathes와 Bender(1997b)의 10가지 기법들은 통합학급교사들이 학습장애 학생들을 위한 수업을 구조화하는 데 지침이 될 수 있다.

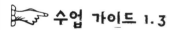 수업 가이드 1.3

주의집중 기술을 높이기 위한 10가지 기법

1. 고도로 구조화된 학급 활용하기. 교사는 학생들과 이야기를 나누고 수업을 하는 데 있어 '집단학습 영역'과 개별학습 열람석 영역 간 차이를 명확히 해두어야 한다. 이것은 학습장애 학생들이 각 장소에서 수행하게 될 학습형태를 이해하도록 해주며, 고도로 구조화된 학급은 학습장애 학생들의 학습 전반에 도움이 될 것이다.

2. 학급규칙 게시하기. 3~5개의 긍정적으로 진술된 학급규칙을 게시함으로써 학생들의 많은 문제행동을 완화할 수 있다. 학생들이 무엇을 해야 할지를 진술한 규칙(예를 들어 조용히 과제 수행하기)이 일반적으로 가장 좋다. 학생들이 잘못 행동했을 때 이러한 규칙을 알려줌으로써 교사는 자신을 훈육과정에서 분리시킬 수 있게 되고, 그 행동이 학급규칙을 위반하는 것으로 규정지을 수 있다.

3. 학급일과표 게시하기. 학교 수업이 45분 단위로 규칙적으로 진행되더라도 하루일과 일정을 게시해 주면 학습장애 학생들이 자신이 해야 할 일을 이해하는 데 많은 도움을 줄 수 있다.

4. 수업 중 신호에 대해 훈련하기. 교사는 학생들에게 수업과 관련된 신호들에 대해 가르쳐야 한다. 몇몇 교사들은 연령에 따라서 수업 집중을 위해 작은 벨을 사용하기도 한다. 어떤 교사들은 수업과 관련된 내용이 적힌 카드를 교실 앞에 게시한다(예를 들면 책을 꺼내세요, 공책을 꺼내세요, 연필을 꺼내세요 등). 교사는 이와 같은 신호를 하기 위해 카드만 가리키면 되는 것이다.

5. 2개의 책상 사용하기. 과잉행동을 하는 학생들은 자주 이유 없이 자리를 이탈한다. 몇몇 학생들에게 교실의 다른 쪽에 제2의 책상을 배정해 주는 것은, 교사가 '자리 이탈과 같은 잘못된 행동에 대해 착석하도록 가르치지 않고도 학생이 한 곳에서 다른 곳으로 움직여 착석할 기회를 주게 된다(물론 5초마다의 이동을 말하는 것은 아니다!)

👉 수업 가이드 1.3 (계속)

6. **의도적인 산만함을 유도하기.** 학습장애 학생들에게 움직임은 필수 정도가 아니라 기본적인 특성이다. 이들을 위해 손으로 할 수 있는 무언가를 제공해 주는 것만으로도 수업 중의 산만한 행동을 누그러뜨릴 수 있다. 이것이 바로 '의도적인 산만함'의 개념이다. 즉 아동에게 뚜껑을 열었다 닫았다 할 수 있는 볼펜을 제공해 주면 수업시간에 바쁘게 뭔가를 할 수 있게 해준다(볼펜으로 책상을 두드리는 것보다는 훨씬 조용하다). 볼펜으로 책상을 두드리는 학생에게는 두드릴 때 '조용하게 두드리는 방법'을 보여주어야 한다(자기 손등에 두드리기). 이렇게 하면 책상 위에 두드리는 것보다는 훨씬 조용한 상태로 학생은 자신이 원하는 흥미 있는 자극을 계속할 수 있게 된다.

7. **책상을 깨끗하게 유지하기.** 학생들에게 수업시간에 해당하는 자료와 교과서를 제외하고는 책상 위를 깨끗하고 흐트러지지 않게 유지해야 함을 상기시켜야 한다.

8. **학생들을 시각적으로 모니터링하기.** 교사는 항상 학생들을 시각적으로 모니터링할 수 있게 학급을 배치해야 한다. 필요할 때마다 과제에 집중하도록 구두로 조언해 준다.

9. **색상별 정리함 제공하기.** 색상별 정리함은 많은 학생들이 과제물과 공책을 정리하도록 도와준다. 교사는 학생들에게 적합한 색상-코드화된 시스템을 만들어야 한다.

10. **학급짝꿍 이용하기.** 다음 수업을 시작하기 전에 준비가 되었는지 짝꿍과 서로 체크하게 하는 학급짝꿍 시스템은 학습장애 학생들이 한 과목에서 다른 과목으로 바뀌었음을 알게 하는 데 큰 도움이 될 수 있다.

👉 수업 가이드 1.4

학습장애 학생을 위한 10가지 수업 구조화 기법

차별화 교수는 내용, 절차, 성과의 세 가지 구성요소에 초점을 둔다. 여기에 제시된 기법들은 교수의 내용과 절차 두 가지를 차별화할 수 있는 여러 가지 가능성을 교사들에게 제공한다.

1. **지시사항을 명확하게 제공하라.** 특히 수업이 바뀌는 시점에 제공되는 분명하고 간결한 지시는 학습장애 학생들이 학습과제에 집중하도록 도와줄 수 있다.

2. **수업의 개요를 제공하라.** 수업 개요는 다음에 실시될 소집단 혹은 전체학급 토의에서 무엇을 할지 주목할 수 있게 도와줄 것이다. 교사는 수업 개요를 기반으로 개요 만드는 법과 노트필기 기술을 가르쳐야 한다. 이것은 학생들의 학습과정을 보조한다.

3. **대안적인 활동을 개발하라.** 교사가 수업을 설계할 때에는 교수내용 수정을 위해 동일한 내용의 다른 수준인 수업 활동지를 적어도 2개 이상 만들어야 한다. 같은 자료에 대한 대안적인 과제물의 사용은 차별화 교수의 기본이다.

4. **잦은 휴식을 계획하라.** 과잉행동을 하는 학생들(많은 학습장애 학생을 포함)은 일어나거나 교실 여기저기를 돌아다닐 기회가 자주 필요할 것이다. 예를 들어 수업 시간에 15분마다 30초간 '스트레칭'시간을 갖게 되면 많은 문제점이 완화될 수 있을 것이다.

5. **신체적 활동을 사용하라.** 일반학교의 모든 학생들은 몸동작을 통해 학습이 촉진된다. 고등학교의 학업성취가 우수한 학생들 역시 몸동작에 의해 학습이 향상된다. '두뇌적합교육'에 관한 최근 연구는 학습과정이 몸동작에 의해 크게 향상될 수 있다고 밝히고 있다. 만약 교사가 특정 사실을 하나의 몸동작과 연결시키고 이 몸동작을 학습장애 학생에게 사용하게 한다면 이 학생들은 그 사실을 훨씬 더 잘 기억하게 될 것이다. 어떤 교사들은 몸동작에 바탕을 둔 이런 유형의 교수가 저학년에서만 적절하다고 생각하지만, 'YMCA'와 같은 팝송과 몸동작과 결합해 본다면 성인들도 몸동작과 연합시킨 학습을 선호한다는 것을 알 수 있을 것이다.

6. **명확한 수업활동지를 사용하라.** 뒤죽박죽인 수업활동지나 교수자료의 사용은 시각적으로 산만해지기 쉬운 학습장애 학생들에게는 방해요인이 되어 과제수행에서의 실패를 가져올 수 있다.

7. **과제 분량을 줄여라.** 몇몇 학습장애 학생들에게는 50개의 수학문제가 프린트된 수업활동지가 언제나 극복할 수 없는 과제물일 것이다. 그러나 교사가 15개의 수학 문제가 프린트된 수업활동지를 제공한다면 학생은 곧장 과제를 수행하려고 할 것이다. 교사는 15개의 문제가 프린트된 또 다른 수업활동지를 다시 주면 되는 것이다.

8. **숙제노트를 확인하라.** 모든 교사들은 학생들이 숙제를 공책에 해오도록 해야 한다. 실제로 많은 교사들이 그렇게 하고 있는 데 반해, 몇몇 교사들은 학생들이 공책에 맞게 써왔는지를 전혀 확인하지 않는다. 학습장애 학생들이 숙제를 맞게 해왔는지를 확인하는 것은 중요하며, 이러한 확인과정을 통해 이들 학생들은 기일에 맞춰 숙제를 해오는 것이 중요하다는 것을 알게 될 것이다.

9. **대안적인 평가방법을 개발하라.** 학생의 학습성과를 확인하는 것은 차별화 교수의 중요한 요소이다. 학습장애 학생들은 특정 주제에 대해 지필시험을 통해 보여주는 것보다 더 많은 것을 아는 경우가 많다. 따라서 교사들은 오픈북 숙제나 수업활동, 혹은 일일 수행평가 자료에 근거한 측정과 같은 대안적인 평가방법을 개발하고 사용해야 한다. 이에 대한 내용은 이 책의 후반부에서 다루게 될 것이다.

10. **짝꿍에게 가서 설명하라.** '이 개념을 짝꿍에게 가서 설명하라'는 말의 개념은 어떤 사람이 설명할 수 있다면 이는 그 사람이 이해하고 있다는 것을 의미한다는 사실에 착안한 것이다. 수업을 할 때 다양한 시점에서(5분에 한 번 정도건 혹은 학급이 특정 분량의 수업을 마칠 때건 간에) 학생들은 미리 정해진 짝꿍과 내용의 핵심을 서로에게 설명하며 이해하고 있는지를 확인할 수 있다. 일상적인 수업과정으로 이 기법을 사용하면 학습장애 학생들의 이해를 크게 향상시킬 수 있다.

 반성적 과제 : 차별화 교수 사용하기

차별화 교수의 전반적인 구성을 더 잘 이해하기 위하여 수업 가이드 1.4에 제시된 10가지 목록을 사용하여 각각의 교수적 수정이 내용, 절차, 성과 중 무엇에 관한 것인지 구분하라. 그런 뒤 이 기법들 중에서 현재 당신의 수업에서 자주 사용하고 있는 것이 있는지 생각해 보라.

다음 장에서는?

차별화 교수를 위한 다양한 옵션과 교실 조직화를 위한 제안들을 염두에 두고 다음 장에서는 학습자의 개별 요구에 따른 수업절차의 다양화 측면에서 차별화 교수를 좀 더 직접적으로 다룰 것이다. 특히, 학생 스스로 자신의 학습에 책임감을 갖게 하는 몇 가지 전략들과 더불어 두뇌 친화적 문헌들에 대한 간단한 개요가 제시될 것이다.

2 학습을 위한 두뇌 친화적 교수와 개인의 책임

2

학습을 위한 두뇌 친화적 교수와 개인의 책임

이 장에 포함된 전략

✔ 두뇌 친화적 교실을 위한 10가지 기법

✔ 주의집중 행동을 위한 자기점검

✔ 수업준비를 위한 자기조정

✔ 책임 전략

지난 10년간, 학습에 있어 뇌와 중추신경계의 기능에 대한 이해의 증대와 함께 공립학교 교실에서 교사가 학생들을 가르치는 방법에 대한 많은 제안들이 있었다(Leonard, 2001; Richards, 2001; Sousa, 2001a; Sylwester, 2000). 교사는 학습장애 학생들에게 차별화 교수를 제공하기 위한 수업을 결정하는 데 있어 인간 두뇌 연구에 근거한 교수적 실제에 대한 지식을 가지고 있어야 한다(Sousa, 1999).

많은 교수적 실제들이 이런 두뇌 친화적 연구에 기초하고 있지만, 가장 중요한 원리는 학생이 학습에 열중하게 하고 학습에 대해 스스로 책임감을 가지게 하는 것이다. 따라서 이 장에서는 두뇌 친화적 교수와 관련된 문헌들에서 제안한 내용들을 검토한 후, 학습장애 학생들로 하여금 자신의 학습에 책임감을 갖게 하기 위한 자기점검, 자

> 가장 중요한 원리는 학생이 학습에 열중하게 하고 학습에 대해 <u>스스로 책임</u>을 가지게 하는 것이다.

기교수와 같은 다양한 전략 및 학습환경에서의 행동 향상을 위한 구체적인 전략들을 소개할 것이다.

>>>• 두뇌 친화적 교수란 무엇인가?

두뇌 친화적 교수(brain-compatible instruction, 가끔 두뇌중심 학습이라고도 불린다)는 의학의 진보를 바탕으로 하고 있으며, 알려진 지는 10여 년 정도 밖에 되지 않았다(Leonard, 2001; Sousa, 2001a, pp. 1-25). 기능성자기공명영상기법(문헌에서는 fMRI이라고 불리는 기법)의 개발로 인간 두뇌에 대한 이해는 점점 커져가고 있다. 이 기법은 뇌 스캐닝 방식으로 대체로 안전성이 입증되어 있으며, 과학자들은 이 기법을 통해 인간 두뇌가 다양한 유형의 학습과제에 집중하는 동안 어떻게 변하는지를 연구할 수 있게 되었다(Richrds, 2001). fMRI란 사고과정 동안 뇌 속 산소와 당의 사용을 측정하는 것으로, 의사는 이 정보를 통해 다양한 유형의 교육적 과제를 수행하는 동안 가장 활성화된 뇌 영역을 확인할 수 있다(Sousa, 1999, pp. 1-20). 예를 들어 오늘날 전문가들은 언어, 읽기, 수학, 운동 학습, 음악 감상, 또는 학급토론에서 질문에 구두로 답변하기와 같은 다양한 학습활동에 특정적으로 연관된 두뇌 영역을 밝히고 있다(Sousa, 2001a).

　많은 연구자들은 이러한 연구가 구체적인 교수제안을 할 수 있을 만큼 발전했다고 말한다. 학생들이 어떻게 학습하는지에 대해 이러한 이해가 증대되면서, 교사들은 이러한 지침에 따라 교실을 재구성하기 시작했다(Sousa, 2001a; Sylwester, 2000). 다양한 권위자들의 제안이 서로 다르지만, 수업 가이드 2.1에서 보여주는 두뇌 친화적 교수를 위한 10가지 기법은 이 분야에서 그동안 축적된 견해들을 대표한다(좀 더 많은 제언들을 살펴보려면 Gregory & Chapman, 2002; Richards, 2001; Sousa, 2001a; Sylwester, 2000; Tomlinson, 1999를 참조하라).

 반성적 과제 : 예측 과제

두뇌 친화적 교수에 대한 다음 10가지 기법에 대한 논의를 읽기 전에, 수업 가이드 2.1에 있는 목록들을 검토하라. 그리고 이러한 기법들이 두뇌 친화적 연구와 어떻게 연결될 수 있는지에 대해 예측하라. 당신의 예측을 체크하면서 다음 내용을 읽어보라.

안전하고 편안한 환경　학습관련 연구들은 뇌가 여러 단계의 여과장치로 작용하는 것을 보여주고 있다. 첫 번째, 뇌는 우선적으로 우리의 안전을 위협하는 소리나 광경, 자극들에 선택적으로 집중하며 다른 자극들은 배제한다. 두 번째 우선권은 감정적인 반응을 야기하는 정보

 **수업 가이드 2.1**

두뇌 친화적 교수를 위한 10가지 기법

1. 안전하고 편안한 학습환경을 제공한다.
2. 편안한 가구를 제공한다.
3. 학생들에게 물과 과일들을 제공한다.
4. 학생들의 반응을 자주 점검한다.
5. 학습과제를 신체 동작과 짝짓는다.
6. 학습과제에 대한 신기함을 증대시키기 위해 시각적 자극을 사용한다.
7. 학습에 음악과 리듬을 사용한다.
8. 적당히 기다려준다.
9. 학생들에게 선택권을 준다.
10. 학생들끼리 서로 가르치게 한다.

에 있으며, 새롭고 위협적이지 않은 학습과제와 관련된 정보는 두뇌에서 마지막 순서로 처리된다(Sousa, 2001a, p. 43). 따라서 두뇌기능의 여과장치나 우선순위를 기반으로 교실에 대해 여러 가지 암시하는 바를 생각해 볼 수 있다. 확실히 학생들은 위협적인 학습환경에서 산만해질 수밖에 없다. 그러므로 학교 교육과정과 같은 새로운 과제에 집중하기 위해서는 안전성과 편안함을 느껴야 한다. 폭력적인 가정이나 환경의 학생, 학교에서 왕따 당하는 학생, 학교에서 자주 체벌을 당한다고 생각하는 학생의 경우에는 새로운 내용을 학습하는 것이 거의 불가능할 것이다. 하지만 신체적인 안전만으로 충분하지는 않다. 학생들이 편안함을 느끼기 위해서는 정서적으로 안전하다고 느껴야 한다. 따라서 교사와의 긍정적인 관계가 중요하다. 학습장애 학생들은 편안한 환경에서 보살피는 관계(caring relationship)를 통해서만 새로운 과제습득을 위해 집중하게 될 것이다.

이것은 학습장애 학생들이 교실에서 좌절감을 경험하고 있기 때문에 교육적으로 중요한 함축적 의미를 지닌다. 즉 장애 학생들은 계속적인 학습과제의 실패와 교사의 체벌에 의해 학교 교실을 '적대적인 장소'로 생각할 수 있다. 이러한 교실환경은 장애 학생들의 학업적 성공을 지원할 수 없을 것이다.

> 뇌는 우선적으로 우리의 안전을 위협하는 소리나 광경, 자극들에 선택적으로 집중하며 다른 자극들은 배제한다.

편안한 가구 편안한 학습환경을 구조화하기 위한 한 방법으로, 많은 교사들은 교실에 '가정용 가구'들을 가져와 소파와 편안한 의자가 있는 읽기공간을 꾸민다. 또한, 집 분위기가 나는 조명의 램프 역시 두뇌 친화적인 교실에서 사용되는데, 몇몇 연구는 빛 스펙트럼의 마지막 색상인 빨강에 가까운 조명이 뇌를 '각성'시키는 역할을 한다고 제안하고 있다.

학생들이 매일 다섯 시간 이상 앉아 있어야 하는 딱딱한 목재 혹은 철재 책상이 배치되어 있는 대부분의 교실에 대해 생각해 보라. 어떤 성인이 매일 대여섯 시간을, 그것도 일 년 내내 딱딱한 책상에 앉아 있는 것을 좋아하겠는가? 다른 형태의 가구로 우리의 교실을 더 친밀하게 만들고 학습을 촉진시킬 수 있다.

물과 과일 연구에 의하면, 뇌가 가장 능률적으로 실행하기 위해서는 산소, 포도당, 물과 같은 특정 연료가 필요하다고 한다(Sousa, 2001a, p. 20). 우리 인체에서 매번 심장이 뛸 때마다 펌프질되는 혈액의 1/4 정도는 두뇌와 중추신경계를 향해 이동되며, 유동체는 원활한 피의 순환에 중요하다. 더욱이 물은 두뇌에서의 뉴런 신호의 이동에 필수적이다(Sousa, 2001a, p .22). 마지막으로, 오늘날 우리는 과일이 뇌의 포도당 공급에 뛰어난 원료임을 알고 있으며, 많은 연구들은 적당량의 과일섭취가 단어 기억의 정확성과 수행을 증진시킨다고 보고하고 있다. 따라서 두뇌 친화적 교실에서는 학생들이 필요할 때마다 조금씩 물을 마실 수 있도록 책상 위에 개인용 물병이 놓여 있다. 두뇌 친화적 교실에서는 더 이상 물이 한 시간에 한 번 주어질 수 있는 특권이 아니다. 또한 교사들은 간식거리로 간단한 과일들을 제공한다.

빈번한 학생의 반응 학생들은 정기적인 성과가 기대될 때 학습과정에 좀 더 몰두하게 된다(다시 강조하지만 차별화 교수에서는 학습성과가 중요하다!)(Gregory & Chapman, 2002, pp. 37-46). 이같은 이유로, 학생들은 새로운 내용에 대해 숙제나 수업 중 과제를 수행하도록 요구받는다. 학생들에게 주어진 과제빈도는 학생들이 얼마나 많은 정보를 습득했는지에 대한 주요 결정요소가 될 것이다. 그렇다고 학생에게 주어진 과제가 문제들로 가득한 시험지여야 할 필요는 없다. 매일 적은 수의 문제로 자주 평가하는 것이 학습장애 학생의 학습과정에 좀 더 유용할 것이다(Sousa, 2001a). 또한 교사는 간단히 작성될 수 있는 과제들을 학생에게 자주 제공함으로써 학생의 개념 이해 정도를 점검하는 부가적인 기회를 갖게 될 것이다.

몸동작과 함께 하는 학습 외국어 회화와 같은 기술들은 끊임없이 연습하지 않으면 쉽게 잊어버리는 반면, 수영이나 자전거 타기와 같은 운동기술은 왜 영원히 기억되는지 생각해 본 적이 있는가? 인간의 두뇌와 관련된 최근 연구들은 운동학습과 상위인지학습에 관련하여 이 문제를 다르고 있는데 다음 두 가지를 발견했다. 첫째, 운동기술 학습을 담당하는 영역은 언어

두뇌 친화적 교실은 편안한 가구들을 사용한다.

학습보다 더 심층적인 곳인 소뇌에 위치하고 있다. 둘째, 두뇌는 운동기술을 생존에 더 필수적인 것으로 인식한다. 우리의 옛 선조들은 종종 육식동물들로부터 도망쳐야 하거나 먹을 것을 사냥해야 했기 때문에, 운동 동작은 생존을 위한 수단으로 뇌에서 우선적으로 작용했다 (Sousa, 1999). 결과적으로, 한 번 학습된 운동기술들은 어법과 같은 인지기술보다 더 오래 기억된다. 이것은 교사가 가능하면 사실적 기억과제와 몸동작을 짝지어야 함을 암시한다. 예를 들어 각 철자에 대한 학습은 팔다리를 움직여 단어 속 문자를 형상화하는 식으로 가르칠 수 있다. 심지어 고학년에서도 다양한 기억과제는 몸동작으로 표현될 수 있다. 이것은 학습장애 학생뿐만 아니라 대부분 학생들의 기억을 크게 향상시킬 것이다. 대륙의 위치를 학습하기 위한 몸동작 기법 예가 수업 가이드 2.2에 나와 있다. 이러한 교수적 조정에는 신체적 동작을 통해 더 잘 학습할 것 같은 학생에 대한 학습과정의 변화도 포함된다. 다른 짝짓기의 내용은 다양한 다른 학습 언어과제(예 : 업무서신의 부분들)처럼 신체 부위로 쉽게 나타낼 수 있다.

최근에 나는 중학교 수업을 준비하는 교생이 인체 내 세포질과 관련된 몸동작 기법을 개발하도록 도와준 적이 있다. 그 수업은 세포가 다양한 효소를 받아들이는 동안 박테리아로부터 보호하는 과정에 관련된 것을 표현하는 교수발표를 하는 것이었다. 처음에는 세 명의 큰 남학생들이 안쪽으로 마주보고 서서 그들의 팔꿈치를 걸어 꽉 조이게 함으로써 세포벽을 표현했다. 그런 뒤 우리는 "세포벽은

우리의 옛 선조들은 종종 육식동물들로부터 도망쳐야 하거나 먹을 것을 사냥해야 했기 때문에, 운동 동작은 생존을 위한 수단으로 뇌에서 우선적으로 작용했다.

고학년에서의 동작 기반 교수

Carolyn Chapman(2000)은 세계지도를 설명하기 위해 동작을 사용함으로써 고학년을 위한 동작 기반 교수기법을 공유했다. 7개 대륙과 적도의 위치를 표현하기 위해 신체의 일부분을 가지고 아래의 몸동작을 표현하게 된다. 벽에 걸린 세계지도를 보면서 학생들은 아래의 동작들을 기억하여 수행하게 된다.

1. 왼손·팔을 뻗고 손바닥을 편다. 왼손이 바깥을 향해 있는 동안 오른손 주먹을 뻗어 왼손에 대고 말한다. "여기는 우리가 살고 있는 북아메리카."

2. 오른 주먹을 이마에 대고 말한다. "여기는 유럽."

3. 오른손을 바깥쪽으로 고정시키고 손바닥을 펴고, 왼손 주먹으로 오른쪽 손바닥을 치고 말한다. "여기는 아시아."

4. 두 손을 엉덩이에 대고 말한다. "여기는 적도."

5. 두 손을 허리띠에 대고 다이아몬드 형태를 만들고 말한다(왼쪽 엄지손가락과 오른쪽 엄지손가락을 붙이고, 왼쪽 집게손가락과 오른쪽 집게손가락을 붙인다). "여기는 아프리카. 아프리카의 일부는 적도 위에 있고 일부는 아래에 있다."

6. 왼쪽다리를 뻗어서 고정시키고 말한다. "여기는 남아메리카."

7. 오른쪽 다리를 뻗어서 고정시키고 말한다. "여기는 오스트레일리아."

8. 발 사이의 바닥을 가리키며 말한다. "여기는 남극대륙. 매우 추운 곳."

출처 : Chapman, 2000.

세포를 보호할 정도로 아주 강합니다."라고 설명했다. 다음으로 우리는 세포 속에 침입하려는 박테리아를 선정했다(다른 학생이 박테리아 역할을 한다). "세포벽은 박테리아로부터 세포를 보호합니다." 마지막으로 우호적인 효소를 표현하는 여학생 한 명을 선택하여 지체 없이 세포벽 속으로 들어가게 했다. "세포벽은 음식과 우호적인 효소를 받아들입니다." 이 사례를 통해 확인할 수 있듯이, 상위 학년에서 이 기법을 사용하는 데 있어 유일한 한계는 교사의 창의성의 한계일 뿐이다.

시각적 자극을 동반한 학습 교사들은 시각적 자극이 학습을 증진시킨다는 사실을 알고 있었는데, 이러한 일반적인 통찰은 두뇌 친화적 교수에 대한 문헌들을 통해 확인되고 있다(Sousa, 1999). 인간의 뇌와 중추신경계는 새롭고 다른 자극을 찾도록 조율되기 때문에 교사들은 교실에 게시될 수업자료를 개발할 때 다양한 색상, 크기, 형태를 사용해야 한다(Sousa, 2001a, p. 27). 학습장애 학생들을 위해 단락의 주제 문장을 다른 색상으로 강조함으로써 이들이 단락의 주제를 설명하도록 도와줄 수 있다. 마찬가지로, 언어의 품사를 다른 색상으로 사용하는 것(예를 들면 명사는 빨강, 동사는 파랑, 형용사는 녹색 등)은 학습을 촉진시킬 수 있다. 하지만 색상이 효율적인 학습도구가 되기 위해서는 특정 부분이 왜 다른 색상으로 표현되었는지, 그리고 색칠된 항목이 왜 중요한지에 대해 교사와 학생 간에 구체적으로 논의되어야 한다. 오늘날 많은 컴퓨터보조 교수 프로그램들은 이 기법을 사용하고 있으며, 음절을 포함한 다른 읽기기술을 가르치는 데 색상을 이용해 강조하는 기법을 포함하고 있다. 다시 말해, 이것은 학습장애 학생들을 위한 학습절차의 수정을 말해 준다.

노래 운율, 그리고 음악의 사용 음악과 리듬은 언어와는 다른 뇌 영역에서 처리되기 때문에 학습해야 할 사실들을 음악적 선율이나 운율로 짝지음으로써 학습을 향상시킬 수 있다. 대부분의 성인들은 알파벳을 외우기 위해 **반짝반짝 작은 별**에 쓰인 가락을 사용했던 것을 기억할 것이다. 그리고 많은 학생들은 연대표나 나눗셈 순서와 같은 상위 학년의 과제들을 기억하기 위해 이 노래를 사용했다. 다시 말해, 교사들은 이러한 방법을 수세기에 걸쳐 사용해 왔는데, 인간의 뇌 관련 연구들은 음악과 리듬이 사용될 때 학습이 향상된다는 근거를 밝히고 있다.

기다림의 시간 학생들은 교사의 질문에 대해 먼저 손을 든 한두 명의 학생들을 주로 호명한다는 것을 알고 있다. 따라서 학습장애 학생들은 손을 들지 않고 교사를 쳐다보지 않으면서 몇 초 동안 '보이지 않게' 있을 것이고, 교사들은 다른 사람을 지명할 것이다. 평균적으로 교사들은 질문한 뒤 대답을 요구하기까지 겨우 1초 내지 2초만을 기다린다. 이렇게 질문한 뒤 답변을 요구할 때까지 사이의 시간적 간격을 '기다림의 시간(wait time)'이라고 정의한다(Sousa, 2001a, p. 128). 하지만 학생들은 서로 다른 속도로 정보를 처리한다. 두뇌 연구들에서는 질문을 한 후 누군가에게 대답을 요구하기 전 몇 초간(약 7~10초) 기다려 주는 것이 중요하다는 것을 보여주고 있다. 이렇게 증가된 기다림의 시간은 보다 느리고 신중하게 정보를 처리하는 학생들에게 그들의 대답에 대해 생각할 일련의 시간을 주게 되고, 교사의 질문에 대답하기 위해 자발적으로 손을 들게 되는 것이다. 이러한 연유로 수업 중에 적당히 '기다려주는 시간'은 다른 학생들보다 느리게 정보를 처리하는 많은 학습장애 학생들의 학습에 있어 결정적인 요소가 될 수 있다.

학생의 선택 Sylwester(2000)는 학생들의 선택권 사용을 강조했다. 즉 학교상황 밖에서 학생이 타당한 선택을 하기 원한다면 교사는 교실 상황에서 선택의 기회를 제공해야 하고 올바른 선택을 하도록 학생을 코치해야 한다. 여기에는 자신의 능력을 보여주는 방법이나 일련의 사실들을 이해하는 방법의 선택을 포함하며, 특정 주제와 관련하여 다양한 과제들 중에서 선택하는 것을 포함하기도 한다.

학생끼리 서로 가르치게 하는 것 베테랑 교사들은 어떤 학생이 새로운 정보를 다른 학생들에게 설명하게 함으로써 학습을 향상시킬 수 있음을 안다. 그리고 인간 두뇌 관련연구들은 이러한 교육적 절차를 거듭 지지해 왔다. 교사들은 여러 정보를 제시해야 하며(두뇌 연구들은 새로운 정보를 수업 시작 후 10~20분 내에 제시하도록 제안하고 있다)(Sousa, 2001a, p. 90), 이때 자주 멈추어 학생들이 새로운 정보를 숙고할 수 있게 해주어야 한다. 교사는 2~3분 정도 정보를 제시하고 아래와 같이 말하며 멈춘다.

> 학습장애 학생들은 손을 들지 않고 교사를 쳐다보지 않으면서 몇 초 동안 '보이지 않게' 있을 것이며, 교사들은 다른 사람을 지명할 것이다.

옆의 짝꿍과 마주보고 앉아 내가 제시한 네 가지 사항을 교대로 설명하세요. 각자가 들은 것에 대해 동의하지 못하는 부분이 있으면 선생님에게 말해주세요.

그런 뒤 교사는 1~2분 정도 교실을 돌아다니며 학생들의 토의내용을 듣고, 방금 제시한 정보를 학생들이 올바르게 이해하고 있는지를 검토한다. 이러한 교수적 절차는 새로운 정보를 강의식으로 제시하는 것보다 더 오래 기억할 수 있게 하는데, 이는 학생들이 자신의 동료에게 내용을 설명하면서 이에 대한 책임감을 갖게 되기 때문일 것이다.

>>>• 자기점검 기법 : 학습을 위한 개인의 책임

오랜 시간을 걸쳐 교사들은 교육이 학생들을 위해 학생에게 행해지는 하나의 과정이라는 견해를 가지고 있다. 학생들은 교육절차 속에서 수동적인 수용자로 간주되어 왔으며, 자신의 학습계획을 수립하는 데 적극적으로 참여하도록 유도되지 않았다. 학습장애 학생들은 다른 학생들에 비해 더 쉽게 산만해지고 학습절차에 참여하지 못하기 때문에 이러한 견해는 당연히 학습장애 학생들에게 심각한 문제가 된다.

학생이 학습의 수동적인 수용자라는 견해에 반대하는 입장에서 Daniel Hallahan과 그 동료들은 학습장애 학생 연구를 통해, 학습장애 학생들이 그들의 과제 계획에 참여해야 하고, 과제 집중과 학습에 있어 자신의 노력에 책임을 가져야 한다고 주장했다(Hallahan, Lloyd, & Stoller, 1982; Hallahan & Sapona, 1983; Rooney & Hallahan, 1988). 최근 인간 두뇌와 학습에 관한 연구들은 중앙 집행기(executive function)의 중요성을 설명한다. 중앙 집행기는 구체적으로 과제를 수행하는 것보다는 과제를 계획하거나 어떻게 착수할 것인지와 관련된 사고과정을 대표하는 용어이다. 성공적인 학습자는 과제에 실제로 착수하기 전에 과제가 요구하는 것이 무엇이며 어떻게 완성할 수 있는지를 잠시 고려한다. 이것이 바로 중앙집행기이다. 교육자들은 이제 교육적 성공의 상당 부분은 학생들이 그들의 학습과 행동에 대해 책임을 가지는지의 여부에 달려있다고 한다(McConnell, 1999). 그리고 두뇌 친화적 교수문헌들은 이 견해를 매우 지지한다. 학생들은 그들의 학습에 몰두해야 하며, 학습장애 학생들 역시 학습하려면 학습과제에 깊이 몰두해야 한다. 요약하면, 누구라도 학습에 대한 의지와 동기 없이는 어떤 것도 배우기 힘든 것이다. 여기서 제시하는 자기점검 전략은 교육적 과제 참여에 있어 이러한 개인의 책임 요구에 관한 것이다.

> 오늘날 교사들은 교육이 역동적인 과정이며 학생의 참여를 요구한다고 알고 있다.

자기점검 전략은 학생들이 주의집중하는 법을 가르치는 것과 관련 된다. 교실에서 주의집중한다는 것은 일반적으로 자신의 정위(orientation)를 반복적으로 점검하고 특정 과제에 집중하는 능력을 의미한다(McConnell, 1999). 초기의 연구들은 학습장애 학생들의 주의력을 향상시키기 위해 자기점검을 사용한 데 반해(Hallahan et al., 1982; Hallahan & Sapona, 1983; Rooney & Hallahan, 1988), 최근에는 수업준비 행동을 향상시키거나(McConnell, 1999; Snyder & Bambara, 1997) 학습을 방해하는 행동문제를 제거하기 위해 자기점검 절차를 사용하는 데 초점을 두고 있다(Shapiro, DuPaul, & Bradley-Klug, 1998). 이 영역들에 대해서는 아래에서 계속 논의될 것이다.

주의집중 행동을 위한 자기점검

연령과 상관없이 교사들은 '집중하세요'라고 아동들에게 말하지만, 어떻게 집중해야 하는지에 대해 아동에게 정확히 설명해 주는 교사는 없다. 사실상, 교사들은 학생들이 '집중'이라는 표현의 의미를 안다고 가정한다. 그러나 학습장애 학생들을 가르치

> 교육자들은 교육의 성공은 학생들이 그들의 학습과 행동에 어느 정도 책임 을 갖고 수행하는지 여부에 달려있다고 한다.

다 보면 이들이 다른 학생들만큼 과제에 집중하지 않는다는 것을 알 수 있다. 이들은 실제로 어떻게 주의집중해야 하는지를 잘 모른다. 학습장애 학생들에게 자주 보이는 주의 문제와 빈약한 과제지향성 문제는 이들의 주의집중 기술의 결함 때문이다. 따라서 자기점검 절차의 첫 번째 적용은 학습장애 학생들에게 학습과제에 주의집중하는 법을 가르치는 것이다. 이 훈련 절차는 특수학급과 통합학급 모두에 가능하며, 단계는 다음과 같다.

학생의 확인 차별화 교육의 모든 측면에서 교사의 첫 번째 과제는 학생에게 적합한 전략을 선택하는 것이다. 이것은 교사의 학생들과의 관계, 수업 중의 학생들에 대한 교사의 지식, 그리고 각 학생의 학습문제 유형에 달려있다. Hallahan과 Lloyd(1987)는 자기점검을 효과적인 중재로 사용할 수 있는 학생의 유형을 밝히기 위한 몇 가지 지침을 제시했다. 첫째, 과제집

중 행동을 향상시키기 위한 자기점검 전략은 외현적인 공격행동 문제를 가진 학생들보다는 오히려 양호한, 빈약한 과제지향성 문제를 갖거나 시간 내에 과제완성이 힘든 주의 문제를 보이는 학습장애 학생에게 쓰인다. 심각한 문제행동에 자기점검에 절차를 사용하여 약간의 성공적인 결과를 가져왔다고도 하지만, 이 전략은 교실에서의 공격적 행동이나 불응 문제로 인해 과제를 수행하지 않는 학생들에게는 효과적이지 않다

둘째, 자기점검은 학생들에게 새로운 주제나 학습과제를 소개할 때에는 사용하지 말아야 한다. 이것은 학습의 도입 단계에 사용되는 전략이 아니다. 자기점검은 오히려 학생들이 독립적이고 반복적으로 연습하는 단계일 때 가장 효과적이다. 기본기술 영역에 대한 자습과 학습지 과제에 적합하다. 또한 자기점검은 학생들의 문제 풀이에 있어서의 정확도를 증진시키는 것보다는 '빠르게' 수행하도록 하는 데 더 효과적이다(Snider, 1987).

자기점검 기법의 구성요소 학생들은 자기점검 프로젝트를 통해 자신의 주의집중기술을 향상시키고자 "나는 집중하고 있었는가?"라는 아주 간단한 질문을 주기적으로 스스로에게 하도록 훈련한다. 자기점검 절차는 그 도구로 학생들이 자신의 주의집중 행동을 기록할 '기록지'와 벨소리가 주기적으로 녹음된 녹음기와 같이 행동을 기록하기 위한 신호만이 필요하다. 기록지에는 위의 질문이 기록지의 가장 위쪽에 적혀야 하며, '예' 또는 '아니요'라는 표시란과 함께 한다. 이 질문은 학생이 무엇을 해야 하는가를 알려주는 단순기억 기법을 제공해 준다(예를 들면 학습지에 적힌 문제에 주의집중하기). 학생은 자신의 '주의집중 행동'을 생각하게 하는 신호가 있을 때마다 조용히 "내가 집중하고 있었는가?"라고 질문해야 한다. 그런 뒤 기록지에 기록하고 즉시 하던 일로 돌아가야 한다. Hallahan 등(1982)에 의해 개발된 기록지가 수업 가이드 2.3에 제시되어 있다.

자기점검 기법의 두 번째 요소인 오디오테이프는 기록지를 만들고, 학생들이 질문하고 기록지에 표시하도록 신호를 준다. 교사는 카세트테이프에 종소리를 녹음하는데, 종소리의 간격은 10초에서 90초까지 다양할 수 있지만, 평균 간격은 45초 정도여야 한다. 이것은 피아노의 가운데 '도'를 다양한 간격으로 반복해서 약 20분간 녹음하여 간단하게 만들 수 있다. 학생은 위의 질문을 하는 신호로 이 테이프를 사용할 것이고, 기록한 뒤 바로 하던 일로 돌아간다. 통합교실의 교사는 다른 학생들이 자습하는 데 방해가 되지 않도록 해당 학생에게 헤드폰으로 신호를 듣게 할 수도 있다.

> 과제집중 행동을 향상시키기 위한 자기점검 전략은 주의집중 문제가 있는 학습장애 학생들에게 사용된다.

자기점검의 첫 번째 교수 단계 Hallahan 등(1982)은 주의력 기술을 가르치기 위한 일련의 교수적 단계를 제공했다. 첫날, 교사는 주의집중하는 방법을 배움으로써 학습을 좀 더 빨리, 그리고 정확하게 마칠 수 있다는 것을 학

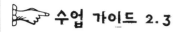 **수업 가이드 2.3**

주의집중을 위한 자기점검 기록지

나는 집중하고 있었는가?

예	아니요

생들에게 제시하며 수업을 시작한다. 학생들이 자기점검 절차에 대한 책임을 갖도록 이러한 가능성에 대해 함께 논의한다. Hallahan 등(1982)은 초기 자기점검 교수 단계에서 이루어지는 대화의 예를 수업 가이드 2.4와 같이 권하고 있다.

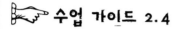 **수업 가이드 2.4**

자기점검 교수

"Johnny, 네가 공부에 집중하는 데 문제가 있다는 걸 알고 있지? 선생님들이 네게 '집중해라', '공부해라', '지금 뭐 해야 하지'와 같은 얘기를 자주 해왔지. 자, 우리는 오늘 네가 스스로 더 잘 집중하도록 하기 위해 뭔가 시작할 거야. 우선 네가 집중이 무엇을 의미하는지 알고 있는지 알아보자. 이게 바로 집중의 의미야." (교사는 곧바로, 그리고 지속적으로 과제에 집중하는 모습을 모델링해 준다)

"그리고 이것은 집중하지 않는 것을 의미한단다." (교사는 주변을 돌아본다던가, 물건을 가지고 노는 것과 같은 부주의한 행동을 보여준다)

"이제는 내가 집중했는지에 대해 말해줄래?"(교사는 집중하는 행동과 부주의한 행동들을 보여주며 학생에게 분류하도록 요구한다)

"좋아, 이제 우리가 무얼 할지 보여줄게. 정기적으로 넌 이런 소리를 들을 거야."(교사는 테이프의 소리를 들려준다)
"이 소리를 들으면, '나는 집중하고 있었는가?'라고 스스로 조용히 질문해. 만일 네가 그랬다면 '예'라고 이 칸에 표시하는 거야. 만일 그렇지 않았다면 '아니오'에 표시해. 그러고 나서 곧바로 하던 일로 되돌아가는 거야. 네가 다시 그 소리를 들을 때, 그 질문을 하고, 대답하며 표시하고, 네가 하던 일로 다시 돌아가는 거야. 자, 이제 어떻게 하는 건지 직접 보여줄게."(교사는 전체 절차를 보여준다)

"자, Johnny, 나는 이것을 네가 할 수 있다고 생각한단다. 네가 소리를 들을 때마다 무엇을 할 것인지 스스로에게 말해봐. 자, 해보자. 나는 테이프를 틀 거고, 너는 종이에 기록할 거야."(교사는 전체 절차에 대한 학생들의 실행을 관찰하고, 정확하게 사용하면 칭찬하며, 점진적으로 교사의 개입이 사라진다).

출처: Hallahan, Lloyd, & Stoller(1982)

 반성적 과제: 차별화 교수의 구성요소 검토하기

차별화 교수의 세 가지 구성요소(내용, 절차, 성과)를 고려하면서, 수업 가이드 2.4에 제시된 대화를 검토하라. 이 대화는 차별화 교수의 구성요소 중 어떤 교수적 기법을 보여주고자 하는가? 예를 들어 '주의집중과 부주의함에 대한 모델링'은 자기점검법을 가르치기 위해 절차를 수정한 교수적 사례라고 할 수 있다. 이 대화에서 세 가지 요소에 대한 또 다른 예가 있는가?

이 대화는 주의집중이 정확히 무엇을 의미하는지 보여준다. 교사는 학생의 책상에 앉아야 하고, 교육용 과제(학습지, 읽을 책, 또는 칠판)에 시선을 고정시키는 모습을 모델링 해주어야 한다. 또한, 교사는 창밖 내다보기, 볼펜 돌리기, 다른 학생과 잡담하기와 같이 과제에서 벗어난 행동들을 모델링 해주어야 한다. 그런 뒤 학생은 모든 교과시간에 일관성 있게 헤드폰에서 나오는 종소리에 따라 기록해 가면서 주어진 과제를 완수해 나간다. 학생들은 벨소리를 들을 때마다 기록지에 예 또는 아니요를 표시해야 하고 다시 하던 일로 돌아간다.

첫날, 자기점검에 대해 대략 15~20분 정도 교수를 제공한다. 초기의 수일간은 자기점검에 관한 교수가 간단한 형식으로 반복되어야 한다. 이 교수의 초기 단계 동안 학생은 자기점검 절차를 매일 사용해야 한다. 이러한 초기 단계는 대략 10~15일 정도 소요된다. 초기 단계가 끝나는 시점에 교사는 학생이 수업시간에 마무리할 수 있었던 많은 과제활동들을 수집했을 것이다. 이러한 성공이 학생에 의해 이루어졌음을 알게 해야 한다.

철회 절차 자기점검의 목적은 표면적으로 행동 기록지와 녹음된 벨소리에 의존하여 주의집중하도록 하는 것이 아니라, 주의집중하는 '습관'에 의해 훌륭한 주의집중기술을 갖게 하는데 있다. Hallahan과 그의 동료들은 초기 단계의 기록지와 벨소리를 없앤 철회 절차를 강조하고, '습관'적으로 스스로의 주의집중 행동을 계속적으로 점검하도록 했다(Rooney & Hallahan, 1988).

처음에는 벨소리를 철회해야 한다. 대략 10~15일간의 성공적인 중재 후 교사는 학생에게 과제에 대한 주의집중 능력이 성공적으로 나아지고 있어 더 이상 종소리가 필요하지 않음을 알려준다. 이 철회 단계 동안 학생은 생각날 때마다 "나는 집중하고 있었는가?"라고 스스로에게 물어보며 자신의 과제집중 행동을 계속적으로 점검하게 한다. 학생은 기록지에 기록하고, 만약 이 학생이 집중하고 있었다면 잘했다고 스스로 등을 두드리는 등의 자기칭찬을 한 뒤 곧바로 학습지로 돌아간다.

철회 단계 동안에는 기록지도 제거한다. 학생은 스스로 질문하고 대답하며 스스로를 칭찬한 후, 재빨리 다시 문제지로 복귀하는 훈련을 하게 된다. 일반적으로 철회를 위한 각 단계는 5~6일 정도가 적당하다고 제안되고 있다(Hallahan et al., 1982).

주의력 향상을 위한 자기점검 효과 연구

자기점검에 관한 연구들은 이 절차가 특수학급과 일반학급 모두에서 학생의 학년 수준에 상관없이 적용할 수 있어(Rooney, Hallahan, & Lloyd, 1984), 대부분의 학교 환경에서 차별화교수에 훌륭한 전략이라고 설명한다. 또한 이 절차는 집단으로도 가르칠 수 있으며(Hallahan, Marshall, & Lloyd, 1981), 대다수의 학습장애 학생들이 이 절차를 통해 주의집중이 향상된다고 밝히고 있다(Digangi, Magg, & Rutherford, 1991; Hallahan & Lloyd, 1987; Snider, 1987).

자기점검

몇몇 학생들의 과제집중 행동은 두 배 이상으로 향상되었는데(35%에서 90% 이상까지), 이는 대략 학습장애 학생들의 교육 시간이 두 배 정도 늘었다고 볼 수 있다! 이와 관련된 초기 연구가 수업 가이드 2.5에 제시되어 있다.

여러 연구에서 이제 자기점검법 사용에 관한 추가적인 질문들을 많이 제시하고 있다. 우선 약물치료가 필요할 정도로 심각한 주의집중 문제를 가진 학생들을 위해, 자기점검 절차는 약물치료만을 사용하는 것보다 더 크게 주의집중기술을 향상시킬 수 있다(Mathes & Bender, 1997a). 따라서 주의집중 문제로 약물치료를 받고 있는 학생들에게도 자기점검 절차는 사용되어야 한다. 이 절차가 주의집중 문제로 약물치료를 받는 학생들에게 도움이 된다는 강력한 증거가 있음에도 불구하고 교사가 자기점검 절차를 실행하지 않는다면 어떻게 이를 정당화시킬 수 있겠는가?

> 연구들은 거의 대부분의 학습장애 학생들이 이 절차를 통해 주의집중이 향상된다고 밝히고 있다.

학습장애 학생들을 위한 이 기법의 중요성을 강조하기 위해 한 사람의 사례를 보여주고자 한다. 나는 West Virginia주 Athens시에 있는 Concord 대학의 평생교육학과 새내기 교수로서 특수교육교사들을 대상으로 수업기법 중 자기점검 기법을 가르쳤다. 이 강의에는 당시 학습장애로 진단받은 14세 자녀를 둔 엄마가 있었다. 자기점검 아이디어에 관한 과제물이 주어지자 이 엄마는 자녀가 숙제를 하는 동안 자기점검 절차를 시도해 보기로 했다. 엄마는 나중에 7학년인 자녀가 저녁마다 숙제하는 데 3시간 이상 걸렸으며, 그럼에도 많은 분량을 마치지 못했다고 내게 이야기해 주었다! 물론 자기점검 절차를 실행하면서 저녁마다 약 90분 이내에 숙제를 끝마치게 되었으며, 엄마와 딸 모두 행복해졌다. 이것이

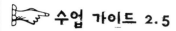 **수업 가이드 2.5**

자기점검의 사용

Hallahan, Lloyd, Kosiewicz, Kauffman과 Graves(1979)는 자기점검에 관한 전통적 초기 연구들 중의 하나를 실행했다. 단일대상 반전설계로 7세의 학습장애 남아를 대상으로 연구가 실시되었다. A단계는 과제집중 행동과 학업성과에 관한 기초선 단계였고, B단계는 자기점검을 위한 신호(녹음된 종소리)와 기록지를 사용한 자기점검 치료 단계였다. 첫 번째 철회 단계 동안에는 기록을 위한 신호(종소리 녹음 테이프)를 없앤 뒤 아동이 생각날 때마다 그의 행동을 기록하도록 교육했고, 두 번째 철회단계 동안에는 기록지를 없애고 아동이 과제에 집중할 때마다 스스로 칭찬하도록 교육했다.

관찰자들은 과제집중 행동을 측정하기 위해 수업 중 아동을 관찰하도록 훈련받았다. 수학과 쓰기의 학업성과는 아동이 제출한 학습지에서 아동이 완성한 문항 수로 측정되었다. 그 결과, 과제집중 행동과 학업성과 모두 두 단계의 치료기간 동안에 향상되었다. 과제집중 행동은 테이프와 기록지를 없앤 철회 단계에서도 상대적으로 높은 수준을 유지했다. 이 결과는 프로젝트 말기에 주의집중 습관(예를 들면 정규적으로 과제집중 행동 점검하기)이 내면화되었음을 보여주는 것이다.

이 이야기의 끝이 아니다!

몇 주 뒤, 이 소녀는 담임교사에게 수업 중 학교과제를 수행하는 동안에 자기점검 사용을 허락해달라고 요청했다(이때 바로 난 이 사실에 대해 들었었다!). 담임교사는 나를 알고 있었고, 자기점검이 무엇인지 내게 묻기 위해 전화했었다. 학습장애 학생이 특정한 학습방법을 사용하겠다고 요청했고, 교사는 그

> 약물치료가 필요한 주의집중에 심각한 문제를 가진 학생들을 위해, 자기점검 절차는 약물치료 하나만의 효과보다는 더 극적으로 주의집중을 향상시킬 수 있다.

것에 대해 아무것도 모른다는 것을 상상해 보라! 두말할 필요도 없이 나는 교사에게 몇 가지 읽을 자료를 주었고, 자기점검 절차가 성공할 수 있도록 그 담임교사와 직접 만났다. 어린 소녀의 삶에 있어 이 기법은 매우 소중했다. 그녀는 과제집중을 돕고 수업 과제나 숙제를 하는 시간을 감소시키는 이 기법의 사용방법을 배우고자 했던 것이다.

이것은 내 생애에서 특별한 경험을 한 최고의 시간이었다. 이 기술이 학습장애를 가진 어린 소녀에게 얼마나 절대적으로 중요한 것이었는지에 대해 결코 잊지 않을 것이다. 나는 일반학급과 특수학급을 담당하는 모든 교사가 학습장애 학생을 위한 이 기법의 몇 가지 버전을 꼭 사용해야 한다고 생각한다. 이런 학생들의 주의집중 문제를 설명함에 있어, 나는 이 기술보다 더 효과적인 것은 없다고 생각한다.

적합한 행동을 증가시키기 위한 자기교수

연구를 통해 학습장애 학생들의 주의집중을 증가시키기 위한 자기점검 절차의 효과가 계속 적으로 밝혀지면서, 연구자들은 주의집중 외의 다른 행동에 자기점검 개념을 적용하기 시작 했다. 실제로, 최근 들어 많은 연구자들은 학습장애 학생들의 수업준비를 증진시키기 위해 이 자기점검 원리를 적용했으며, 심지어 부적합한 행동을 감소시키기 위해 적용하기도 했다 (McConnell, 1999; Snyder & Bambara, 1997). 예를 들면 McConnell(1999)은 학생들이 교실 에서의 자기 행동을 평가하도록 하는 교실 자기점검 척도(class-room self-monitoring scale)를 제시했다. 이 검사지는 수업 가 이드 2.6에 제시되어 있는데, 거의 대부분의 학급에서 학습장애 학생들의 요구에 맞게 쉽게 수정될 수 있다. 그리고 이 척도에

> 학습장애 학생이 특정한 학습방법을 사 용하겠다고 요청했는데 교사는 그것에 대해 아무것도 모른다는 것을 상상해 보라!

☞ 수업 가이드 2.6

교실 자기점검 척도

이름 _____   학년 _____

날짜 _____   담임 _____

네 가지 중에 한 곳에 ○ 하시오.
4 = 항상   3 = 거의 대부분   2 = 어느 정도   1 = 전혀 안 한다

1. 다른 사람을 방해하지 않고 공부한다.	4	3	2	1
2. 수업에 참여한다.	4	3	2	1
3. 교사가 말할 때 집중해서 듣는다.	4	3	2	1
4. 필요할 때 도움을 요청한다.	4	3	2	1
5. 교사의 지시를 따른다.	4	3	2	1
6. 수업 중 과제를 완수한다.	4	3	2	1
7. 완성된 과제물을 제출한다.	4	3	2	1

학생 점수 _____

28~24점 : 매우 우수   23~20점 : 우수
19~14점 : 보통   13~0점 : 계획을 세워라!

출처 : McConnell, M. E.(1999). Self-monitoring, cueing, recording, and managing : Teaching students to manage their own behavior. *Teaching Exceptional Children, 32* ⓒ 1999 by The Council for Exceptional Children.

서 자기점검한 몇 가지 종류는 학생에게 학습을 미리 준비하게하고 책임을 갖게 할 것이다.

>>>>• 책임 전략

책임 전략이란 무엇인가?

'책임 전략' 혹은 더 정확하게는 '책임 전략들'은 교실에서의 학생의 책임뿐만 아니라 학생의 교사, 급우, 학교와의 관계에 초점을 둔다(Bender, 2002, pp. 35-50). 자기점검 접근이 주의 집중과 수업준비 행동을 위한 책임에 관한 것이라면, 이 전략은 학습장애 학생들로 하여금 학급에서 성공적인 일상기능을 수행하는 데 있어 그들의 책임이 중요함을 제시함으로써, 교사가 학생들로부터 협조를 얻어낼 기회를 얻게 한다. 이것은 학습장애 학생들의 학습에 대한 스스로의 책임을 증가시킬 뿐만 아니라 교실에서 원활한 흐름을 만든다.

일부 학습장애 학생들은 부적합한 행동 혹은 심지어는 반항적인 행동을 통해 주의를 유도한다. 잘못된 행동을 하는 동안 학급의 관심은 그 학생에게 집중되고, 교사는 잘못된 행동에 어떤 방식으로라도 반응을 해야 한다. 일부 학습장애 학생들은 이런 종류의 관심을 즐긴다. 이들은 학급에서의 자신의 **잘못된** 행동이 자신에 대해 인식하게 만들 수 있다고 생각한다.

주의를 유도하려고 자신의 힘을 과시하는 학생들에게 사용할 수 있는 효과적인 전략 중 하나는 주의를 얻을 수 있는 창의적인 방법을 찾도록 해주는 것이다(Bender, 2002, pp. 35-50). 이를 통해 이런 학생들에게 개인적 책임을 갖도록 할 뿐만 아니라, 적절한 방법으로 학생들이 돋보이게 할 수 있는 기회를 준다. 나는 이러한 교수기법의 가장 중요한 요소로 **책임 전략**이라는 용어를 사용하고 있다. 더 나아가, 이러한 행동들은 학급에서 교사나 급우와의 관계를 더욱 긍정적으로 변화시킨다. 만약 잘못 행동하는 학습장애 학생들이 그들의 힘을 생산적으로 표현하는 방법을 찾을 수 있게 된다면, 그들은 공격적인 방법으로 자신의 힘을 보여줄 필요가 없어질 것이다. 수업 가이드 2.7에 제시한 일화는 이 전략을 이해하는 데 도움이 될 것이다.

책임 기법에 관한 연구

책임 전략에 바탕을 둔 연구의 한 예로 Rutgers 대학의 Charles Maher 박사는 잔혹한 행동 전력들을 갖고 있는 청소년들을 저학년 정신지체 학생들의 또래교수로 사용한 다양한 연구들을 보고했다(1982, 1984). 이 연구들에서의 또래교수는 학습장애가 아닌 품행장애의 행동을 보여주고 있지만, 심각한 행동문제를 가진 학생들을 위해 이 기법이 매우 효과적임을 제안하고 있다.

초기에 Maher 박사가 이 기법을 적용하는 것에 대해 경험이 많은 교육자들은 당황스러워했다. 폭력적, 공격적 그리고/혹은 다른 심각한 행동문제 때문에 사회에 잘 적응하지 못하고 정서적으로 불안한 청소년들인 '가망이 없는' 학생들을 상상해 보라. 그리고 그들이 또래교수를 한다! 현실적으로 생각하면, 이 청소년들은 자신이 또래교수 하는 2, 3학년 학생들을 사실상 괴롭힐 수도 있는 존재들인 것이다.

만약 잘못 행동하는 학습장애 학생들이 그들의 힘을 생산적으로 표현하는 방법을 찾을 수 있게 된다면, 그들은 공격적인 방법으로 자신의 힘을 보여줄 필요가 없어질 것이다.

👉 **수업 가이드 2.7**

책임 전략과 관련된 일화

정신병원 소속 문제아동을 위한 구치소학교에서 교장을 역임했던 Bob Brooks 박사는 Terrance라 불리는 한 학생에 대해 말하곤 했다. 그는 손에 닿는 모든 전구를 깨뜨렸다. 그에게 모든 전구는 훌륭한 놀잇감이었다. Terrance는 어차피 전구를 깨뜨릴 것이기에, 실제로 무엇을 기준으로 체벌이 주어졌는지에 대해 아무런 관심도 없었다. 이것은 아주 노골적인 반항이었고 관심을 받으려는 잘못된 행동이었다.

Brooks 박사는 학급과 학교에서의 Terrance의 관계에 대해 심사숙고한 후 좋은 방법을 찾았다. Brooks 박사는 Terrance를 학교의 '전구 모니터'로 임명했다. 매일 Terrance에게는 짧은 시간 동안 복도를 돌아다니며 각 교실을 방문하게 했고, 그곳의 모든 전구가 잘 작동하는지를 검사하는 책임을 맡겼다. 그리고 전구가 고장 났을 때에는 학교사무실에 이 문제를 보고할 책임을 주었다. Terrance는 자신이 얼마나 중요한 책임을 지고 있는지 인식한 상태로 아침마다 급우들이 있는 교실에 들어가 교사가 출석을 점검하는 동안 여러 번 전구의 스위치를 작동했다. 급우들은 그에게 주어진 특별한 책임과 더불어 특권을 가지고 있음을 보게 되고, 이들 급우로부터의 관심은 Terrance의 행동에 있어 긍정적인 변화를 가져왔다. 이러한 책임 전략으로 Terrance의 전구 깨뜨리는 행동은 없어졌다. 더 중요한 점은 Terrance에게 이 기간이 재학기간 중 처음으로 학교에 의미 있게 기여할 수 있는 책임을 가지게 된 때였다는 것이다.

그러나 실제로는 정반대의 일이 발생했다! 1982년에 수행된 한 연구에서는 품행문제를 가진 사회부적응 학생들로부터 또래교수를 받은 아동집단이 또래 상담만을 받은 유사한 아동집단보다 아주 놀랍게 향상되었다. 튜터(tutor)의 행동문제는 줄었고 참여도는 향상되었으며, 학습적으로도 그들 자신에게 도움이 되었다. 일화적 관찰을 통해 보면 또래교수에서의 책임이 결정적인 성공 요인으로 보인다. 또래교수의 특성상 이 학생들은 '리더'로서 간주되었고, 이것은 행동문제를 가진 대부분의 학생들에게 색다른 경험이었다. 특히, 이 청소년들은 운동장에서 놀고 있는 '자신의' 지도학생(tutee)들을 '보호'하기 시작했고, 이들과 함께 놀기 시작했다. Maher 박사는 1984년에 이 놀랄 만한 결과가 정말 타당한 것인지 확인하기 위해 재실

일상생활에서의 책임은 기본적인 책임이다.

험했다. 두 번째 프로젝트 결과 역시 첫 연구 결과와 동일했다. 또래교수를 통해 행동문제가 있는 학생에게는 다른 학생에 대한 중요한 책임이 부과되었다. 이는 학교에서 다른 학생들과의 의미 있는 통합을 가져왔다. 그리고 그 책임은 그들의 행동을 극적으로 개선시켰다.

학습장애 학생들에 대해 생각해 본다면, 행동을 개선시키고 학습을 향상시키는 데 있어서 이 전략의 효력이 상상이 될 것이다. 과거에 학습장애 학생들은 과제를 제시간에 완수하지 못하거나 답변이 틀린 것에 대해 얼마나 자주 주의를 받았는가? 이 전략은 교실과 학교에서 이 학생들이 느끼게 될 책임감을 증가시킬 뿐만 아니라 칭찬을 받을 기회와 긍정적인 임무수행에 대해 긍정적인 주목을 받을 기회를 제공한다(Bender, 2002, p. 38).

물론, 위에서 제시한 사례와 같이 제한된 학업기술을 가진 학습장애 학생들에게 이 전략을 적용하는 데에는 한계가 있을 것이다. 대부분의 학습장애 학생들은 학업기술상의 한계로 인해 같은 학년 수준의 학생들을 대상으로 한 또래교수 튜터로는 적합하지 않을 것이다(이에 대한 일반적인 지침이 되는 것이 전(全)학급 또래교수이다. 이에 대해서는 뒷장에서 설명된다). 하지만 학습장애 학생들은 읽기나 언어능력이 비슷한 수준인 저연령 아동의 튜터로서는 아주 잘할 것이다. 다시 말해, 위에 제시한 예에서는 청소년들에게 그들이 중요하게 생각하는 것에 대한 책임을 부여하고 학급에 기여하게 했다. 차별화 교수 교실을 실행하기 원하는 교사에게 이런 행동중재 옵션은 매우 중요하다.

반성적 과제 : 훈육상의 도전

학급에 가장 문제가 있다고 생각하는 학생을 선정하여 최근 2~3회 정도 그 학생을 훈육시킬 필요가 있었던 때를 생각해 보라. 당신은 이 학생이 관심을 끌 만한 의미 있는 리더역할이나 책임을 맡겼던 적이 있는가? 학급 내에서 이 학생이 자랑할 만한 특권이 부여된 몇 가지 책임이 있었던가? 이 학생에게 적절한 책임 전략은 있었는가?

이 전략은 누구에게 사용해야 하나?

학습장애 학생들은 대부분 책임을 부여할 만한 강점을 지니고 있기 때문에 책임 기법을 적용하기 좋은 대상이다. 예를 들어 수학을 잘하는 읽기학습 장애 학생은 수학에 부진을 보이는 학생들의 튜터가 될 수도 있고, 매시간 수학문제를 칠판에 쓰는 역할을 맡길 수도 있다. 교사는 학생들의 강점에 기초하여 책임을 부여할 만한 것을 선택해야 한다.

> 대답이 정확하지 않거나 제시간에 과제를 마치지 못하는 것 때문에 학습장애 학생은 얼마나 자주 주의를 받았는가?

창의적인 책임 전략

이 전략은 화내고, 공격적이고, 심지어는 반항적인 행동을 보이는 학습장애 학생들에게는 더더욱 필요하다. 학생이 주의를 받고자 하는 것이 명백하다면, 교사는 학생 자신의 리더십 기술을 사용하여 학급 내에서 자신이 '지원'할 수 있는 방법에 대해 학생과 함께 이야기를 나눈다. 그런 뒤 교사는 다른 급우들 앞에서 '자랑할 만한 권리'가 될 만한 자신이 하고 싶은 일들을 제안할 수 있다.

학습장애 학생에게 이 전략을 사용할 때 주의할 점은 학생이 성공적으로 완수할 수 있는 책임이나 과제를 주의 깊게 선택해야 한다는 것이다. 이 책임이 학생에게 '어려운' 것이 되어서는 안 된다. 교사는 개인에게 무거운 부담일 수 있는 학업과제에 대한 또래교수를 맡기면 안 된다. 오히려 학생이 잘하는 수준 내에서 과제를 선정하여 성공적인 수행 기회를 제공하고, 자신이 학급에 성공적으로 기여한 데 대해 긍정적인 주목을 받을 수 있도록 해주어야 한다.

책임 기법의 실행

학습장애 학생이 지속적으로 주의를 요구할 때, 교사는 학급에서 학생이 긍정적인 주목을 받을 기회에 대한 것과 학교에서 교사와 다른 학생들과의 관계에 대해 깊이 생각해야 한다. 때로는 마음속으로 '오늘 이 학생이 수업에 긍정적으로 기여하도록 어떻게 이끌었는가?'라고 묻는 것이 효과적일 수도 있다.

위의 질문은 아주 신중한 표현이다. '어떻게 이끌었는가'라는 문구에 주목해 보라. 자신의 능력과 리더십, 자신의 긍정적인 면을 학급에 보여줄 만한 기회를 갖도록 학생을 이끌었는가? 아마도 대부분은 학습장애 학생들이 학급에서 적절하고 뜻 있는 기여를 하도록 효과적으로 이끌지 못했다고 대답할 것이다. 교육자들은 거의 대부분의 시간 동안 많은 수의 학생들을 다루어야만 한다. 그러므로 가장 유능하고 민감한 교사들조차도 몇몇 학생들의 요구를 십분 충족시켜 주지 못하는 경우가 생기게 마련이다. 이러한 이유로, 현명한 교육자라면 학습장애 학생 스스로가 소외감을 느끼지 않도록 이들이 기여할 수 있는 여러 방법을 찾기 위해 노력할 것이다.

행동문제가 있는 학생에게 왜 책임을 제공하는가?

우리들은 대부분 어릴 적 교사를 위해 지우개 털기, 칠판 지우기, 혹은 학급에서의 특권으로 '교사도우미' 역할을 했던 것을 기억한다. 잠시 생각해 보면, 이처럼 상대적으로 하찮은 과제들을 우리가 얼마나 중요하고 필요하다고 느꼈는지를 기억할 수 있다. 교사들은 주로 이러한 일들을 특권과 보상으로 사용하고 있고, 학습장애 학생들은 일반학생만큼 자주 보상받지 못하기 때문에 당연히 이러한 일을 자주 하지 못하게 된다. 이 전

> 현명한 교육자라면 학습장애 학생 스스로가 소외감을 느끼지 않도록 이들이 기여할 수 있는 여러 가지 방법을 찾기 위해 노력할 것이다.

략을 전국에 소개했을 당시, 많은 교사들은 주의력 및 행동문제를 가진 학생들에게 특별한 임무나 책임을 부여하는 것이 잘못된 행동에 대한 '보상'이 될 수 있다고 생각했다. 사실상, 잘못된 행동을 하는 사람이 중요한 책임을 맡는다는 것은 지금까지의 모든 행동훈련 방법, 즉 잘못된 행동에 대해 특권을 제거하는 방법과는 반대되는 것처럼 보일 수 있다! 그럼에도 불구하고 몇몇 학습장애 학생들에 있어서는 관심이 될 만한 책임을 맡김으로써 이들의 부정적인 행동이 긍정적인 행동으로 변화하게 될 것이며, 학급에 대한 책임감은 증가할 것이다. 더욱이 교사는 이미 자신의 중재도구상자 속의 모든 방법을 시도해 봤을 것이고, 따라서 책임 전략을 사용한다고 해서 잃을 것은 아무것도 없을 것이다!

책임 과제의 중요한 요소들

교사는 적절한 임무를 찾을 때 학습장애 학생의 흥미와 원하는 바, 능력, 그리고 교실에서의 요구를 고려해야 한다. 가능한 임무는 무한하다. 그래서 나는 자주 이 전략을 복수형인 책임 전략들이라 언급한다. 학생에게 주어진 임무는 비교적 중요하지 않고, 필요한 정도가 얼마만큼인지도 상관없다(전구 모니터와 같이 심지어는 불필요한 것일 수도 있다). 하지만 적어도 다음의 두 가지는 중요하게 고려되어야 하다.

1. 학생이 진정으로 기여할 기회를 가졌다고 느껴야 한다(즉 특정 임무를 하게 된 기회가 '자랑할 만한 특권(bragging rights)'이라고 느낄 수 있어야 한다).
2. 주어진 임무가 중요하다고 느껴야 한다. 임무를 통해 급우에게 기여한다고 느낄 수 있게 만들어 줘야 한다(Bender, 2002).

교사는 학습장애 학생에게 '안성맞춤'인 책임을 어떻게 찾을 것인가? 대개는 학생들의 행동을 통해 알게 될 것이다. 예를 들면 앞에서 제시한 학생은 전구에 고착되어 있었고, 전구 모니터 역할은 이 학생에게 아주 적절한 것이었다. 교사는 학생의 취미와 흥미를 고려해야 할 뿐만 아니라 학급이나 학교에서의 필요성을 고려해야 한다. 학교에서 사진 찍는 일이 필요한가? 운동장 벽에 스프레이로 그림을 그릴 사람이 필요한가?

학습장애 학생들은 일반학급에서 일반 학생들만큼 자주 보상을 받아야 할 필요가 있다.

물론 교사들이 감독하겠지만, 운동장에서 학생들이 말싸움하는 것을 교사에게 알려줄 책임을 학습장애 학생들에게 부여할 수 있을까? 만약 적절하게 계획된다면, 이러한 임무들은 학교에 효과적으로 기여할 것이며 긍정적인 책임을 학습장애 학생에게 부여하게 될 것이다.

물론, 교사들은 책임을 선정하는 데 있어 학생의 사생활, 안전과 합법성과 같은 이슈들을 고려해야 한다. 예를 들어 학생이 화장실에서 몰래 훔쳐보는 것을 원하는 것이 아니라면 '화장실 모니터'로 정하지는 말라! 더욱이, 학생들의 책임이 교외에서 이루어지거나 다른 학생들 간에 시작된 물리적 충돌에 빠져들어서는 안 된다. 학습장애 학생을 위한 책임을 결정하는 경우에는 교칙 등도 고려해야 하기 때문에 교장과 상의할 필요가 있다. 또한, 학생이 자신의 책임을 완수하는 동안 감독이 항상 이루어져야 한다.

책임이 주어진 초기에는 일상적인 수준이 아닌, 더욱 면밀한 수준의 감독이 필요할 수도 있다. 앞에서 제시한 것처럼 또래교수를 실시하는 때에는 튜터에게 어떤 유형의 훈련을 어떻게 실시할 것인지 생각해야 한다. 튜터를 위해 어느 정도의 감독이 필요할 것인가, 그리고 이들에게 어떤 종류의 강화가 제공될 수 있을까? 예를 들어 또래교수를 하기 위해 이들은 몇 분 일찍 교실에서 나갈 수 있는가? 급우들이 보는 가운데 신뢰를 주며 교실을 떠나는 것 자체가 학습장애 학생을 크게 강화할 것이다. 하지만 교실을 나서는 것은 학생이 감독 없는 복도로 나가는 것이기도 하다.

책임 기법의 사용

앞에서 제시한 일반적인 제안과 고려해야 할 점들을 명심하면서 학습장애 학생에게 책임 전략을 사용하면 학습장애 학생은 자신의 중요성을 인식하게 되고 학급에 대한 책임감을 갖게 되

> 학생이 자신의 책임을 완수하는 동안 감독이 항상 이루어져야 한다.

어 넓게는 학급과 학교에 기여하게 될 것이다. 학습장애 학생들은 과거에 주목 받을 기회가 거의 없었기 때문에 긍정적인 주목을 받게 되는 이러한 기회를 통해 '활짝 피게 된다'. 따라서 교사들은 가능하다면 언제라도 이 전략을 사용하면서 이들이 학습에 참여하도록 만드는 방법들을 적극적으로 찾아야 할 것이다.

>>>> 결론

이 장에서는 두뇌 친화적 교수와 관련된 문헌들이 제안한 여러 지침을 살펴보았고, 비교적 새롭다고 할 수 있는 이러한 교수적 기법들은 학급 내 학습장애 학생을 위한 학업적인 옵션을 크게 늘릴 것이다. 이러한 기법들 모두가 모든 시간, 모든 학급에 적용될 수는 없다고 하더라도, 이 교수 아이디어들을 실행함으로써 통합학급 내 학습장애 학생의 학업성취를 향상시킬 것이다.

두뇌 친화적 교수와 관련된 문헌에서 가장 우선하는 것은 학생 스스로가 자신의 학습에 관여하고 책임을 갖도록 도와주어야 함을 강조하는 것이다. 앞에서 설명한 자기점검 전략과 책임 전략은 학생이 일반학급에서 자신의 주의 행동과 과제이탈 행동을 통제하는 능력을 갖추도록 도와줄 것이다. 학습장애 학생의 문제행동에 대한 자기 통제력이 증가함으로써 이들

의 자기존중감 역시 긍정적으로 변화할 것이다. 따라서 교사들은 학생이 자신의 행동문제에 대한 통제력을 갖도록 도와줄 수 있는 이러한 전략을 사용해야 할 것이다.

다음 장에서는?

이 책에서 제1장과 제2장은 교실 조직과 학생들의 정서적 지원·개인적 책임에 관한 차별화 교수 전략을 제시했다. 다음 장은 학습장애 학생을 위한 학업적 교수와 관련된 두 가지 상보적인 모델을 소개할 것이다.

3 학습절차의 차별화
-비계설정 교수와 초인지-

3

학습절차의 차별화

-비계설정 교수와 초인지-

이 장에 포함된 전략

✔ 효과적인 비계설정을 위한 지침

✔ 비계설정의 예 : 스토리 맵

✔ 초인지 교수

✔ 사전 조직자

✔ 그래픽 조직자와 학습 가이드

✔ 정교화된 재구성

✔ 교과서 그림들과 관련된 질문

✔ 호혜적 교수

>>>• 학생지원을 위한 요구사항

학급 내의 학습장애 학생들뿐만 아니라 다른 많은 학습자들은 학업적 결함과 계획하기 결함, 그리고 조직화에 있어 다양한 문제를 가지고 있다. 따라서 차별화 교수의 개념은 학생들의 다양한 학습적 요구들을 매우 강조하고 있다(Tomlinson, 1999, pp. 1-60). 적절한 교실 구조와 조직화된 과제들은 학습장애 학생들로 하여금 개인적으로 학교에서 수행해야 할 과제들을 조직화하는 데 도움을 줄 수 있으나, 이들에게는 고도로 잘 조직화된 교수와 과제들을 이해시키기 위한 다양한 학업적 지원이 필요하다. 따라서 제1장과 제2장에서 서술된 물리적, 정서적 환경구조들의 지원과 더불어 학습장애 학생들은 학업적인 요소들의 습득을 위한 다양한 지원을 필요로 한다. 따라서 이 장에서는 이러한 학업적 지원을 제공해 주는 두 가지 접근법인 **초인지 교수**(metacognitive instruction)와 **비계설정 교수**(scaffolded instruction)에 초점을 두고 있다. 이 접근법들에 관한 이론들은 다소 독립적으로 발달해 왔음에도 불구하고, 둘 다 학습자의 요구에 기초를 둔 차별화 교수를 전적으로 강조하고 있어(Tomlinson, 1999), 많은 사람들은 이 접근법들이 서로 비슷하다고 한다. 이 장에서는 두 가지 교수 패러다임들에 대해 간단히 살펴본 후, 다양한 학습자의 요구에 기초하여 교사들이 차별화 교수 활동절차를 적용하는 데 도움을 줄 만한 특정 초인지 교수와 비계설정 교수 기법들에 대해 알아볼 것이다.

왜 초인지인가?

초인지 교수는 지난 20여 년 동안 발달해 왔으며, 오늘날 학습장애 분야에서 가장 영향력 있는 개념 중의 하나이다. 초인지에 대한 강조로 인해 우리는 가르치는 학생들의 특성들을 잘 이해할 수 있었다. 베테랑 교사들은 학습장애 학생이 "개가 내 숙제를 먹어버렸어요."라고 말하는 것을 들어 봤을 것이다. 우리들 대부분은 "왜 너는 개가 닿을 수 있는 바닥에 숙제를 놓았니?"하고 생각하게 된다. 사실 학습장애 학생들은 숙제를 끝낸 뒤 그것을 책상 위나 소파 혹은 마룻바닥 등 아무 곳에나 두기 때문에 '개가 물어뜯는' 일이 있음 직하다. 즉 학습장애 학생들은 숙제는 하지만 다음날 학교에 가져가기 위해 책가방에 숙제를 넣어 두지는 않는다. 학습장애 학생들은 학교에 책가방을 가져가는 것을 자주 잊어버리기 때문에 결국은 숙제를 안 한 것과 별반 차이가 없게 되어 버린다. 다시 말해, 학습장애 학생들은 주어진 과제를 수행함에도 불구하고 조직화 기술의 상대적 결함으로 인해 교사에게 그 과제를 제출할 것이라 확신할 수 없는 것이다. 조직화 기술 결함에 대한 이 같은 설명은 교사들에게 학습장애 학생들이 과제를 수행하는 데 왜 그렇게 어려워하는지 쉽게 이해하게 할 것이다. 예를 들어 5학년 학급에서 교사가 다음과 같은 과제를 내 주었다고 가정해 보자.

> 자, 그럼 학생 여러분. 이번 사회시간 과제는 국회의원에게 편지쓰기입니다. 사회책은 넣어 두고 국어책을 꺼내 189쪽을 펴 보세요. 거기에서 여러분들은 편지쓰기 형식을 찾을 수 있을 거예요. 그 형식에 맞게 국회의원에게 보낼 간단한 편지를 써 보세요. Billy가 여러분들을 위해 칠판에 주소를 써 줄 거예요.

이 과제를 성공적으로 수행하기 위해서는 최소 4가지의 다양한 교수내용뿐만 아니라 칠판에 제시될 주소와 같은 여러 가지 부가적인 정보가 관련된다. 학습장애 학생에게 위에서 언급한 조직화의 문제가 있다면 어떻게 새로운 과제로의 성공적인 전환이 이루어지리라 기대

할 수 있겠는가? 사실 교사들이 학습장애 학생들을 다루는 데 있어 느끼는 많은 좌절 중의 하나가 한 활동에서 다른 활동으로의 전환에 실패하는 것이다. 그리고 전환하는 동안 제공되는 교수의 복잡성 때문에 학생들은 여전히 불분명한 상태로 남게 된다.

초인지 교수는 학생들의 조직화 기술을 개선시키고 자신의 과제를 완성하도록 도와줄 도구들을 제공한다. 초인지라는 용어는 막연하게 '생각하는 것에 대해 생각하기'로 정의할 수 있다. 또한 이것은 다음과 같이 많은 다른 요소들을 포함할 수 있다.

1. 과제를 완성하는 데 필요한 단계들을 계획하기
2. 올바른 순서로 단계들을 배치하기
3. 단계마다 진행 상태를 점검하기

즉 초인지 교수는 아동들이 과제를 완수하도록 돕기 위해 구조화된 메커니즘이나 지원을 제공하는 것을 말한다. 이것은 학생들로 하여금 그들의 과제에 대해서 생각하고, 필요한 단계들의 순서를 계획하고, 각 단계마다 어떻게 하고 있는지 점검하도록 돕는다.

아동들은 초인지 전략들을 즐긴다.

다양한 초인지 교수 접근법에서는 학생들이 과제를 수행하는 동안 내적 언어를 사용해서 과제를 완성하도록 하여 스스로에게 침묵의 교수를 할 수 있도록 훈련된다. '내적 언어' 혹은 '침묵의 언어' 사용은 초인지의 기초이므로 교사들은 내적 언어를 가르치기 위한 방법으로 자기교수 단계들을 살펴보길 바란다(수업 가이드 3.1에 설명되어 있다). 이 단계들은 Meichenbaum과 Goodman(1969, 1988)에 의해 처음 제시되었는데, 이 단계들에 대한 이해는 내적 언어의 사용과 초인지의 개념을 이해하는 데 도움이 될 것이다.

초인지 교수를 강력하게 지지하는 지난 수십 년 간의 연구를 바탕으로 오늘날 교사들은 다양한 초인지적인 개념들을 그들의 교수에 도입해야 한다(Ashton, 1999; Day & Elksnin, 1994; Gregory & Chapman, 2002, p. 20; Mastropieri & Scruggs, 1998; McTighe, 1990). 학생들은 이러한 기법들의 체계적이고 규칙적인 연습을 통해 자신의 초인지적인 이해력을 발달시키기 시작할 것이다. 따라서 초인지적 기술들은 모든 수업에서 사용될 것이다. 만약 학습장애 학생들이 초인지 교수를 사용하는 것을 반복적으로 훈련받는다면 그들은 복잡한 과제들을 더욱 더 잘 계획하고 조직하며 완성하게 될 것이다(McTighe, 1990).

사실 지식수준이 급속도로 확장되는 시기에는 교육의 주요 초점이 사실적 지식의 습득보다는 사실적 지식을 처리할 수 있게 하는 처리과정의 습득에 있어야 한다. 이러한 견해에서 본다면, 교육의 최종목표는 모든 학생들을 성공적인 초인지적 사고가(metacognitive thinker), 다시 말해 주어진 과제들의 관련성과 유용한 지식의 다양한 측면들을 신중하게 고려한 다음, 순서대로 필요한 단계들을 완수하고 자신의 수행 정도를 점검하는 사람으로 만드는 것이 될 것이다. 만약 이것이 학습장애 학생 교육의 현실적인 목표라면(나는 이것이 유일하게 가치 있는 목표라고 생각한다), 초인지 교수에 대한 강조는 분명히 모든 학급에 해당될 것이다. 다음은 다양한 초인지 기법들에 대한 설명이다.

비계설정 교수

비계설정 교수의 개념은 초인지보다는 최근의 개념으로 지난 15년 간 발달되어 왔다. 이는 부분적으로 초인지 개념에 기초하고 있다. 비계설정 교수란 단계별로 촉구된 내용, 자료, 그리고 학습을 촉진시키기 위한 교사나 또래의 지원으로 가장 잘 이해될 수 있을 것이다(Dickson, Chard, & Simmons, 1993; Englert, Berry, & Dunsmore, 2001; Larkin, 2001; Stone, 1998). 개별적 촉구나 안내를 위해 학습과정에서 학생을 도와줄 성인의 지원에 대해 강조하고 있다. 그래서 새로운 과제를 수행할 때 충분한 지원(즉 비계)을 제공하여 개개 학생의 특별한 요구들에 맞추게 되는 것이다. 처음에 학생은 배우고자 노력하는 초심자로 간주된다. 그래서 너무 적은 지원은 학생으로 하여금 과제를 완수하거나 주어진 학습을 이해하는 데 좌절하게 만든다. 반면, 너무 많은 지원은 학생이 독립적으로 과제를 습득하는 것을 방해할 것이다.

☞ 수업 가이드 3.1

자기교수를 위한 '침묵의 언어'

수학시간에 교사가 학습장애 학생에게 두 자릿수 덧셈 문제를 푸는 방법을 가르친다고 상상해 보라. 특히 그 문제를 올바르게 풀기 위해 순차적으로 완수해야 하는 여러 단계들을 생각해 보라(일의 자릿수 숫자를 더해라. 그 답의 첫 번째 숫자를 아래의 첫 번째 칸에 넣어라. 그리고 십의 자릿수의 위에 두 번째 숫자를 기입하라⋯). 이 학생에게 '침묵의 언어' 과제 교수법을 가르치는 것은 초인지 교수의 초기 형태이다. 여기에 그 단계들이 있다.

$$\begin{array}{r} 35 \\ + 27 \\ \hline 62 \end{array}$$

1. 교사는 문제해결을 위한 각 단계들을 암송하며 문제를 푼다. 모델링을 통해 다음 단계에서는 학생이 동일하게 행한다.

2. 학생이 큰 소리로 단계들을 반복하여 말하게 하면서 교사와 학생은 다음 문제를 완성한다.

3. 학생은 단계들을 큰소리로 반복해서 말하는 외현화된 자기교수법을 사용하여 다음 문제를 완성한다. 학생은 교사가 즉시 도와줄 수 있다는 믿음을 갖고 있어야 한다.

4. 학생은 단계별 교수법을 조용히 속삭이며 다음 문제를 비교적 독립적으로 완성한다. 이것은 '침묵의 언어'를 사용한 자기교수의 최종 단계에 가깝다.

5. 학생은 자기교수를 제공하기 위해 침묵의 언어를 사용하며 다음 문제를 완성한다.

출처 : Meichenbaum & Goodman(1969, 1988).

그렇기 때문에 지원의 수준은 학생이 문제에 대해 이해하는 정도의 변화에 따라 특별히 맞추어져야 된다. 또한 이러한 지원은 서서히 제거하여 결국 학생이 '스스로' 과제수행을 하도록 한다. Stone(1998)은 이러한 과정을 요약하여 비계설정에 관한 4가지 주요 핵심사항들을 제시했다. 이 내용은 수업 가이드 3.2에 설명되어 있다.

비록 비계설정에 있어 성인의 민감성은 학생들의 학습과정을 지원하는 데 있어 중요한 요소이지만, 학습절차에 있어 다양하게 구조화된 학습지원은 학생이 의존하게 될 '비계'로서 간주될 것이다. 학습절차에 도움이 될 다양한 차트나 도표들은 학생들이 새롭게 설명될 주제 내용을 습득할 수 있도록 도와줄 비계가 될 것이다. 하나의 일반적인 예가 스토리 맵이다.

이 책에서 언급한 것처럼, 많은 학습장애 학생들은 과제들을 학습하는 동안 그들의 생각을 조직하는 데 어려움을 가진다. 교과서나 이야기의 내용을 이해하는 데 있어서도 마찬가지이다. 일반적으로 이야기 글에는 기본 구조가 있는데, 학습장애 학생들은 이에 대한 이해가 부

☞ 수업 가이드 3.2

비계설정의 핵심요소

비계설정 교수에 관한 특정한 '모델'은 없지만, Stone(1998)에 의해 강조된 주요 사항들은 비계설정의 개념을 이해하는 데 도움이 될 것이다.

1. 아동의 현행 이해 수준을 넘어서는 의미 있고 문화적으로 바람직한 성인의 활동이고, 성인에 의한 아동의 참여와 흥미에 대한 보충

2. 아동이 목표를 달성하도록 돕기 위한 지원의 주의 깊은 평가 및 아동의 이해 수준과 기술 수준에 대한 끊임없는 관찰과 진단에 근거한 성인의 지원 제공

3. 비언어적 지원, 모델링, 지시하기, 그리고 다양한 질문기법들에 기초한 언어적 지원 등 다양한 유형의 지원이 성인에 의해 제공

4. 과제에 대한 책임감이 성인으로부터 아동으로 전이되도록 학습을 위한 성인의 지원은 일시적이며 점진적으로 제거될 것이라 가정

족하여 독해에 어려움을 가진다. 이러한 이유로 많은 연구자들은 학습장애 학생들에게 이야기 구조를 가르치기 위한 특정 교수의 사용을 장려해 왔다(Swanson & De La Paz, 1998). 그리고 그러한 교수는 학생들이 새로운 이야기를 탐색하는 데 비계를 제공한다. 대부분의 이야기들은 다음과 같은 내용을 포함할 것이다.

- 이야기의 배경에 대한 정보와 여러 주요 인물들에 대한 정보
- 주인공들 중 한 명에게 발생한 문제나 사건
- 문제를 해결하기 위해 연속적으로 일어나는 행위들
- 언제 그리고 어떻게 주인공이 성공적으로 문제를 해결하는지에 대해 묘사하는 절정 부분
- 문제의 해결 혹은 결론

> 비계설정 교수란 단계별로 촉구된 내용, 자료 그리고 학습을 촉진시키기 위한 교사나 또래의 지원으로 가장 잘 이해될 수 있을 것이다.

이렇게 예언할 수 있는 요소들은 스토리 맵을 통해 구성될 수 있으며, 이는 학습장애 학생들이 그들의 생각들을 조직하도록 도와줄 수 있다. 이와 같이 학습장애 학생은 일반학급에서 조용히 어떤 이야기를 읽고 그 내용을 이해하기 위한 비계로서 스토리 맵을 완성할 것이다. 스토리 맵의 실례가 수업 가이드 3.3에 있다.

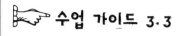 **수업 가이드 3.3**

비계설정의 예 : 스토리 맵

이름 _____   날짜 _____

이야기 제목 _____

이야기 배경은 _____

다른 인물들은 _____

_____

문제는 _____

_____

_____ 할 때 시작되었다

몇 가지 중요한 사건들이 발생했다 : _____

_____

_____

그 이후에는 _____

_____

그 다음은 _____

_____

그 문제는 _____

_____ 의해 해결되었다.

그 이야기는 _____

_____ 함으로써 끝났다.

출처 : Copyright @ Corwin Press, Inc. Bender, W.(2002). *Differentiating for Students With Learning Disabilities.*

어느 부분에서 잘못 이해할지를 예측하기는 어렵다.

스토리 맵 활동은 2명 내지 3명의 학생들이 함께 협력하는 '짝꿍(buddy)' 활동으로 수행될 때 매우 효과적이다. 또한 이러한 스토리 맵은 학급에서 자료에 대한 읽기 정확성과 이해 정도를 점검하는 읽기 후 활동으로도 사용될 수 있다. 또한 스토리 맵은 이야기 내용에 관한 시험에 대비하기 위한 공부 가이드로도 사용될 수 있다. 사실상 다양한 교수활동들이 스토리 맵의 개념 속에서 이루어질 수 있다. 따라서 통합학급 교사들은 차별화 학급에서 읽기 과제의 비계로 스토리 맵을 사용함으로써 학습장애 학생들의 읽기 능력을 향상시킬 수 있을 것이다.

비록 과목별 내용에 따라서는 이야기글과 동일한 요소들로 구성되어 있지 않을 수도 있겠지만, 교사는 과목별 내용에 적합한 스토리 맵을 개발하여 학습장애 학생에게 제공함으로써 읽은 내용을 정리하도록 지원해 줄 수 있다. 교수적 비계설정의 부가적인 예들은 다음에 이어질 여러 장에서 기술되어 있다. 예를 들면 제7장에서 논의하고 있는 의미망은 학급 내 다양한 요구를 가진 학습자들의 학습절차를 수정하는 데 도움이 될 교수적 비계설정의 또 다른 개념이다.

Larkin(2001)은 교수활동에서 비계설정의 의미를 해석하는 데 있어서 각각의 예와 지침들을 제시하고 있다. 이 예들은 초임 교사가 비계설정의 개념을 이해하는 데 도움을 줄 것이다.

반성적 과제 : 초인지 교수와 비계설정 교수의 비교와 대조

초인지 교수와 비계설정 교수 간 유사성과 차이점에 대해 잠시 생각해 보라. 모든 초인지 교수기법은 학습자를 위한 '비계'로서 도움이 되는가? 이러한 기법들로 어떻게 학습자의 학습절차를 도와줄 수 있는가?

>>>• 사전 조직자

사전 조직자의 기원

사전 조직자(advance organizers)는 학생들이 학습하기 전에 학습자료의 기본적인 조직 구성을 이해할 수 있도록 하는 초인지 기법이다. 사전 조직자는 '과제 그 자체를 배운다는 것보다 일반성, 포괄성, 추상성이라는 좀 더 높은 수준에서 사전에'(Ausubel & Robinson, 1969) 제공되는 자료로서 정의될 수 있다. 이러한 형태의 자료가 제시됨으로써 학생들은 학습할 자료를 마음속으로 정리할 수 있게 되고, 새로운 지식을 기존의 지식에 '연결시키거나' 혹은 '흡수시키는' 하나의 방법으로 사용할 수 있게 된다. 사전 조직자는 초인지 교수의 초기 형태 중의 하나였고, 초인지에 관한 많은 후속 연구들은 사전 조직자의 개념에 그 근거를 두고 있다.

Darch와 Carnine(1986)은 사전 조직자의 한 예로 차트의 사용을 제시했는데, 이 차트에는 과학교과의 단위수업에서 해발고도가 기후와 식물의 성장에 미치는 영향에 대한 내용을 설명하기 위한 개념들이 제시되어 있다. 그림 3.1과 같이 서로 다르게 그늘진 영역으로 나뉜 산

 수업 가이드 3.4

효과적인 비계활동을 위한 지침 사항들

- 학생들이 무엇을 알고 있는지 확인하라. 효과적인 비계설정을 위해 교사들은 학생들이 이미 알고 있는 것(배경지식 혹은 사전지식)에 대해 인지하고 학생에 대한 잘못된 개념들(즉 현재 발달하고 있는 능력과 학생의 현재 기능 수준을 능가하는 능력)을 인지해야 한다(Pressley, Hogan, Wharton-McDonald, Mistretta, & Ettneberger, 1996). 예를 들어 교사인 Anna는 일부 학생들이 '돈에 대해 알고 있다'는 것을 떠올렸다. Anna는 학생들에게 '반올림'을 가르치는 데 익숙한 개념인 돈을 사용했다.

- 학생이 할 수 있는 것부터 시작해라. 특수교육교사인 Laura(가명)는 학생 개개인의 능력 수준을 알고 있다. Laura가 읽기 수업을 시작했을 때, 학습장애 학생들에게는 혼자 독립적으로 읽을 수 있거나 약간의 교사의 도움을 필요로 하는 부분을 읽게 했다. 이러한 행위는 학생들로 하여금 성공적으로 읽기 수업을 시작할 수 있게 했다.

- 학생들이 신속하게 성공할 수 있도록 도와라. Laura는 일부의 쓰기표현장애 학생들이 쓰기와 습자 과제들을 힘들어한다는 것을 알았다. 일반학급에서 Laura가 말하기 수업시간에 장애 학생을 지원했을 때, 그녀는 학생들에게 그들의 의견들을 말하게 하고 Laura는 종이에 그것들을 썼다. 이러한 편의 제공은 쓰기 표현에 어려움을 가지는 학생들이 종이에 그들의 생각을 어떻게 옮겨야 할지 고민하지 않고 생각을 만들어낼 수 있게 했다. 또한 Laura는 말하기와 쓰기 표현이 의사소통의 유형들이고 경험을 나누는 하나의 방법이라는 생각을 강화해 주는 성인 경청자로서의 역할을 수행했다.

- 학생들이 다른 모든 학생들처럼 '되도록' 도와주어라. Miller와 Fritz(1998)는 성공한 학습장애 성인에게 그의 학교생활에 대해서 물어 보았는데, 중요한 점은 다른 학생들처럼 되기 바라는 학생 개개인의 소망이 있었다는 것을 발견했다는 것이다. 연구자들은 가능한 한 교사들이 장애 학생들의 과제수행활동이 또래가 하는 것과 같게 인식되도록 학급과제들을 수정할 것을 제안했다. 예를 들어 Anna는 학습장애 학생인 Mark(가명)에게 또래와 같은 3학년 교제로 바꿀 것을 제안했다. Anna는 Mark에게 열심히 공부해야 할 책임에 대해서 알려주었고, Mark가 필요로 하는 도움을 주기 위해 교사가 옆에 있을 것이라는 것을 알려 주었다. Mark는 교사의 도움을 받으며 3학년 수학책으로 공부했는데, 여전히 수학을 힘들어했지만 스스로 계속하고자 하는 것을 보았다. Anna는 Mark에게 교사의 도움이 있는 상태에서 좀 더 어려운 수학책으로 바꿔 준 것이 옳은 결정이었다고 확신했다. 왜냐하면 Mark는 3학년인 그의 또래와 동일한 교재를 사용한다는 사실을 만족스럽게 생각했기 때문이다.

- 멈출 때를 알아라. Anna는 경험을 통해 계속적인 훈련과 연습이 항상 효과적이지는 않다는 것을 배웠다. Anna는 "과잉은 효과를 무(無)로 돌린다"라고 말했다. Anna는 학생들이 기술을 습득한 후에도 계속되는 연습은 학습하는 데 혼란을 초래하거나 많은 실수를 범하게 된다는 것을 발견했다. 예를 들어 학습장애 학생 일부에게 50문제의 일반적인 수학 과제를 완성하도록 했는데, Anna는 학생들이 처음 세 줄에 있는 문제들은 실수 없이 잘 풀었으나 마지막 세 줄에서는 많은 실수를 하기 시작했다는 것을 발견했다. Anna는 제한된 분량의 수학문제와 함께 체계적인 복습과 목적성 있는 연습을 채택하는 것이 효과적임을 깨달았다. 또한 Anna는 읽기나 언어기술 영역에 관해서도 소수의 문어 혹은 구어 형태 질문들로 충분하다고 말했다.

- 학생들이 독립적으로 활동을 통제할 수 있도록 도와라. 교사는 효과적인 비계설정을 위해 교사의 도움이 필요한지 그렇지 않은지에 관한 학생들의 신호를 잘 관찰하고 귀를 기울일 필요가 있다. 교사들은 학생이 실패하기를 원하지 않는다. 그리고 학생이 교사에게 지나치게 의존적이 되는 것을 바라지 않을 것이다. 특수교육교사인 Beverly(가명)가 말한 것처럼, 개별 학생마다 독립성의 성취 정도가 다르다. 일부 학생들은 동일한 수준에 있더라도 정서적으로 자신이 참아낼 수 있는 좌절 정도는 서로 다른 수준일 수도 있다. 학생들에게 같은 시점에 교사의 지원을 중단할 수 없을지도 모른다. 다시 말하면, 일부 학생들은 과제를 수행하기 위해 더 많은 교사의 지원이 필요할 것이며, 또 다른 학생들은 신속하게 과제를 습득할 것이다. 아기 새가 독립적인 새가 되어 둥지를 떠날 수 있도록 돕는 엄마 새처럼, 학생들의 과제나 활동에 대한 통제력이 증가해 가면, 교사들은 교사의 지원으로부터 학생의 독립성으로 서서히 옮겨갈 수 있도록 학생들을 도울 필요가 있다.

출처 : Providing Support For Student Independence Through Scaffolded Instruction by Larkin, M. J. (2001). *Teaching Exceptional Children*, 34(1), 30-35. Copyright ⓒ 2001 by The Council for Exceptional Children. Reprinted with Permission.

•• 그림 3.1 산에 관한 사전 조직자

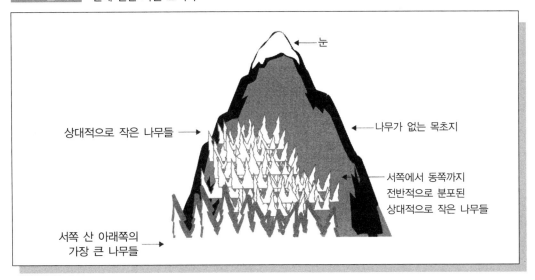

의 그림을 시각적인 전시물로 제시했다. 각각의 그늘진 영역 내에서 서식하는 식물의 유형을 써 놓았다. 산 아랫부분에는 '서쪽 산 아래쪽의 가장 큰 나무들'이라고 쓰여 있다. 산 위쪽 그늘진 부분에는 '상대적으로 작은 나무들'이라고 이름 붙여져 있다. 그 위에는 '나무가 없는 목초지'라고 쓰여 있다. 산의 정상 부분에는 '눈'이라고 쓰여 있다. 과학수업 시작 전에 이런 유형의 차트를 가지고 토의가 이루어진다면 학생들의 학습이 매우 크게 향상될 수 있을 것이다. 이 차트는 이 주제와 관련된 단위수업이 모두 끝날 때까지 전시되어 후속 개념들과 연관시켜 줄 '고리'가 될 것이며, 이를 통해 학생의 이해를 향상시킬 것이다.

연구들은 사전 조직자가 연령에 상관없이 학습장애 학생들의 내용학습을 향상시킬 수 있는 초인지적 기법이라고 밝히고 있다(Darch & Carnine, 1986; Darch & Gersten, 1986; Lenz, Alley, & Schumaker, 1987; Lovitt & Horton, 1994). 수업 가이드 3.5는 사전 조직자의 효과를 입증한 연구에 관한 것이다.

이 연구에 근거하여, 사전 조직자는 집단 프로젝트, 상호작용적 수업, 강의, 숙제, 수업과제를 위해 제공되어야 하며, 일반학급과 특수학급에서 수행되는 대부분의 내용 영역 교수활동들을 위해서 제공되어야 한다. 일반학급의 수업내용이 사전 조직자로 구조화된다면, 학습장애 학생들은 더 잘 배우는 것 같다. 더욱이 통합학급을 위해서 특수교사는 사전 조직자를 개발해야 할 것이고, 또한 그것은 학급의 모든 학생들을 위해서 사용될 수 있을 것이다 (Bender, 1985).

사전 조직자에 대한 연구

Darch와 Carnine(1986)은 중학생들에게 내용수업을 하는 동안 사전 조직자를 사용하여 그 효과성을 증명했다. 4, 5, 6학년에 재학 중인 24명의 학습장애 학생들을 무작위로 실험집단과 통제집단으로 나누고, 치료 전 두 집단은 IQ와 읽기 성취도면에서 차이가 없음을 밝혔다. 통제집단은 전통적인 교재와 교사 주도의 집단토론방식을 통해 교수되었고, 실험집단은 동일 교사에 의해 같은 과학 교과 내용에 대해 교수되었는데, 산의 기후와 식물에 대한 시각적 전시물 형태의 사전 조직자를 사용했다. 단위수업의 첫째 날, 실험집단의 교사는 학습되어야 할 다양한 개념들에 관한 시각적 전시물을 보여주었다. 실험집단은 3일 단위 수업의 첫째 날에 이 유형의 시각적 전시물을 제시받았다. 학생들은 이 내용을 9일 동안 매일 50분간 배웠다. 9일간의 교수가 끝난 후, 학생들의 학업성취 수준과 태도에 대해 측정했다. 연구 결과, 사전 조직자를 사용하여 가르친 집단은 단위수업동안 실시된 여러 성취검사에서 통제집단보다 높은 성취를 보였다. 또한 태도 질문 중 하나에서 사전 조직자를 사용한 집단의 학생들은 통제집단의 학생들보다 더 많은 것을 배웠다고 확신하고 있는 것으로 나타났다. 수업에서의 즐거움이라는 측면에서는 실험집단과 통제집단 간 차이가 없었다. 하지만 이러한 결과들은 사전 조직자가 학습을 위해 더 나은 태도와 더 높은 성취를 가져올 수 있다는 것을 증명한다.

그래픽 조직자와 학습 가이드

그래픽 조직자(Graphic organizers)와 학습 가이드는 학습장애 학생들이 과제수행 전이나 과제수행 중 과제에 집중할 수 있도록 해주는 응용된 사전 조직자이다. 그래픽 조직자와 학습 가이드는 사전 조직자와는 약간 다른데, 학습 가이드는 과제학습 전보다는 오히려 학습하는 동안 완성된다. 학습 가이드는 학습하는 동안 완성해야 하므로 학생의 참여를 강조하는 '참여 조직자(participatory organizer)'라고도 불릴 수 있다(Bender, 1985; Dye, 2000).

Lovitt, Rudsit, Jenkins, Pious, & Benedetti(1985)는 중등 과학수업에서의 학습 가이드의 예를 제시했는데, 수업 가이드 3.6에 나타나 있다. 학생들에게 몇몇 과학교과 내용에 대해 전통적인 수업방식과 학습 가이드를 사용하여 교수했다. 학습장애 학생들은 학습 가이드를 완성하기 위해 수업에 참여해야만 했기 때문에 결과적으로 이들 학생에게 학습 가이드를 제공한 것이 전통적인 수업을 행한 것보다 더 높은 학업성취를 가져왔다. 실험학급 내의 학습장애 학생뿐 아니라 높은 성취를 보인 학생들, 평균 성취를 보인 학생들, 그리고 낮은 성취를 보인 학생들에게도 학습 가이드 사용에 의한 긍정적인 결과를 얻었다. 분명히 학습 가이드의 제공을 통해 모든 학생들 특히 학습장애 학생들의 학업성취를 향상시킬 수 있다. 따라서 이러한 초인지적 지원은 모든 학년 수준의 차별화 학급에서 사용되어야 할 것이다.

일반교육교사들은 일종의 교수기법 중의 하나로 학습 가이드를 개발하고, 이러한 학습 가이드를 사전 조직자와 참여 조직자로 활용할 수 있다. 예를 들어 앞에서 사전 조직자로 제시한 '산에 관한 차트'를 사용하고자 할 때, 교사는 수업 시작 전 학생들에게 그 차트를 보여줄 것이고, 그런 다음 서로 다르게 그늘진 영역들이 무엇을 의미하는지에 대해 질문할 것이다. 동일한 차트를 참여 조직자로 사용하고자 한다면, 교사는 각 영역에 대한 설명이 포함되어 있지 않은 동일한 그림의 학습지를 제시할 것이고, 학생들은 원래의 차트에 제시된 것보다 더 많은 정보를 쓰게 될 것이다.

> 연구들은 사전 조직자가 연령에 상관없이 학습장애 학생들의 내용학습을 향상시킬 수 있는 초인지적 기법이라고 밝히고 있다.

연구들은 학습장애 학생뿐만 아니라 학급의 다른 학생들에게도 학습 가이드 사용이 효과가 있음을 보여주고 있다(Lovitt & Horton, 1994; Lovitt et al., 1985). 물론, 이러한 사실이 지나치게 강조될 필요는 없지만 통합학급에서 효과적인 차별화 교수전략인 학습 가이드의 사용은 학습장애 학생뿐만 아니라 모든 학생에게 혜택을 가져다 준다. 따라서 교사들은 학습 가이드를 준비하는 것이 학급 내 학습장애 학생만을 위한 부가적인 활동으로 보지는 말아야 할 것이다. 오히려 학습 가이드는 협력교사와 함께 활동하는 통합학급이건 단일교사에 의해 운영되는 일반학급이건 간에 상관없이 모든 학생의 학습을 향상시키게 할 것이다.

많은 수의 학습 가이드는 단어와 읽기 기술에 관한 것이지만, 앞의 예처럼 완성해야 하거나 설명을 기입해야 할 차트나 그림으로 되어 있을 수도 있다. Bergerud, Lovitt, & Horton(1988)은 연구를 통해 어떤 학습장애 학생들은 시각적인 학습 가이드의 사용이 읽기능력을 기초로 한 학습 가이드의 사용보다 더 나은

> 일반교육교사들은 교수기법으로 학습 가이드를 개발하고, 이러한 학습 가이드를 사전 조직자와 참여 조직자로 활용할 수 있다.

수행을 가져왔다고 밝히고 있다. 교사들은 학습장애 학생들의 다양한 학습 스타일을 고려하여 언어·읽기능력을 기초로 하는 학습 가이드와 그림 형식의 학습 가이드를 모두 채택해야 한다. 다시 말해 차별화 교수환경에서는 모든 학습자를 위해 학습절차를 다양화할 수 있는 다양한 종류의 학습 가이드가 사용되어야 할 것이다.

>>>> 정교화된 재구성

Mastropieri와 Scruggs(1988)는 회상을 용이하게 하기 위하여 중심 주제를 정교화한 내용교수 기억 전략을 추천했다. 교과서에 실린 전형적인 유형의 예들로 하기보다 정교화된 재구성을 통해 의미 있는 방식으로 좀 더 구체적인 정보를 제공한다. 예를 들어 제1차 세계대전에 관해 전형적인 역사교과서는 많은 군인들이 전투보다는 오히려 질병으로 인해 참호 속에서 죽어갔다는 사실을 싣고 있다. 이 교과서에 실린 전형적인 그림은 참호 속에 죽어 있는 군인들의 모습을 보여 주고 있을 것이다. Mastropieri와 Scruggs(1998)는 들쥐들 사이에서 죽어가고

👉 **수업 가이드 3.6**

학습 가이드의 예

이름 : _____   날짜 : _____

분자구조에 대한 학습

A. 분자

1. _____ 은/는 _____ (으)로 구성되어 있다.

2. _____ 은/는 _____ 이고, _____ 할 때
   _____ 은/는 _____ 이다.

3. _____ 는 동일한 종류의 _____ 원자들로 이루어져 _____ 있다.

4. _____ 분자는 O_2이다. 이러한 _____ 은/는 _____ 산소
   _____ (으)로 구성되어 있다.
   그것은 _____이다.

5. '운동성'이라는 단어는 _____을/를 의미한다.

6. 모든 _____은/는 항상 _____ 하는 _____이/가 있다.
   이것은 운동성 _____ 이라 불린다.

7. 오래 전 로버트 브라운은 _____을/를 발견했다.
   그는 _____ 의 표면 위에 _____ 의 형태로
   _____을/를 얻는 것을 관찰했다.

8. 분자운동의 다른 예들은 _____이다.

출처 : Lovitt, T., Rudsit, J., Jenkins, J., Pious, C., & Benedetti, D. (1985). Two methods of adapting science materials for learning disabled and regular seventh graders. *Learning Disability Quarterly*, 8, 275-285. ⓒ 1985 by the Council for Learning Disabilities. used with permission.

있는 참호 속 군인들의 모습을 보여주는 그림 단서를 사용하도록 제안했다. 왜냐하면 그러한 정교화된 재구성을 거친 수업도구는 좀 더 정확하기 때문이며, 학습장애 학생들의 기억을 도와주기 때문이다. 정교화된 재구성에 대한 설명이 수업 가이드 3.7에 제시되어 있다.

그림은 기억을 돕는 중요한 도구가 될 수 있다. 예를 들어 기억을 도와주는 그림을 통해 미국 독립전쟁 중 델라웨어 강을 건너는 워싱턴 장군에 대한 순간적인 회상이 가능하다. 대부분의 미국인들은 미국 독립전쟁의 유명한 이야기로, 뉴저지 주의 Tranton에 주둔해 있는 영국군에 대한 크리스마스 기습공격을

> 통합학급에서의 효과적인 차별화 교수 전략인 학습 가이드의 사용은 학습장애 학생뿐만 아니라 모든 학생에게 혜택을 가져온다.

감행하고자 한밤중에 강 위의 배 앞에 서 있는 워싱턴의 모습이 그려진 그림을 기억할 것이다. 역사가들은 이 그림의 두 가지 오류를 지적하고 있다. 첫 번째는 숙명적인 그날 저녁 기후가 몹시 춥고 눈보라가 거세어 워싱턴 장군은 아마 거기에 서 있지도 못했을 것이라는 점이다. 두 번째는(좀 더 확실한데), 그 그림에 그려져 있는 보트 후면에 걸려 있는 미국 국기가 전투 당시 만들어지지 않았다는 점이다(성조기는 몇 년 후에나 나왔다). 그러나 여전히 이 그림은 필사적인 기습공격에 대해 미국인들이 가장 잘 이해하게 해주었으며, 오류를 포함하여 이 그림의 모든 부분은 학습에 있어서 심상의 힘을 보여준다. 이와 같이 기억의 보조도구로 그림을 사용하면 기억이 더 오랫동안 지속될 수 있기 때문에 학습장애 학생들을 도와줄 하나의 기법이 될 수 있다.

학습장애 학생들을 위한 정교화된 재구성의 사용에 있어서 몇 가지 부가적인 이슈들이 있다. 첫 번째는 정교화된 재구성으로 사용될 그림을 개발하는 데는 다소 시간이 걸릴 수 있다는 것이다. 거의 모든 교과서에 그림들이 많이 수록되어 있지만, 가장 최근에 발행된 교과서에 실린 그림조차 정교화된 재구성을 거치지 않고 있다. 결과적으로 교사들은 이를 위해 어느 정도의 시간을 투자해야 한다. 다행히 통합학급에는 2명 이상의 교사가 정교화된 재구성이나 차트, OHP 자료를 개발하는 데 필요한 시간을 서로 조절할 수 있다. 단일교사가 운영하는 일반학급에서는 학생들이 정

> 실제로, 기억을 도와주는 그림을 통해 미국 독립전쟁 중 델라웨어 강을 건너는 워싱턴 장군에 대한 순각적인 회상이 가능하다.

교화된 재구성을 직접 해보도록 할 수도 있다(이를 통해 학생의 지식을 평가할 수도 있다. 제6장 실제적 평가에의 대한 논의 부분을 참조하라).

일단 1년 동안의 사용을 위해 개발된 이러한 학습보조도구는 다음 해에도 계속해서 동일한 수업에 사용할 수 있다. 교사들은 내용 수정을 위한 이러한 접근이 매년 간행되는 교재들에서 더 자주 나타나는 것을 볼 수 있는데, 이것은 정교화된 재구성의 사용이 학습장애 학생의 내용학습을 용이하게 해주기 때문이다.

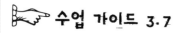 **수업 가이드 3.7**

아이젠 하워 장군에 대한 정교화된 재구성

교수될 내용. 아이젠 하워는 미국군의 장군이었고 나중에 미국의 대통령이 되었다. 그는 제2차 세계대전 끝 무렵 수년 동안 최고연합사령관이었고, 독일군과 이탈리아군을 상대로 한 유명한 'D-Day'작전을 계획했다. 그의 대통령 선출은 상당 부분 제2차 세계대전에서의 성공적인 리더십 때문일 것이다.

정교화된 재구성. (가슴에 'I Tower'와 'WWⅡ'란 글자가 쓰인 아이젠 하워를 다른 사람들보다 크게 그린 그림을 오버헤드로 보여준다) 아이젠 하워가 제2차 세계대전의 위대한 장군이었음을 기억하기 위해, *I-Tower*라는 단어를 기억해라. 이것은 학생들이 그의 이름을 기억하도록 도와줄 것이다. 'I-Tower'는 아이젠 하워와 비슷하게 소리가 난다. 그의 가슴 부분에 있는 'I'는 무엇을 의미하는가? 아이젠 하워를 생각할 때 우리들은 어떤 그림을 생각하는가? (반응을 유도하라.) 그의 가슴에 쓰인 'WWⅡ'는 무엇을 의미하는가? (반응을 유도하라.) 자, 눈을 감고 내게 이 그림에 대해 설명해 보아라. 누가 가장 키가 큰 사람인가? 이 그림에서 'Tower'는 누구인가? (반응을 유도하라.) 그의 가슴에 어떤 글자가 쓰여 있는가?

 반성적 과제 : 학생에 의한 정교화된 재구성

학급 학생들이 정교하게 재구성한 것들을 사용하는 것을 생각해 보자. 다양한 학생 집단이 정교화된 재구성을 실시할 수 있도록 교사는 집단 활동을 어떻게 구조화할 수 있을까? 시작하는 시점에서 어떠한 지침 사항들을 다양한 집단에게 제공해야 할 것인가(교사들은 이러한 지침 사항들에 대한 자신의 생각들을 적어 두기 바란다)? 학생들은 정교화된 재구성을 통해 포함하고자 하는 정보들이 핵심적인 내용인지를 어떻게 평가할 수 있겠는가? 가장 효과적으로 정교화된 재구성을 실시한 경우, 어떤 유형의 강화를 제공할 수 있는가?

교과서에 실린 어떤 이미지나 그림의 효과는 한편으로는 학습장애 학생에게 다른 측면의 학습문제를 가져올 수 있다. 앞에서 설명했듯이, 일부 연구자들은 지나치게 많은 그림이나 시각적 단서들이 주의산만한 학습장애 학생의 학습을 오히려 방해할지도 모른다는 가능성을 제기했다(Rose & Robinson, 1984). 한편, 다른 연구자들은 그림들이 학습장애 학생의 회상 능력을 크게 개선시킬 수 있음을 보여주고 있다(Mastropieri & Peters, 1987). 이러한 연구에서의 불일치를 감안하여 우리는 수업할 때 기억보조도구로 사용할 그림의 질과 용도를 함께 고려해야만 한다. 첫째, 그림으로 나타내는 보조도구의 질은 그림을 통해 전달하고자 하는 정보의 정확성 및 중요성과 관련이 있다. 학교에서 사용하는 대부분의 교과서나 읽기 교재는 삽화들을 싣고 있지만, 이러한 삽화들의 질과 용도는 다양하다. 예를 들어 예전에 실제 있었던 일화로 어린 아동들이 읽는 '작은 빨간 마차'라는 책이 있었는데, 그 책의 그림에는 빨간 마차가 초록색으로 되어 있었다. 출판사의 미술담당부서와 편집담당부서 간 협력이 제대로 이루어지지 못했을 것이다. 이러한 오류는 어린 독자들을 매우 혼란스럽게 할 수 있다. 특히 그 이야기의 줄거리가 빨간색 마차에 대한 것이라면 더욱 그러할 것이다.

다음으로, 그림과 같은 보조도구들의 사용은 학습장애 학생들에게 중요한 사실을 기억하게 하는 데 상당히 효과적일 것이다. 위에서 제시한 정교화된 재구성과 같이, 교사들은 교과서에 실린 다양한 그림들에 대해서 이야기할 것이고, 이 내용이 왜 그림이라는 특별한 형식으로 제시되었는지, 혹은 교과서에 실린 그 그림에 부가적인 내용을 어떻게 첨가할 것인지에 대한 질문들을 할 것이다. 교사들이 교과서에 나온 그림을 수업의 토의주제로 사용할 때, 학습장애 학생은 그림을 보고 얻은 정보를 사용함으로써 중요한 내용을 습득하는 데 매우 큰 도움을 얻을 수 있다. 수업 가이드 3.8에서는 교과서에 실린 그림을 사용하여 토론학습을 할 때 교사들이 해야 할 좋은 질문들을 제시하고 있다. 실제로 교과서의 각 장에 실린 몇 가지 중요한 그림에 대한 토론은(이때 교사는 수업 중 토론시간에 다루기에 충분히 가치 있고 중요한 정보를 담은 그림으로 결정해야 한다) 단위수업에서 훌륭한 연습문제가 될 수 있다.

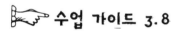 **수업 가이드 3.8**

교과서 내 주요 그림에 대한 토론에 사용되는 질문들

1. 그림이 수업시간에 토론될 만큼 중요한 이유는 무엇인가? 이 수업의 주요 개념을 대표한다는 이 그림을 통해 무엇을 볼 수 있는가?

2. 이 수업에서 다룰 일련의 사건들과 이 그림이 어떻게 연관되어 있는가? 이 그림에 대해 어느 시점(수업 초기 혹은 끝날 무렵)에 토의할 것인가? 왜 그런가?

3. 이 그림의 어떤 부분들이 이 수업의 중요한 측면을 보여주는가? 이 그림에서 중요한 부분들이 어떻게 묘사되어 있는가?

4. 그림에 포함되어야 할 중요한 내용임에도 불구하고 생략된 부분은 무엇인가? 생략된 주요 개념을 그림 속에 어떻게 첨가할 것인가? 누가 이 부가적인 사실을 그림으로 그릴 것인가?

호혜적 교수

호혜적 교수(reciprocal teaching)는 교사와 내용 제시가 각 학생의 학습에 도움을 주는 비계 설정 교수기법을 대표한다. 학생들은 구조화된 대화 속에서 자기질문을 할 책임을 갖게 된다 (Lederer, 2000; Palincsar & Brown, 1986, 1987). 호혜적 교수방법은 학생들이 과제를 계획하고 그것을 완성하도록 촉진하기 위해 교사가 할 수 있는 일들에 초점을 둔다. 호혜적 교수의 초기에는 학생들이 교사의 지원을 받으며 4가지 특정 기법을 사용하여 읽은 자료를 탐색한다.

- 예측하기
- 질문생성 하기
- 요약하기
- 명료화하기

먼저 교사가 집단을 대상으로 질문을 통해 이러한 절차들에 대한 시범을 보여준다. 그런 다음, 집단 내 개별 학생이 '교사'가 되고 동일한 4가지 절차를 사용하여 토론을 이끈다. 수업가이드 3.9에는 호혜적 교수 대화의 한 예가 소개되어 있다(Palincsar & Brown, 1986).

이와 같은 교수적 대화는 학습장애 학생을 토론에 참여시키고자 노력했던 적이 있는 사람에게는 흥미로운 것이다. 많은 학습장애 학생들은 난처함이라는 공포감 때문에 교실에서 질문에 대답하는 것을 매우 싫어한다. 아래의 대화에서는 많은 학생들을 대화에 참여시키며, 이러한 소집단 규모의 교수적 대화는 학생들의 초인지적 이해력을 향상시킨다. 이 대화에 참여한 각 학생들은 호혜적 교수에 포함된 4가지 기본 절차들을 인지하고 있다. 학생들이 여러 절차 중 하나를 완수할 수 없을 때에도 특정 단계(예를 들면 이야기의 다음 부분에 어떤 내용이 올 것인지에 대해 예측하기)의 필요성을 여전히 인식하고 있었다. 호혜적 교수는 다양한 내용을 학습하기 위한 비계가 되며, 거의 대부분의 일반학급에서 쉽게 적용할 수 있다. 이러한 절차는 학급 내 학습장애 학생뿐만 아니라 많은 다른 학습자들에게도 큰 도움이 될 것이다.

> 호혜적 교수에 학습장애 학생이 참여할 수 있도록, 모든 아동이 4가지 초인지 절차에 적극적으로 참여할 것임을 인식시켜야 한다.

호혜적 교수의 실행

호혜적 교수에서는 교사와 학생들이 교대로 수업의 리더가 된다. 누구든지 '교사'가 되면 읽기 자료에 대한 대화를 이끄는 역할을 맡게 된다. 다음에 제시한 예에서의 과제는 학생들이 소리 내지 않고 읽어야 할 읽기 자료이다. 호혜적 교수 접근법을 사용할 때 집단 내 각 학생의 공통된 목표는 예측하기, 질문 생성하기, 요약하기, 명료화하기이다. 각 목표들은 독립적으로 교수된다.

첫째, 교사는 읽기 전략으로 예측하기가 갖는 이점에 대해서 토론한다. 본문의 다음에 나올 내용에 대한 예측하기 활동은 본문에 대한 사전지식과 관련된다. 또한 자신들이 예측한 것을 확인하거나 반박하기 위해 본문을 더 읽어야 할 필요성을 제공해 준다. 따라서 이 전략은 읽고 있는 자료에 대한 독해와 이미 읽은 자료에 대한 독해 점검 모두를 포함한다. 교사는 다양한 예측하기 활동을 위해 포스터나 차트를 만들어 교실 정면에 전시함으로써 수업진행을 맡은 학생을 지원해줄 수 있다.

호혜적 교수의 두 번째 단계는 **질문 생성하기**이다. 질문생성하기는 학생에게 시험문제가 될 수 있는 정보들을 확인해 볼 기회를 제공한다. 또한 여러 가지 다양한 유형의 질문을 통해 공부하는 법을 토의할 기회가 될 수 있다.

호혜적 교수의 세 번째 단계는 요약하기이다. 이 단계는 본문의 다른 부분들로부터의 정보들을 통합할 기회를 제공한다. 읽은 부분에서 가장 중요한 아이디어들을 종합하여 확인하고 토의해야 한다.

마지막으로 네 번째 활동인 **명료화하기**는 학생들로 하여금 본문의 주요 요점들을 확인하고 어려운 개념을 확인하게 한다. 어려운 개념에 대한 확인은 독해의 한 측면인데, 학습장애 학생들은 종종 자신이 읽은 내용의 일부분을 이해하지 못했음을 깨닫지 못한다. 이러한 학습장애 학생에게 명료화하기 역할을 맡기면, 명료화하기 활동 자체가 다른 학생을 위해 문제되는 개념을 '질문하고 명료화하는' 것이기에 당황하지 않고 질문할 수 있게 된다.

호혜적 교수의 4가지 구성요소는 특정 기간 동안 이러한 유형의 수업을 진행할 교사가 가르친다. 교사는 먼저 각 전략에 대해 설명하고, 관련된 예들을 제공해주며, 교사의 도움하에 연습을 시킨다. 5일이나 6일째 되는 날 교사와 학생들은 함께 읽기 토론을 통해 배운 전략들을 사용한다. 그 때 교사는 전략들에 대한 모델링을 계속해 주고, 전략을 사용하는 학생들을 칭찬한다. 그리고 학생들이 다른 전략들도 사용하도록 촉구한다. 여기서 학생 지원으로서의 '비계설정'의 본질을 명심하라. 교사는 변함없이 학생들의 기술이 향상되도록 모델링해 주고, 일단 학생들의 전략 사용이 증가해 가면 선택적으로 책임을 학생에게로 전환시킨다. 2주의 기간이 끝날 무렵에는 '교사'의 역할이 교체되어 학생들이 촉진자가 된다.

> 호혜적 교수는 다양한 내용을 학습하기 위한 비계가 되며, 거의 대부분의 일반 학급에서 쉽게 적용할 수 있다.

호혜적 교수 대화의 실제 사례

학생 1 : 내 질문은, 해저탐험가가 물속에 들어갔을 때 무엇을 보았는가에 관한 것입니다.

학생 2 : 시계요.

학생 3 : 잠수용 물갈퀴요.

학생 4 : 벨트요.

학생 1 : 전부 좋은 대답입니다.

교사 : 잘했어요! 나도 질문이 있는데, 왜 해저탐험가는 벨트를 착용했을까요? 이것이 왜 중요하죠?

학생 3 : 그것은 무거운 벨트예요. 해저탐험가가 물 위로 떠오르지 않게 해줘요.

교사 : 좋아요.

학생 1 : 자, 그럼 요약하자면, 이 글은 해저탐험가가 물속으로 들어갈 때 가져가야 할 것에 관한 내용입니다.

학생 5 : 또한 왜 그러한 물건들이 필요한지에 관한 것입니다.

학생 3 : 난 우리가 '기어(gear)'라는 용어를 명확히 알 필요가 있다고 생각합니다.

학생 6 : 그것은 해저탐험가에게 필수적인 물건입니다.

교사 : 내용 속에서 기어와 관련된 또 다른 단어는 장비(equipment)일 거예요. 장비는 해저탐험가들이 더 쉽게 일을 수행할 수 있도록 해 준답니다.

학생 1 : 이 내용을 통해 뭘 예상할 수 있을까요? 잘 모르겠어요….

교사 : 음, 이 글에서는 해저탐험가가 일을 하면서 보게 되는 이상하고 신기한 많은 생물체가 있음을 우리에게 말해주고 있어요. 내 예상으로는 해저탐험가가 이러한 생물체들에 대해서 설명할 겁니다. 여러분이 이미 알고 있는 바닷속 생물체에는 어떤 것들이 있을까요?

학생 6 : 문어요.

학생 3 : 고래요.

학생 5 : 상어요.

교사 : 잘 찾아보세요. 누가 다음 교사가 될래요?

호혜적 교수에 관한 연구

여러 연구들에서 호혜적 교수가 학생들이 글로 쓰여진 내용을 이해하도록 돕는 데 유용하다고 밝히고 있다(Brown & Palincsar, 1982; Lederer, 2000; Palincsar & Brown, 1986, 1987). 이러한 연구들은 다양한 장애 학생들을 대상으로 했고, 기본 기술 중 읽기 이해에 집중했다. 각각의 사례마다 호혜적 교수가 독해력 향상에 효과적인 비계기법이 된다는 것을 보여주었다. 최근에 실시된 연구의 한 예가 수업 가이드 3.10에 나와 있다.

☞ 수업 가이드 3.10

호혜적 교수의 효능

Lederer(2000)의 연구는 학습장애 학생들을 대상으로 한 중등 사회수업 시간에 호혜적 교수의 효능에 대해 설명했다. Lederer는 호혜적 교수의 효과를 비교하기 위해서 4, 5, 6학년 각각 두 학급씩 여섯 개의 통합학급을 선정했다. 15명의 학습장애 학생이 포함된 실험학급에서는 30일간 호혜적 교수를 실시했고, 10명의 학습장애 학생이 포함된 통제학급에서는 전통적인 방법을 사용하여 가르쳤다. 사회 교과서에 기초하여 세 가지의 종속변인인 이해하기, 질문 생성하기, 요약하기 능력을 측정했다. 30일간 반복된 평가를 통해, 호혜적 교수 수업을 받은 학생들은 전통적 교수를 받은 학생들에 비해 측정 시마다 일관되게 더 나은 성취를 보였음을 확인했다. 호혜적 교수집단 내 학습장애 학생들이 통제집단 내 학습장애 학생들보다 읽기자료에 대한 질문 생성하기, 이해하기, 요약하기를 더 잘 수행했다.

>>>• 결론

초인지 및 비계설정 교수를 대표하는 이러한 기법들은 차별화된 교실 내에서 학습장애 학생뿐만 아니라 다른 일반학생에게도 사용되어야 할 훌륭한 기법들이다. 차별화 교수 접근을 실행하는 동안 교사들은 비계설정과 초인지 기법들이 새로운 교수방법의 토대가 된다는 것을 자주 발견한다. 초인지와 비계설정 학습접근법들은 교사가 학생들의 학업상의 노력들을 직접적으로 지원해 주는 방식이다. 학습장애 학생들은 이러한 적절한 지원을 받음으로써 통합학급에서 수행도를 높일 수 있을 것이다. 여기서 일반교사의 책임은 명확해진다. 초인지와 비계설정 교수기법들을 사용하여 학습장애 학생들의 학습을 지원해 주어야 한다는 것이다.

다음 장에서는?

이 장에서는 초인지와 비계설정 교수기법들이 설명되었으며, 이러한 기법들은 학급 내 개별학생의 요구를 근거로 차별화 교수를 실행할 수 있게 해 줄 것이다. 이러한 기법들은 오늘날 교실에서 사용되는 교과서와 자료들 속에서 교수의 기본 틀로 크게 자리 잡아가고 있다. 그러나 차별화 교수에 이 기법들을 적용할 때 심각하게 고려해야 할 점은 교사가 이러한 기법들을 얼마나 자주 사용할 것인지, 그리고 학습절차 중 특정 학생에 대한 지원을 철회해야 할 때가 언제인지에 대한 교사의 판단이다. 이 장에서 제시한 일반적인 교수기법에 덧붙여, 교육과제의 특정 유형에서 사용하는 일련의 학습전략들이 초인지 이론에 근거하여 개발되어 왔다. 이러한 학습전략들에 대해 다음 장에서 설명할 것이고, 교사들은 전략적 교수와 이 장에서 제시된 초인지 기법들 간의 유사점에 주목해야 될 것이다.

4 전략 훈련
─학습 솔루션─

4

─────────────── ·······**》》》》**

전략 훈련

─ 학습 솔루션 ─

이 장에 포함된 전략

✔ SCORE A 학습전략

✔ 학습전략 모델

✔ 전략 훈련을 위한 지침

✔ 나만의 학습전략 만들기

》》》• 왜 전략 훈련 접근인가?

초인지에 대해 앞 장에서 언급한 바와 같이, 학습장애 학생들은 다양한 양상의 조직화 문제들을 지니고 있으며, 이들은 특정 과제를 어떻게 완수해 가야 하는지에 대해 초인지 접근을 통해 익힐 수 있다. 기억술 교수법(mnemonic instruction)이 초인지적 계획을 수월하게 할 수는 있지만, 많은 연구들에 의하면 학습장애 학생을 위해서는 특정 학습과제에 맞추어진 전략들을 집중 훈련해야 한다고 한다(Day & Elksnin, 1994; Keeler & Swanson, 2001; Marks, Laeys, Bender, & Scott, 1996; Sousa, 2001b; Vaughn, Gersten, & Chard, 2000).

예를 들어 앞서 설명한 것처럼, 학습장애 학생들이 보고서와 같이 복잡한 과제를 수행해야 할 때 나타날 조직화 문제들에 대해 생각해 보자. 이 과제를 완수하기 위해서 학생은 적어도 주제를 선정하고, 그 주제 내에서 문제나 이슈들을 찾아내며, 탐구한 후(읽고 메모하기), 다양한 이슈들을 적절한 순서대로 선정하고, 초안을 작성하며, 교정하고, 두 번째 수정안과 최종 원고를 완성해야 한다. 이러한 단계들은 평균 수준의 학습자에게도 힘든 것이며, 실제로 학습장애 학생들이 이러한 단계를 거치면서 과제를 수행하는 데에는 어려움이 따를 것이다. 이들에게는 다양한 단계와 순서를 상세히 설명해 주는 여러 유형의 전략이 절실히 필요하다. 이러한 이유로, 학습장애 학생들을 위한 **전략 훈련**(혹자들은 **학습전략교수**란 용어를 사용하기도 한다)이 개발되었고, 특정 유형의 교수활동들을 위한 특정 전략(예를 들면 일련의 초인지 계획과 모니터링 단계)들이 개발되고 있다(Day & Elksnin, 1994).

학습전략이란 무엇인가?

학습전략이란 학생이 학습과제를 이해하고 완수할 수 있도록 도와주는 기억술이며, 일반적으로는 순서에 따라 완수되어야 할 일련의 단계들을 구체화한 것이라고 할 수 있다(Day & Elksnin, 1994; Marks et al., 1996). 많은 전략들은 이니셜 형태로 요약되어 있는데, 학생은 이것을 기억하여 적용한다. 다양한 이론가들이 학습장애 학생들의 교육과제에 대한 초인지 계획과 점검을 돕기 위해 여러 가지 전략들을 개발하고 있으나(Montague, 1992; Montague & Leavell, 1994), 전략 훈련에 관한 대부분의 초기 연구는 캔자스대학 소재 학습장애연구소의 Donald Deshler 박사와 그의 동료들에 의해 수행되었다(Clark, Deshler, Schumaker, Alley, Warner, 1984; Deshler, Warner, Schumaker, & Alley, 1984; Ellis, 1994; Ellis, Deshler, & Schumaker, 1989). 이러한 초기 연구는 전략 훈련을 지지하고 있는 수많은 연구 중 일부분에 불과하다. 이 연구들은 학습장애 학생들이 학습전략을 사용하게 되면 읽기, 수학, 언어 수행력이 놀랍도록 향상될 뿐만 아니라 다른 많은 교육적 과제들에서도 수행 능력이 개선될 수 있다고 제안하고 있다.

좀 더 자세히 살펴보면, 학습전략은 학습과제의 수행을 인지적으로 계획하고, 과제를 완성하는 데 있어 필요한 단계들을 완수하며, 과제 완성을 점검하는 방법으로 생각할 수 있다(Ellis, 1994; Scheid, 1994). 한 예로 수업 가이드 4.1은 Korinek와 Bulls(1996)가 제작한 간단한 학습전략을 제시하고 있다. 학생은 이 전략에서 제시한 단계들을 완수함으로써 자신이 해야 할 일을 조직화하고 과제들을 올바르게 수행하여 결과적으로는 과제를 완성할 수 있게 된다.

이 전략에서의 단계들은 학생이 과제를 완성하기 위해 기억해야 할 것들을 스스로 발견하도록 구성되어 있는데(Korinek & Bulls, 1996), 초·중·고등학교의 학습장애 학생들이 보고서나 작문 과제들을 수행할 때 사용될 수 있다. 예에서 살펴본 바와 같이, 전략 훈련은 '학습기술(study skills)'과는 사뭇 다르다. 학습기술이 과제물을 써나가거나 과제 완성을 위해 시간을 할애하는 것과 같은 것들을 포함하는 반면, 학습전략은 특정 형태의 과제를 완수하기 위한 초인지 계획뿐만 아니라 과제 완수를 돕기 위한 학생의 내적 언어 구조화를 포함한다.

🐾 수업 가이드 4.1

SCORE A : 작문 쓰기 전략

전략의 각 단계는 다음과 같다 :

S Select a subject (주제 선정하기)
C Create categories (범주화하기)
O Obtain resources (자료 수집하기)
R Read and take notes (읽고 노트에 정리하기)
E Evenly organize the information (정보를 적절하게 조직화하기)
A Apply the process writing steps (쓰기 과정 단계 적용하기)
  Planning (계획하기)
  Drafting (초안 만들기)
  Revising (교정하기)

오늘에 이르기까지 연구자들은 다음과 같은 다양한 과제에 사용될 수많은 전략들을 만들어 왔다(Day & Elksnin, 1994; Deshler et al., 1984; Ellis, 1984; Korinek & Bulls, 1996):

- 시험치기 기술
- 단어 식별
- 교과서의 그림 사용
- 수업의 단원별 배정
- 독해 향상을 위한 시각적인 이미지
- 자기질문
- 교과서 안에서 해답 찾기

어떤 전략들은 독립적이지만, 어떤 전략들은 다양한 단계의 하위전략들을 포함한다(쓰기 과정을 위한 SCORE A의 하위전략들을 보라). 몇 가지 자주 사용되는 학습전략은 수업 가이드 4.2에 제시되어 있다.

☞ **수업 가이드 4.2**

흔히 사용되고 있는 학습전략

RAP	문단 이해를 점검하기 위한 읽기 이해 전략	COPS	문단 점검을 위한 교정 전략
R	Read the paragraph(문단 읽기)	C	Capitalization (대문자)
A	Ask questions about the content (내용에 관한 질문하기)	O	Overall appearance (전반적인 모양새)
P	Paraphrase the content (내용을 바꿔 말하기)	P	Punctuation (구두점)
		S	Spelling (철자)

SCORER	선다형 시험 전략	RIDER	시각적 이미지 전략
S	Schedule your time (시간 계획하기)	R	Read the sentence (문장 읽기)
C	Clue words (단서를 주는 단어 찾기)	I	Imagine a picture of it in your mind (문장에 대해 마음속으로 이미지 그리기)
O	Omit difficult questions (어려운 질문은 넘어가기)	D	Describe how the new image differs from old (새로운 이미지가 예전의 것과 어떻게 다른지 기술하기)
R	Read carefully (주의 깊게 읽기)	E	Evaluate to see that the image contains everything (이미지에 모든 것이 포함되어 있는지 평가하기)
E	Estimate your answer (정답 추정하기)	R	Repeat as you read the next sentence (다음 문장에서도 반복하기)
R	Review your work (검토하기)		

주: 학습전략은 다양한 논문들에서 찾아볼 수 있다: Bender, 1996; Carman & Adams, 1972; Clark, Deshler, Schumaker, Alley, & Warner, 1984; Day & Elkskin, 1994; Ellis, 1994. 또한 캔자스대학 소재 학습연구소(University of Kansas Center for Research on Learning)에서는 전략교수 훈련을 제공한다.

 반성적 과제 : 학습전략을 익히는 데 걸리는 시간

교사는 위에서 제시한 학습전략 중에서 하나를 선택하여, 한 학생이 주중 수업시간에 특정 기술을 얼마나 자주 사용할지에 대해 생각해야 한다. 예를 들어 COPS 전략으로 학생의 문단 교정에 도움을 주고자 한다면, 교사는 학생의 주간 평균 문단쓰기 빈도를 고려해야 한다. 그런 다음 그 횟수를 36(연간 학습기간을 주로 나타낸 숫자)으로 곱하고, 그 결과를 다시 10시간(학생이 문단 쓰는 법을 배운 이후의 학교 교육 연수)으로 곱하면 된다. 이러한 계산은 대부분의 교사들이 이 학습전략을 학생들이 습득하는 데 걸리는 시간을 밝히는 데 도움이 될 것이다.

☞ **수업 가이드 4.3**

전략교수 단계

1. 사전 검사와 합의하기

2. 전략에 대해 설명하기

3. 전략을 모델링하기

4. 전략을 구두로 리허설하기

5. 통제된 과제로 연습하기

6. 학년에 적합한 과제로 연습하기

7. 과제 일반화를 위한 합의

8. 일반화와 유지

>>>• 학습전략 사용하기

학습전략은 다양한 방식으로 적용될 수 있는데, 특히 캔자스대학 소재 학습연구소에서는 전략교수 훈련을 제공하고 있다. 이 대학의 Don Deshler 박사와 동료 연구자들은 학습전략교수를 위한 8단계 모델을 제시하고 있으며, 그 내용은 수업 가이드 4.3과 같다. 이 단계들은 교사가 전략을 교수할 때 지침으로 사용할 수 있다. 이 전략교수 모델은 기본적으로 특수학급은 학습전략교수를 실행하는 환경이 될 것이고, 전략의 적용이 일반학급으로 전이될 것이라는 가정을 전제로 한다. 실제로 이 교수 모델의 가장 큰 장점은 학습의 일반학급으로의 전이에 대한 이슈를 다루고 있는 몇 안 되는 교수 모델 중의 하나라는 것이다. 학습장애 학생들을 위한 전략교수는 일반학급에서의 성공을 가져올 유일의 중요한 요소가 될 수 있다.

Step 1: 사전 검사와 합의하기

첫째, 시험을 통해 학습장애 학생에게 특정 과제를 위한 전략이 필요한지를 결정한다. 평가 결과를 학생에게 설명하고, 학생은 새로운 전략을 통해 습득 가능한 성취 수준에 대한 정보를 듣게 된다. 과제 및 상황과 관계 있는 전략들을 찾아(Day & Elksnin, 1994), 학생에게 새로운 전략을 교수할지 여부를 결정한다. 여기에서는 학생들이 전략을 배우는 데 있어 스스로 '선택'하도록 하는 것이 매우 중요하다. 학습전략 교수 접근은 이러한 결정을 내리는 데 있어 학생이 참여해야 함을 강조하며, 새로운 전략의 학습을 결정하는 데 있어서는 학생과의 합의가 필요하다. 이 단계는 보통 첫 수업시간에 이루어진다.

Step 2 : 전략에 대해 설명하기

두 번째 단계에서는 학생에게 전략을 소개하고, 전략의 다양한 구성요소들을 설명한다. 이 단계에서 초점을 두는 사항은 전략의 핵심요소와 이러한 요소들이 어떻게 적용되는가에 관한 내용이다. 학생들은 이 전략이 어디에, 그리고 어떤 조건하에서 적용되는지에 대한 설명도 듣게 된다. 이 단계 역시 보통 1차시 분량의 수업시간 동안에 이루어지나, 적절한 전략 적용의 문제는 훈련의 모든 단계에서 다루어지게 될 것이다.

Step 3 : 전략을 모델링하기

다음 날, 교사는 전략 사용에 관해 토의하면서 전략의 각 단계를 시범을 통해 보여준다. 이렇게 하여 교사는 전략 사용에 관해 학생 스스로가 언어적으로 교수(조용한 언어적 교수 또는 "내적 언어")하는 방법을 모델링해 준다. 전략의 각 단계들을 모델링해 준 후 학생들에게 질문을 받는다. 이 교수 단계에서는 여러 가지 과제들을 포함할 수 있고, 교사는 학생들이 다양한 관점에서 전략의 특정한 측면들을 모델링할 수 있도록 촉진한다.

Step 4 : 전략을 구두로 리허설하기

이 단계에서 학생은 전략을 암송하며 학습해야 한다. 학생들은 전략을 적용하고자 시도하기 전에 전략의 각 단계들을 아주 빠르게 말할 수 있어야 한다. 또한, 학생들은 각 단계에서 취해야 할 행동들을 명확히 인지해야 하며, 각 단계들이 왜 중요한지에 대해 전반적으로 말할 수 있어야 한다. 이 단계는 학습장애 학생들이 전략을 독립적으로 적용할 수 있도록 도와주기 위한 것이며, 대개의 경우 1차시 분량의 수업시간 동안에 끝낼 수 있다.

Step 5 : 통제된 과제로 연습하기

학년 수준의 어려운 과제에 전략을 적용하기에 앞서, 학생들은 전략을 좀 더 단순한 과제에 적용하는 것부터 익혀야 한다. 이것은 어려운 과제가 학생의 전략 습득 능력에 부정적인 영향을 주어서는 안 된다는 가설에 근거한다. 따라서 '통제된 자료'들에 전략을 적용해야 한다 (통제된 자료란, 학생의 학년 수준에 맞는 자료가 아니라 학생의 학습수행 수준에 맞는 자료를 말한다). 만약 수업 가이드 4.1에서 제시했던 SCORE A 전략을 배우는 중이라면, 학생은 우선 이전에 익힌 자료 중 2개 또는 3개 단락으로 이루어진 작문에 이 전략을 적용해 볼 것이다. 그리고 학생은 교사를 통해 교정적인 피드백을 명확히 받을 수 있게 될 것이다. 만약 6학년 학습장애 학생이 4학년 수준 정도의 과학 과제를 수행할 수 있다면, 이 학생은 4학

Read the passage
(내용을 읽으세요)

Imagine the scene
(마음속으로 광경을 상상하세요)

Describe the image
(상상한 것을 설명해 보세요)

Examine the image for detail
(이미지에 포함된 세부적인
사항을 평가하세요)

Review the passage
(내용을 다시 검토하세요)

년 수준에 맞는 과제를 가지고 전략을 습득해야 한다. 학생이 SCORE A 전략을 통해 주제를 잘 찾아내는지 그리고 정확하게 전략을 적용하는지에 대한 일일 기록은 이 단계에서 계속해서 진행될 것이다. 이 단계는 학생이 전략에 대해 완벽하게 알게 되고 4학년 수준의 과제를 완전히 이해할 때까지 수일 동안 여러 차시에 걸쳐 반복될 것이다(길게는 1주 또는 2주가 걸릴 수도 있다). 즉 학생은 다음 단계로 넘어 가기 전에 100%에 가깝도록 완벽하게 전략을 적용할 줄 알아야 한다. 학생이 4학년 수준의 과제로 전략을 능숙하게 사용하게 되면 4개 단락으로 구성된 5학년 수준의 과제로 넘어가게 된다. 또한 학생 스스로 학습전략을 얼마나 잘 습득했는지 차트를 만들어 확인하게 한다.

Step 6 : 학년에 적합한 과제로 연습하기

이 교수적 모델에서 학생이 연습하는 과제의 난이도는 학생의 학년에 맞는 수준에 도달할 때까지 점차 어려워진다. 특히 이 단계에서는 이전 단계에서 학생에게 사용했던 촉진과 단서들이 조금씩 제거된다. 학생이 앞서 언급한 SCORE A 전략을 통해 5

학생은 다음 단계로 넘어 가기 전에 100%에 가깝도록 완벽하게 전략을 적용할 줄 알아야 한다.

학년 수준의 과제를 익히게 되면 6학년 수준의 좀 더 복잡한 과제로 기대 수준을 높인다. 학년 수준에 맞는 과제에서의 전략을 적용하게 되기까지는 대개 5차시에서 10차시 정도의 시간이 소요된다. 이 단계에서도 역시 학생의 진보 정도를 확인하기 위해 차트를 만들게 한다.

Step 7 : 과제 일반화를 위한 합의

학습장애 학생이 학년 수준에 맞는 과제에 전략을 적용할 수 있게 되면, 새로 습득한 전략을 일반 학급에서 제시되는 다른 유사한 과제들로 일반화시키는 것이 중요하다. 따라서 학생이 모든 교과목의 작문과제에 전략을 적용하도록 합의해야 한다. 학생과의 합의는 단 몇 분 정도 밖에 소요되지는 않지만, 일반화를 위한 이 과정은 학습절차에 있어 매우 중요한 단계이다.

Step 8 : 일반화와 유지

일반화와 유지 단계는 이 모델에 있어서 가장 중요한 부분이다. 학생이 SCORE A 전략을 학교생활 전반에 걸쳐 적용하는 방법을 습득하지 못한다면, 이 전략을 가르치기 위해 투자한 많은 시간이 수포로 돌아간다. 그러나 만약 이 전략을 완벽히 습득한다면, 학생은 다양한 작문과제에 대해 독립적으로 성공적인 수행을 할 수 있게 되고, 앞으로의 많은 수업들에서 학습을 향상시킬 기술을 갖게 된다.

일반화는 3단계에 걸쳐 이루어진다. 첫 번째 단계는 일반화에 대한 소개이다. 이 단계는 새로운 기술이 적용될 수 있는 여러 상황들을 학생이 알 수 있도록 하기 위한 단계로 학생이 다양한 형태의 과제에 전략을 적용해 보도록 권고한다. 두 번째는 실행 단계인데, 이 단계에서 학생은 다른 일반학급을 통해 얻은 학년 수준에 맞는 특정 과제에 전략을 적용해 본다. 이 과정에서, 특수교육교사는 일반교육교사와 함께 학생이 전략을 사용하도록 권장한다. 그리고 교사는 전략을 적용한 결과를 확인한다.

> 일반화와 유지 단계는 이 모델에서 가장 중요한 부분이다.

마지막으로 유지 단계가 실행된다. 특정한 전략을 훈련받은 학생이 주기적으로 그 전략을 사용하도록 상기시키고, 교사는 전략이 적용되면 그 결과에 대해 확인해야 한다.

반성적 과제 : 교수상의 상호 발전과 반성적인 교사

이러한 8단계 교수계획에서 추천한 교수적 전략들의 질적인 부분에 대해 잠시 생각해 보자. 여기에서 제시된 것들과 이 책의 앞부분에서 제시한 것(예를 들면 학생은 그들의 학습에 대해 책임이 있다는 것, 모델링)들을 통해 어떤 아이디어를 얻었는가? 그리고 이 책을 보기 전에 알았던 교수 아이디어에는 어떤 것들이 있는가? 서로 다른 이론적 모델로부터 파생된 차별화 교수전략들이 왜 동일한 종류의 교수기법들을 강조하는가?

>>>>• 전략 훈련의 실제 사례

여기에서 전략교수는 특수교육교사와 일반교육교사의 협력을 필요로 한다고 명시하고 있으나, 정작 일반교육교사 또는 특수교육교사가 단독으로 전략교수를 적용할 수 없는 이유에 대해서는 언급되어 있지 않다. 많은 연구자들은 전략 훈련은 실행하고자 하는 모든 교사에 의해 적용될 수 있다고 제안하고 있다(Day & Elksnin, 1994; Marks et al., 1996). 수업 가이드 4.4에 제시된 고려 사항들은 교사가 다음의 적용사례를 이해하는 데 도움을 줄 것이다.

고려 사항을 명심하면서, 다음의 전략교수 사례를 살펴보자. RAP은 읽기 자료의 내용을 바꿔 말하는 전략으로 수업 가이드 4.2에서 제시한 바 있다. 이 전략은 가장 초기에 만들어진 전략들 중 하나로, 저학년부터 중·고등학교에 이르기까지 적용이 가능한 전략이다. 이제부터 구체적이고 직접적인 전략교수과정에 대해 35일에 걸쳐 진행된 실제 교육사례를 살펴보도록 한다. 이번 사례 역시 팀 협력을 통한 전략의 적용에 관한 것이다. 전략교수에 관한 많은 연구들은 오늘날 학교 현장에 있는 모든 교사들이 이러한 팀 협력의 기회가 없더라도 학습장애 학생들을 위해 전략교수를 적용해야 한다는 점에 적극 동의한다(Day & Elksnin, 1994; Deshler et al., 1984; Ellis, 1994; Ellis et al., 1989; Korinek & Bulls, 1996; Vaughn et al., 2000).

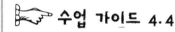 **수업 가이드 4.4**

전략교수의 적용

1. 학생이 해야 하는 과제 또는 환경에 적합한 전략을 선택한다.

2. 학생의 현행 전략 사용 수준을 평가하고 학생의 수행 수준을 향상시키기 위해 필요한 전략을 가르친다.

3. 학생들로 하여금 배우고자 하는 것이 무엇인지, 그리고 전략을 어떻게 사용할 것인지에 대한 목표를 설정하게 한다.

4. 전략에 대해 설명하고, 예들을 제공하고, 전략의 적용에 대해 토의한다.

5. 학생에게 전략을 모델링해 준다. 모델링, 교정, 과제 접근 및 완성 등의 모든 과정을 구두로 전달한다.

6. 응용과제에 전략을 적용하기 전에 충분한 연습 기회를 주기 위해 난이도가 통제된 과제들을 가지고 전략을 적용하게 한다.

7. 일반학급 수업에 사용하는 과제에 전략을 적용하게 한다.

8. 학생에게 예시들을 제공하고, 학교, 집, 그리고 지역사회 등의 다양한 환경에서 실제적으로 전략을 적용하게 한다.

출처 : Day, V. P., & Elksnin, L. K. (1994). "*Promoting Strategic Learning.*" *Intervention in School and Clinic*, 29, 262-270. ⓒ 1994 by PRO-ED, Inc. Used with Permission.

특수교육교사인 Mr. Langone은 매일 1교시에 8학년의 통합학급에 소속된 3명의 학습장애 학생들을 맡고 있다. 통합학급 교사인 Ms. Rooten은 학급에서 이들 학습장애 학생 외에도 22명의 비장애 학생을 돌본다. 학습장애 학생들의 읽기 수준은 4~5학년 수준이고, 학급 내 다른 학생들의 읽기 수준은 5~11학년 수준으로, 일반학급에서의 읽기 수준은 일반적으로 다양하다.

첫날, Ms. Rooten과 Mr. Langone은 3명의 학습장애 학생에게 RAP 전략을 적용하기로 결정하고, Mr. Langone은 학습장애 학생들에게 그들의 학습 수준에 맞춰 미리 준비한 5문단의 읽기 과제를 준다. 그는 학생들에게 읽기 자료를 묵독하게 한 후, 그들이 무엇을 읽었는지 녹음하도록 한다. 그는 학생들에게 그 자료에 대해 다음 날 시험을 본다고 알린다. 저녁에, 그는 녹음된 것을 듣고 '읽기 점수'를 매긴다(즉 각 문단의 주제와 주제를 뒷받침하는 세부 내용을 2개 이상 언급했는지를 확인하여 각각 1점씩 부여하고, 그 점수를 전체 읽기 점수로 반영한다). 이것은 학생의 사전 검사 점수들 중 하나가 된다.

둘째 날, Mr. Langone은 개별 읽기 이해 검사를 진행하는데, 각 학생이 전날 읽은 이야기에 대하여 10개 정도의 질문을 한다. 정답 비율은 해당 이야기에 대한 학생의 읽기 이해 점수가

오늘날 모든 교사들은 학습장애 학생들을 위해 전략교수를 적용해야 한다.

된다. 또한 이 날의 시험결과는 각 학생에게 전달되어 읽기 이해를 촉진시키기 위한 새로운 전략이 필요하다는 것을 보여주게 된다. 여기에서, 학생은 자신이 읽은 내용을 좀 더 잘 기억하기 위해 새로운 전략을 배우고 싶은지에 대해 질문을 받는다. 학생은 합의를 통해 장기 목표를 적어야 한다. 또한 RAP 읽기 점수와 읽기 이해 정도를 학생이 매일 기록하도록 차트가 제공된다.

그 다음 날 해야 할 일은 전략에 대해 설명하는 것이다. Mr. Langone은 우선 전략의 각 단계를 보여주는 단서 카드를 사용하여 바꿔 말하기(paraphrasing)의 의미와 다양한 교과목에 이 기술을 사용할 수 있다는 점에 대해 토의할 것이다. 그는 이 부분을 교수할 때 학습장애 학생과 비장애 학생 모두를 대상으로 할 수 있다. 그는 읽기 이해력을 높이는 데 있어 바꿔 말하기의 장점들에 대해 설명할 것이다. 그러고 나면 학생들은 학습전략을 배우고자 하는 목표를 갖게 될 것이며, 이때 교사로부터 지침을 제공받게 될 것이다. Mr. Langone은 순서대로 전략 단계에 대해 이야기를 나누고, 주의를 기울여 학생에게 예시를 제공할 것이다. 첫째, 단어의 뜻에 초점을 두며 읽은 내용에 대해 토의한다. 둘째, 주제를 찾기 위한 여러 가지 방법(글 속에서 여러 번 나오는 단어를 찾거나 첫 번째 문장을 살펴보는 것 등)과 단락의 세부 내용들이 제공된다. 그 다음, 이 주제를 학생 자신의 말로 바꾸는 것에 대해 이야기 나눈다. 마지막으로, 제대로 된 바꿔 말하기의 기준을 제시하여 학생들로 하여금 자신이 한 것이 어떻게 평가되는지 알게 한다.

넷째 날은 교사가 전략을 모델링해 준다. Mr. Langone은 5개 단락으로 이루어진 적절한 글을 읽고 RAP 전략을 실행한다. 시작하기 전, 그는 스스로에게 전략을 구두로 상기해 주는 자기교수법을 모델링해 준다. 즉 그는 글을 큰 소리로 읽고 난 후 다음과 같이 스스로에게 전략에 대해 이야기한다. "나는 지금 첫 번째 단락을 읽었어. 지금부터 주제와 몇 가지 사실들을 적어야 해." 몇 가지 아이디어를 구체화한 후, Mr. Langone는 이것을 자신의 말로 테이프에 녹음한다. 처음 몇 개 단락은 교사가 하고, 마지막 몇 개 단락은 학생이 시도할 수 있도록 한다.

다음 날에는 전략의 각 요소들을 구두로 연습해 본다. 각 학생들은 전략 단계들을 기억하여 말할 수 있어야 하며, 각 단계에서 해야 할 정보들을 제공할 수 있어야 한다. 각 단계들을 요약해 놓은 단서 카드가 수업시간에 제시되고, 학생들은 제시된 전략의 다음 단계를 말하거나 혹은 Mr. Langone의 질문에 답할 수 있어야 한다. 예를 들어 학생들은 단락의 주제를 찾기 위해서 적어도 두 가지 사항은 제시할 수 있어야 한다.

> 바꿔 말하기가 잘된 것들을 선정하여 학생들에게 보여줌으로써, 학생들은 수행한 과제가 어떻게 평가되는지 알게 된다.

그 다음 날에는 바꿔 말하기 전략 학습을 위해 통제된 과제로 연습이 시작된다. 3명의 학생들은 각 개인의 독립적인 읽기 수준에 적합한 5개 단락으로 구성된 읽기 과제를 받는다. 여기에서 독립적인 읽기 수준에 적합한 과제란 과제 속 95% 이상 단어를 알고 있는 수준을 말한다(학습장애 학생의 독립적인 읽기 수준은 해당 학년 수준보다 몇 단계 아래 수준일 것이다). 첫째, Mr. Langone은 학생과 함께 전략의 단계들을 간단하게 복습한다. 그런 후, 학생들은 RAP 전략을 사용하여 각 단락마다 하나의 주제와 두 개의 중요한 세부 내용들을 찾아 기록해야 한다.

RAP 읽기 활동지는 수업 가이드 4.5에 제시되어 있다. 이 활동지는 바꿔 말하기 연습에 사용될 수 있으며, 사전 검사와 동일한 준거로 채점된다. 시간에 따라 학생들은 읽은 내용에 대해 읽기 이해 검사를 실시할 수도 있는데, 이를 위해 Mr. Langone는 다음 날 수업시간을 이용할 수도 있다. 읽기 이해 검사는 보통 읽은 자료에 관한 10가지 정도의 질문으로 구성된다. 이 질문들은 RAP 읽기 활동지 점수와 더불어 학생의 전반적인 이해 정도를 파악할 수 있는 좋은 정보가 된다. 학생들이 5개 읽기 단락에 대한 RAP 읽기 활동지를 완성한 후 읽기 이해 검사를 수행하고 나면, 이들 점수들은 학생의 개인의 향상 여부를 보여주는 차트에 기록된다.

읽기 자료에 대해 실시된 RAP 읽기 활동지와 읽기 이해 검사의 점수는 교정적이고 긍정적인 피드백을 제공하는 데 사용되어야 한다. 잦은 피드백은 학습장애 학생의 학습에 있어 매우 중요한 요소가 되며, 이 교수방법은 이러한 피드백을 촉진시킨다. 적절한 피드백을 제공하기 위해서 Mr. Langone은 각 학생이 성공적으로 수행한 부분들에 대해 점검하고 이것을

☞ **수업 가이드 4.5**

A RAP 읽기 활동지

5개 단락으로 구성된 이야기의 각 단락을 읽은 후, 학생은 주제와 이를 뒷받침하는 2개의 주요 사실들을 아래의 빈칸에 채워 넣어야 한다.

1. 주제_____

    세부 내용 1: _____

    세부 내용 2: _____

2. 주제 _____

    세부 내용 1: _____

    세부 내용 2: _____

3. 주제 _____

    세부 내용 1: _____

    세부 내용 2: _____

4. 주제 _____

    세부 내용 1: _____

    세부 내용 2: _____

5. 주제 _____

    세부 내용 1: _____

    세부 내용 2: _____

학생과 함께 공유할 것이다. 또한 그는 RAP 읽기 활동지와 읽기 이해 검사에서 학생들이 제대로 응답하지 못한 것들에 대해 재검토해 줄 것이다. 학생들은 5개 단락에 대한 RAP 읽기 활동지와 읽기 이해 검사를 모두 완수한 후 동일한 학년 수준의 또 다른 읽기 자료를 읽을 것이다. 이러한 일일 훈련은 학생이 능력 수준에 적합한 읽기 자료에 대해 능숙하게 바꿔 말하고 이해할 때까지 지속된다. 평균적으로, 각 학년 수준마다 3회에서 6회 정도의 연습과정을 거치면 이 단계에서의 숙달 수준에 도달하게 되지만, 몇몇 학습장애 학생들의 경우에는 시간이 좀 더 오래 걸릴 수도 있다. 만약 일반학급에 있는 8학년인 학생의 읽기 수준이 4학년 정도라면, 이 학생은 상대적으로 4, 5, 6, 7학년 수준의 과제에 숙달하는 데 24일 정도가 걸릴 수도 있다.

그 다음 단계에서는 그 학생의 학년에 적합한 연습을 강조하고 있는데, 학생들이 이 단계를 달성하는 데 걸리는 시간은 서로 다를 수도 있다. 학생들은 자신의 학년 수준에 맞는 과제를 받아 능숙하게 수행할 때까지 연습할 것이다. 최종적으로 수행하게 될 읽기 자료는 학생의 학년에서 사용하고 있는 교과서에서 발췌한 것이 될 것이다.

잦은 피드백은 학습장애 학생의 학습에 있어 매우 중요한 요소이고, 이 교수방법은 이러한 피드백을 촉진시킨다.

다음은 사후 검사와 전략의 일반화를 위한 학생과의 합의와 관련된 단계이다. 학생은(이 학생을 이후부터는 John이라 부를 것이다) 학년 수준에 맞게 구성된 5개 단락의 글에 대해 바꿔 말하기 과제와 읽기 이해 검사를 수행한다. 이 결과는 진전도 차트에 기록된다. Mr. Langone은 John과 함께 전체적인 학습절차를 살펴보며 차트에 나타난 향상 정도에 대해 이야기를 나눌 것이다. 그러고 난 후, 그는 John과 일반학급에서 다른 교과서에 이 전략을 일반화하기로 개별적으로 합의할 것이다. 1차시 정도면 이루어지는 간단한 단계지만 학습장애 학생들에게는 매우 중요한 과정이다.

그 다음 날, Mr. Langone은 John과 함께 마지막 단계인 일반화를 시작하게 된다. John은 자신의 교과서를 사용하게 하고, Mr. Langone은 John이 좋아하는 다른 것, 예를 들면 가정, 신문, 잡지 등으로부터 읽기 자료를 모은다. Mr. Langone은 John과 함께 이들 책과 자료의 사용에 대해 토의하게 된다. 이 단계에서 일반교사인 Ms. Rooten은 John과 Mr. Langone의 합의에 개입하여 통합된 일반학급에서 사용하는 자료들에 대해 전략을 어떻게 적용할 것인지에 대해 함께 토의한다. John은 전략에 관한 단서 카드를 만들어 각 교과서의 앞면에 붙이고, 전략을 적용하는 데 쓰일 수 있는 다른 단서들에 대해서도 논의할 것이다. Ms. Rooten은 RAP 전략을 사용하기에 적합한 읽기 과제가 있을 때마다 John이 그 전략을 사용하도록 상기시킬 것이라 약속하게 된다.

그 다음날은 본격적으로 일반화를 실행하는 단계이다. Mr. Langone은 '전략 사용 보고서'를 제시할 것인데, 이것은 John이 일반학급에서 전략을 사용하게 될 내용들을 차례로 정리해 놓은 것이다. 이 보고서에는 교과서, 신문, 소설 또는 잡지 등 전략이 사용될 자료들의 유형과 날짜가 기록된다. 이를 통해 Mr. Langone은 24시간 이내에 학생이 완수해야 할 읽기 자료 과제를 보여준다. Mr. Langone 또는 Ms. Rooten은 완수된 과제를 신속하게 채점하여 피드백이 필요한 부분에 교정적인 피드백을 제공해 준다. 학생은 이러한 성격의 6가지 다른 활동들을 완수해야 한다. Mr. Langone은 또한 이 보고서에 있는 과제들을 완수하는 기간에 대해서도 토의할 것이고, John은 전략 사용에 대해 2주 동안 지속적으로 기록할 것이다.

유지는 일반화의 가장 마지막 단계이다. 이것은 사후 검사와 유사한 일련의 평가로 구성되는데, 일반적으로 학생이 실행 단계를 완수하고 1주 정도 지난 후에 실시된다. 이 시점에서, John은 그의 학년 수준에 맞는 읽기 과제와 모든 종류의 읽기 자료들의 이해를 돕도록 전략을 내면화하게 된다. 물론, Ms. Rooten과 Mr. Langone은 John이 참여하는 다양한 수업에서 적절하게 전략을 적용할 수 있도록 자주 상기시켜 주어야 한다.

보다시피 앞서 제시된 사례는 모델링, 과제 기억을 돕는 비계설정(예 : RAP), 내적 언어의 사용, 교정적이고 시기적절한 피드백, 그리고 반복적인 안내된 훈련 등을 포함하고 있으며, 이들 방법들은 차별화 교수의 성공을 이끄는 주요 방법들이다. 효과적인 교수행동은 학습전략 교수 모델의 효능을 증대시킨다. 다시 말하지만, 전략교수에 관한 연구들에서 학습장애 학생을 가르치는 모든 교사는 학생들이 어려움을 느끼는 과제에 대하여 이러한 방법들을 실행해야 한다고 아주 강력하게 주장하고 있다.

> 합의 단계는 개별적으로 이루어져야 하며, 학습장애 학생들에게 매우 중요한 과정이다.

앞에서 일반교육교사와 특수교육교사의 이상적인 협력 사례를 살펴보았는데, 특수교육교사와 협력관계에 있지 않은 일반교육교사라 할지라도 이 학습전략 교수 접근의 실행을 고려해야 한다. 물론 교사 혼자서 이를 수행하는 데에는 약간의 어려움이 따르겠지만, 전략교수를 사용하도록 학습절차를 수정한다면 일반학급 내에서 이들 학생의 학습 수준을 크게 향상시킬 것이다.

>>>• 나만의 전략 세우기

교사는 이 교수방법을 실행하기 위해 전략교수 훈련(캔자스대학에 문의하여 연수를 받는 것)을 받는 것이 좋겠지만, 그렇게 못한다 하더라도 교사는 주변에서 얻을 수 있는 정보를 이용하여 전략교수를 실행할 수 있으며, 또한 실행해야 한다. 많은 교사들은 이 장에서 혹은 다른 교재에서 제시한 전략뿐만 아니라, 그들의 교실에서 적용할 수 있는 특정 학습전략들을 스스로 개발하여 사용하고 있다(Ellis et al., 1989; Marks et al., 1996). 수업 가이드 4.6에 제시한 Marks et al.(1996)의 단계는 교사가 학생의 특정 요구에 적합한 전략을 개발하는데 도움을 줄 것이다.

한 가지 예로, 한 베테랑 특수교육교사는 읽기 자료에 수록된 그림으로부터 정보를 얻는데 있어 도움이 필요한 학생들을 위해 AIDE 전략을 만들었는데, 이는 수업 가이드 4.7에 제시되어 있다. 모든 베테랑 교사는 다양한 교재에 있는 그림과 그림 자막에 제시된 정보가 그 단원의 내용에 포함되지 않을 수도 있다는 것을 안다. 그럼에도 불구하고 이들 정보는 그 단원의 평가에서는 다루어진다. 따라서 학습장애 학생들은 교과서 내 그림과 그림 자막으로부

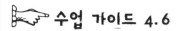 **수업 가이드 4.6**

특정 과제에 적합한 전략 개발하기

1. 전략을 적용하기에 용이한 과제유형을 구체화하라. 일일 수행 정도를 산출할 과제를 정하고, 측정 결과를 학생의 진전도 차트에 표시하라.

2. 과제를 순서에 따라 기술하라. 학생은 과제 이니셜을 과제 단계를 기억하도록 돕는 기억도구로서뿐만 아니라, 순서대로 과제에 단계를 적용하도록 돕는 조직화 도구로도 사용할 수 있어야 한다.

3. 각 단계들을 요약하라. 순서에 따라 각 단계를 요약하는 간단한 문장을 써야 하며, 각 문장은 학생을 위해 정확하고 간결한 지시문의 형태여야 한다.

4. 전략을 한정시켜라. 특정 유형의 과제에 한정하여 전략을 사용해야 한다. 학생에게 전략을 사용할 때와 그렇지 않을 때를 보여줄 수 있는 사례와 비사례를 생각하라.

5. 이니셜 기억술을 만들어 학생이 전략의 순차적인 단계를 기억할 수 있도록 도와라. 여기서는 창의성이 발휘되어야 하며, 저작권을 가질 수도 있을 것이다. 이니셜을 통해 강조될 단계들은 학생이 해야 할 가장 중요한 행동(주로 동사의 형태가 사용됨)들일 것이다.

출처: Marks, Laeys, Bender, & Scott(1996).

터 정보를 수집하는 것을 도와주는 특정 전략을 배워야 하는 것이다.

교사는 학생에게 매일 제공되는 과제 카드에 AIDE 전략을 프린트하여 제시한다. 또한 학생이 해석해야 하는 3개의 그림을 매일 제공한다. 학생들은 각 그림을 해석할 때 AIDE 전략을 사용하도록 지도받고, 3개의 그림에 대한 10가지의 질문을 받는다. 중다기초연구들은 이 절차가 학습장애 학생들이 그림 속에 내포된 정보를 수집하는 데 매우 효과적임을 밝혔다. 이것은 교사가 전략교수적 접근이 필요한 일부 학생들에 주목함으로써 차별화된 교수를 제공할 수 있게 된다는 실제 예를 보여준다.

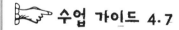 **수업 가이드 4.7**

그림 해석을 위한 AIDE 전략

A	Action	Look for the action in the picture (그림에 나타난 행동을 살펴보기)
I	Idea	Guess the main idea of the picture (그림의 주제를 추측하기)
D	Details	Study each picture detail (그림의 각 세부 내용들을 공부하기)
E	Explanation	Read the explanation with the picture (그림과 함께 제시된 설명 읽기)

출처: Marks, Laeys, Bender, & Scott(1996).

>>>> 결론

많은 연구들은 학습장애 학생에게 전략교수를 적용하는 것이 아주 유용한 교수방법이 될 수 있다고 강력하게 지지하고 있다(Vaughn et al., 2000). 또한, 이 연구들은 이러한 기법이 일반학급에 있는 다른 많은 일반학생들에게도 도움이 된다는 것을 보여준다. 이러한 강력한 연구들에 힘입어, 나는 모든 일반교육교사들이 학습장애 학생들을 위하여 전략교수를 적용해야 한다고 진심으로 제안하고자 한다.

다음 장에서는?

지금까지 교실에서 수업하는 거의 대부분의 교과목에서의 학습을 향상시킬 수 있는 차별화 교수방법들에 대해 살펴보았다. 이러한 배경 지식을 기초로, 다음 장에서는 교수집단의 수정을 통한 교수절차 수정에 대해 살펴볼 것이다. 특히, 또래교수와 관련된 몇 가지 전략들을 살펴볼 것이다.

5 통학학급에서의 또래교수
-차별화 교수와 통합학급-

5

통합학급에서의 또래교수

- 차별화 교수와 통합학급 -

Cecil Fore Ⅲ
William N. Bender

이 장에 포함된 전략

✔ 또래교수의 시작에 관한 결정

✔ 또래교수 훈련에 관한 교수계획

✔ 또래교수 시스템 개시를 위한 점검표

✔ 전(全)학급 또래교수(CWPT)

✔ 또래 보조 학습전략(PALS)

교사는 학습장애 학생들에게 상당한 시간을 할애해야 할 경우가 많다. 주의력의 문제로 인해, 교사는 학습장애 학생들에게 다른 비장애 학생들에 비해 여러 번 더 설명을 해줘야 하는 등 이들이 과제에 집중할 수 있도록 일깨워 주어야 한다. 또한, 학습장애 학생들은 대개 다른 학생들보다 더 많은 도움을 필요로 하기도 하며, 심지어 이들은 규칙에 어긋난 행동을 자주 보여 훈계를 받는 경우도 있다. 따라서 차별화된 학급에서는 교사가 장애 학생들의 이 모든 요구들을 다루어야만 한다. 이러한 이유로 교사는 자신의 학급에 3~4명의 학습장애 학생들이 있게 되면 중압감을 느끼게 되는 것이다. 교사들은 다수의 학습장애 학생들을 위한 효과적인 교수를 하기에는 시간이 부족하다고 생각한다. 더욱이 학습장애 학생들의 요구에 근거한 차별화 교수를 고려할 때에는 이렇게 많은 교수적 과제들을 완수하기에는 시간이 턱없이 부족하다고 느낄지도 모른다.

이와 같은 이유들 때문에 많은 연구자들과 현장 전문가들은 교사들이 개별 학생들에게 할애하는 시간을 줄이고, 학습장애 학생들을 위한 교수시간을 증가시키는 혁신적인 교수절차의 하나로 또래교수를 권장해 왔다(Bender, 1996; Fulk & King, 2001; Greenwood, 1991; Maheady, Harper, & Sacca, 1988; Mortweet, Utley, Walker, Dawson, Delquadri, Reddy, & Greenwood, 1999). 간단히 말해, 학생들은 서로에게서 배울 수 있다는 것이다. 많은 경우, 학생들은 교사로부터 배울 때보다 서로 간에 더 잘 학습한다. 더욱이, 과제 학습의 모델링교수와 같은 형태의 적절한 교수적 비계설정을 이용하여 학생들은 다른 또래 학생을 가르칠 수 있고, 이를 통해 학생들은 교사의 전문적 지식과 기술을 학습할 수 있다. 이와 같은 이유로, 현명한 일반교육교사라면 교수시간을 증가시키기 위한 대안으로 또래교수를 이용할 것이다. 따라서 또래교수는 어떤 형태로 이루어지든지 간에 일반학급에서 모든 교사들이 대안으로 삼아야 하는 차별화된 학급을 위한 중요한 기술 중의 하나이다.

많은 연구들은 또래교수가 다양한 장애 학생들이 일반학급에 성공적으로 융화될 수 있도록 하는 효과적인 방법이라고 강력하게 주장해 왔다(Fuchs et al., 2001; Maheady et al., 1988). 예를 들어 Carlson, Litton, & Zinkgraf(1985)는 경도의 인지장애 아동을 대상으로 단어인식과제에 대한 또래교수의 효과를 조사했다(학습장애 학생 집단만을 사용한 또래교수 연구가 제한적이기 때문에 여기서는 이 연구에 대해 설명한다). 12개 학급 중 무작위로 선택한 6개 학급의 74명을 실험집단으로 선정했고, 62명의 학생들로 구성된 나머지 6개 학급은 통제집단으로 선정했다. 실험을 시작하기 전 이들 두 집단은 통계적으로 유사한 읽기능력을 가지고 있었다. 실험집단에서는 학생들이 읽기 사전점수에 근거하여 튜터(tutor, 또래교사)나 튜티(tutee, 또래교수를 받는 학생)의 역할이 부여되었다. 튜터들은 자신이 가르칠 학생의 단어학습에 사용할 플래시카드 훈련활동에 대해 교육을 받았다. 이에 반해 통제집단 학생들은 교사에 의한 전통적인 방식으로 지도받았다. 실험 결과, 또래교수를 수행한 실험집단은 통제집단 학생들보다 더 많은 단어들을 습득했다. 또한 실험집단의 학생들이 읽기 이해에 있어서도 또래교수 활동을 통해 유의한 향상이 있었음이 밝혀졌다. 또래교수의 효능에 대한 추가적인 연구는 이 장의 후미에 제시될 것이다. 모든 연구가 또래교수를 지지하는 것은 아니지만, 대부분의 연구들은 또래교수의 긍정적인 결과를 보여주고 있으며, 통합학급 교사의 시간 수요를 고려해 볼 때 이 교수법이 학교의 거의 모든 학급에서 사용되어야만 한다고 제안한다.

또래교수는 효과적이에요!

>>>> 또래교수 시스템 시작하기

 반성적 과제 : 또래교수 시스템을 시작하는 시점에서 예상되는 논점

반성적 과제로서 또래교수 시스템을 수업에 적용하는 시점에 결정해야 할 사항들을 간단하게 메모해 보라. 어떤 점들을 사전에 고려해야 할 것인가? 일련의 쟁점들이나 고려해야 할 점들을 목록화한 후, 이를 아래에 제시된 논점들과 비교해 보라.

시간이 오래 걸리는 유형도 있긴 하지만, 대체로 또래교수 시스템은 비교적 시작하기가 수월하다(Fuchs et al., 2001; Fulk & King, 2001). 또래교수를 시행하기에 앞서 몇 가지 구체적인 결정을 해야 하는데, 이에 대해서는 수업 가이드 5.1에 요약되어 있다.

튜터가 할 수 있는 것은 무엇인가

또래교수 시스템을 시작할 때 가장 먼저 고려해야 할 사항은 또래 학생튜터가 완수할 특정 과제를 기술하는 것이다. 학생에게 부여할 또래교수 과제의 난이도 및 이를 시도하기 전 학생이 익혀야 할 교수 기술과 관련하여 각기 다른 수준의 다양한 과제들을 생각해 보는 것이 유익할 것이다. 예를 들면 대부분의 튜터들은 특별한 준비 없이도 통합학급에 투입되어 학습활동지의 정답지를 가지고 다른 학생의 답을 점검해 줄 수 있을 것이다. 그러나 만약 교사가 한 학생에게 다른 학생의 읽기 이해 연습을 돕거나, 읽기 자료에 대한 사전 조직자를 활용하여 토의를 이끌어가도록 하게 하려면 아마도 약간의 훈련이 필요할 것이다. 분명히, 튜터에게 요구

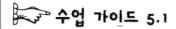 **수업 가이드 5.1**

또래교수 시스템의 준비에 있어서 결정해야 할 점

1. 튜터가 교실에서 무엇을 할 수 있는가?

   가장 시간을 절약하는 과제는 어떠한 유형의 것들인가?

   많은 훈련 시간을 필요로 하는 과제는 어떠한 유형인가?

   자기점검 자료들이 자주 사용되는가?

   튜터는 수업도구 만들기를 도울 수 있는가? 그리고 이 도구들은 얼마나 자주 사용되는가?

   튜터는 튜티가 읽는 것을 경청하는 것과 같이 수업시간에 학업과제를 모니터할 수 있는가?

   튜터는 교사에게 도움을 요청할 시기에 대해 어떠한 지침들을 받아야 하는가?

2. 어떤 학생이 튜터가 되어야 하는가?

   가능한 학생은 누구인가? 해야 할 일이 많지 않다면 튜터가 더 있지 않을까?

   교사의 교수 스타일과 행동수정 방식들을 튜터에게 제공함으로써 교사의 권위를 튜터와 공유하는 것이 문제가
   될까? 이것이 튜터 선정에 어떤 영향을 미치는가?

3. 튜터들을 위한 필수적인 훈련이 제공될 수 있는가?

   튜터들은 어떤 유형의 과제들을 위해 훈련되어야 하는가? 튜터 훈련에 적당한 시간은 얼마인가?

   교사 외의 다른 사람이 튜터에게 훈련을 시킬 수는 없는가(만약 또래교수 시스템이 학교 전체에서 행해진다면
   이를 학교 교장이 실시할 수도 있는가)?

4. 좋은 의사소통 방법을 찾았는가?

   교사는 학생의 향상에 대해 의견을 교환할 시간을 갖고 있는가?

되는 과제들의 형태는 튜터의 훈련에 영향을 미칠 것이고, 특정 튜터가 어떤 역할을 할지에
관해서는 다양한 또래교수 수준에서 이러한 과제들에 대한 고려가 이루어짐으로써 결정될
것이다.

> 또래교수 시스템을 시작할 때 가장 먼저 고려해야 할 사항은 또래 학생튜터가 완수할 특정 과제를 기술하는 것이다.

학급에서 학생 튜터의 역할에 대한 결정의 최종적인 책임은
교사에게 있다. 교사들은 일반적으로 복잡한 교수를 필요로 하
지 않는 활동 유형들을 고려해 볼 수 있고, 튜터는 즉시 그러한
과제를 시작할 수 있다. 간단한 또래교수 과제 목록으로는 다
음의 것들을 포함할 수 있다.

- 학생의 수업활동지 점검하기
- 학생들이 완성한 자기점검 활동지 재검토하기

- 구두 읽기를 경청하고 오류 교정하기
- 사전 찾기 기술 도와주기
- 집단 미술활동 모니터하기

이와 같은 활동들은 튜터에게 별다른 훈련을 제공하지 않아도 완수할 수 있는 것들이다. 이러한 과제들은 특별한 준비가 필요 없는 것들이기 때문에 이 책에서 편의상 1단계 과제들로 간주할 것이다.

그러나 어떤 활동들은 다소 많은 훈련을 필요로 한다. 이러한 활동에는 수학 문제를 이해하도록 돕는 것, 사전 조직자를 활용하여 읽기 이해를 돕는 것, 혹은 완성한 과제에 대해 강화를 제공하는 것 등이 포함될 수 있다. 이러한 기술들은 좀 더 복잡하기 때문에 튜터는 다른 학생들을 교수하기 전에 이 기술들을 어떻게 완수할 수 있는지 배워야 한다. 교사는 이러한 기술들 중 하나를 한 학생에게 적용하며, 이것을 새로운 튜터로 하여금 관찰하게 함으로써 간단히 훈련시킬 수 있다. 이러한 과제를 튜터에게 훈련시키는 데에는 수업 외의 다른 시간은 거의 필요하지 않다. 이러한 형태의 과제는 2단계 과제라 할 수 있다. 약간의 훈련이 필요하지만, 그 훈련은 대개 수업시간 내에 수행되며, 튜터를 위한 교수 모델링을 제공하고 이에 대해 토의하는 훈련이 주어진다.

다음으로, 어떤 과제들은 수업시간 외의 훈련을 필요로 하는데, 이것들은 3단계 과제들로 간주될 수 있다. 이러한 과제들로는 학습전략 교육과정의 실행이나 학생들이 자신의 성과에 대해 자기관리 행동점검 도표를 완성하도록 돕는 것 등을 포함할 수 있을 것이다. 이 장의 나머지 부분은 이 과제들과 연관된 특정 훈련에 대해 설명된다.

마지막으로, 교사만이 실행할 수 있는 형태의 교수과제들이 있다. 이것은 4단계 과제라 할 수 있으며, 이 과제들은 교수와 관련하여 좀 더 어려운 의사결정이 이루어져야 하는 것들이다. 만약 이 과제들이 잘못 실행된다면 학생들의 발달에 매우 부정적인 영향을 미칠 수 있기 때문에 교사에 의해서만 실행되어야 한다. 4단계 과제는 새로운 유형의 수학 문제를 처음 제시하는 경우, 학생의 잘못된 행동에 대해 벌을 주는 경우, 또는 학생을 위한 다음 단계 교수 활동을 계획하는 경우 등이 해당된다.

확실히, 교사들은 또래교수 시스템을 계획할 때 튜터가 수행할 과제의 수준을 고려해야 한다. 교사들은 튜터들을 적절히 훈련시킬 시간을 확보해야 한다. 특히 3단계 과제들에 있어서 튜터 훈련은 또래교수의 성공에 매우 중요하며, 만일 튜터가 훈련을 전혀 받지 않은 상태로 복잡한 과제에 투입된다면 어떠한 긍정적인 결과도 얻을 수 없을 것이다.

어떤 학생이 튜터가 되어야 하는가?

튜터는 교사의 학급, 학교 또는 가까운 다른 학교 등 다양한 원천을 통해 구할 수 있다. 한 예로, 많은 교사들은 튜터를 희망하는 학생이 있는지 교무실에 문의하여 튜터를 구하기도 한다. 또한 상담교사는 한 학기 동안 튜터로 봉사하고자 하는 몇몇 학생들의 지원을 받을 수 있다. 이 학생들은 1단계 과제들을 보조하는 것으로 또래교수 활동을 즉시 시작하게 될 것이며, 짧은 관찰훈련을 통해 2단계 과제들의 보조로 시작할 수도 있을 것이다.

몇몇 연구는 학습장애 학생이 다른 일반 학생이나 장애 학생을 또래교수 하도록 하여 그 효과를 검증했다(Fulk & King, 2001; Top & Osguthorpe, 1987). 그러므로 일반학급이건 특수학급이건 간에 적어도 한 명의 잠재적 튜터는 존재하고 있는 것이다. 이러한 잠재적 튜터 인력 풀을 사용하여 교사는 우선 간단하게 일대일 단일 과제 형태의 또래교수를 실시할 수 있다. 많은 교사들은 처음에는 제한적으로 또래교수를 시작해서 점차 더 많은 학생들과 더 복잡한 과제들로 확대시켜 나간다. 또래교수는 당연히 학급 전체를 위한 훈련으로 쉽게 확대될 수 있는데, 이 장의 후반부에는 전(全)학급 또래교수를 적용하기 위한 몇 가지 계획들에 대해 언급할 것이다.

앞서 언급했듯이 교실에는 잠재적 튜터가 존재한다. 따라서 또래교수는 오늘날 거의 모든 학급에서 실현 가능할 것이다. 만약 당신이 당신의 학급에서 차별화 교수를 하고자 한다면, 그리고 어떠한 형태의 또래교수 시스템도 갖추고 있지 않다면, 이제 시작해 보아야 한다. 가장 간단한 방법은 수업 중에 학생들이 다른 학생들을 가르치도록 하는 것이다. 학습장애 학생들을 튜터로 활용하는 것이 효과적이라고 연구들은 지지하고 있지만, 이 형태의 또래교수 시스템은 튜터-튜티 간의 상호작용에 대한 좀 더 적극적인 모니터링을 필요로 한다(Fulk & King, 2001; Maher, 1982, 1984; Scruggs, Mastropieri, Veit, & Osguthorpe, 1986). 하지만 별다른 훈련 없이도 학습장애 학생들은 학급의 다른 학생들을 도울 수 있으며, 이것은 학습장애 학생의 자아개념을 향상시키고 또래 간의 상호작용을 증진시키는 등 많은 이점들을 지닌다. 2단계나 3단계 과제들을 부여하기 전 대부분의 학생들은 1단계 과제를 성공적으로 수행할 수 있다 하더라도, 교사는 주어진 수업을 튜터가 완수할 수 있도록 계획된 수업자료와 또래교수 방법에 대해 훈련해야 한다.

> 어떤 과제들은 잘못 실행되면 학생들의 발달에 매우 부정적인 영향을 미칠 수 있기 때문에 이러한 과제는 교사에 의해서만 실행되어야 한다.

또한 교사들은 튜터와 튜티의 성별을 고려해야 한다. 특정 연령(일반적으로 1~5학년-사춘기의 초기 연령)에서는 성별이 서로 다른 아동들이 사회적으로 잘 융합되지 않기 때문에 교사들은 남학생에게는 남자 튜터를, 여학생에게는 여자 튜터를 배정하려 할 것이다. 그러나, 이 연령대 이상에서도 성별은 여전히 고려해야 할 사항이다(즉 누구끼리 친구인지 또는 데이트하고 있는지를 알아야 한다). 만약 교사가 학생들 서로에게 이로울 것이라 판단되는 경우 서로 다른 성별끼리 짝을 지어 또래교수를 실시하는 것도 바람직하다. 또한, 교사는 또래교 수를 주고받는 각 학생의 사회적 선호도를 고려할 필요가 있을 것이다. 교사는 가능하다면 함께 공부해 본 적이 있는 학생과 짝을 지어줘야 한다. 이러한 기준에서 선정된 튜터는 바로 1단계 과제들을 수행할 수 있다. 교사는 또래교수 시스템에 대해 완벽하게 통제해 나가야 할 것이며, 튜터들이 교수상황에서 잘못된 행동을 하거나 혹은 또래교수의 책임 한도를 넘어서 면 따로 불러 주의를 주어야 할 것이다.

모든 단계의 또래교수 프로그램에서 튜터에게 강조해야 할 가장 중요한 사항은 기밀 유지 에 관한 것이다. 튜터들은 교실 밖에서 학생의 학습과 관련된 이야기를 해서는 안 될 뿐만 아니라, 또래교수를 하는 동안 튜티가 하는 학업적인 실수에 대해 놀려서도 안 된다는 것을 명심해야 한다. 어떤 교사들은 '또래교수 계약서'를 만들어 튜터들이 또래교수에 참여하기 전 에 서명하도록 한다. 이 계약서에는 또래교수의 기대 수준, 또래교수 위임 기간(이 장의 제2 저자는 또래교수 계약서에 등급화된 기간 위임을 사용했다), 그리고 비밀 보장에 관한 조항 들이 포함되어야 한다.

만약 학생이 계약서에 서명을 하려 하지 않거나 계약을 충실히 따르지 않는다면, 다른 튜 터를 찾아야 한다.

튜터 훈련하기

앞서 언급했듯이, 튜터들에게 할당되는 과제 수준은 그들에게 제공되어야 하는 훈련의 유형 과 직접적인 관련이 있다. 1단계의 과제들은 어떤 또래교수라도 시작 첫 날 바로 배정될 수 있는 반면, 3단계 과제들은 복잡한 훈련을 필요로 한다. 또래교 수를 실행하는 데 있어서 최소한 3가지의 훈련 옵션들이 있다. 첫째, 2단계 과제를 수행하는 많은 튜터들을 위한 훈련과정으 로는 한 번의 관찰과 관찰에 대한 비판적인 검토/보고 시간을

> 모든 단계의 또래교수 프로그램에서 튜 터에게 강조해야 할 가장 중요한 사항 은 기밀 유지에 관한 것이다.

갖는 것으로 충분할 것이다. 이것은 일반적으로 학급 교사가 다른 아동을 한두 번 교수하는 동안 튜터로 하여금 그 교사를 관찰하도록 하는 것이다. 이렇게 할 때마다 교사는 튜터가 자 신의 역할을 이해하는지를 확인하기 위해 튜터에게 관찰한 것을 보고하도록 해야 한다. Delquadri, Greenwood, Whorton, Carta & Hall(1986)은 이러한 유형의 훈련을 추천했다.

튜터에 대한 더 많은 훈련을 필요로 하는 수준인 3단계 과제들을 위한 훈련은 수업 외의 시간을 필요로 한다. 한 예로, 또래교사가 사전 조직자(advance organizer)를 사용한 읽기 과 제 또래교수를 실시하고자 한다면, 또래교수에 앞서 며칠 동안 학급 교사가 사전 조직자를 사용해 수업하는 것을 튜터에게 관찰하도록 할 수 있을 것이다. 그런 다음 교사는 수업 후에

튜터와 함께 사전 읽기 활동인 사전 조직자와 관련하여 질문을 주고받으며, 사전 조직자의 개념에 대해 토의할 수 있을 것이다. 마지막으로, 교사는 예비 튜터와 역할극을 할 수 있는데, 이때 예비 튜터에게 사전 조직자를 활용하여 학급 교사에게 '교수'해 보도록 하게 할 것이다. 그 후에, 교사는 예비 튜터에게 자신의 과제수행에 대해 보고하도록 하고 학생들의 수행에 대해 비평을 하게 된다. 이러한 훈련 유형의 장점은 훈련된 튜터가 훈련이 덜 된 튜터에 비해 수업의 더 많은 측면을 수행할 수 있다는 것이다.

가장 높은 수준의 튜터 훈련은 보충수업 집중훈련이다. 예를 들어 또래교사가 학습전략 교수방법의 목적을 이해하도록 하기 위해, 교사는 교수관찰이나 역할극에 앞서 튜터에게 학습전략에 관한 자료를 읽어보게 할 수 있을 것이다. 또한, 튜터가 교사의 학습전략 수업을 관찰할 준비가 되었다고 간주하기에 앞서 이러한 자료들을 튜터와 함께 살펴보기 위한 보충 시간이 필요할 수도 있을 것이다. 또래교수와 관련된 대부분의 연구는 또래교수의 시작 단계에서 보충수업 훈련시간을 갖게 하는 튜터 훈련 모델들을 사용해 왔다(Fuchs et al., 2001; Lazerson, Foster, Brown, & Hummel, 1988; Russell & Ford, 1984). 예를 들어 Russell과 Ford(1984)는 또래교수 프로그램의 시행에 앞서 세 시간 동안 튜터를 훈련시켰다. Beirne-Smith(1991)는 튜터로 하여금 학습장애 학생들에게 수학을 가르치도록 준비시키기 위해 좀 더 집중적인 튜터 훈련을 실시했다. 이 연구자는 튜터를 위해 45분짜리 수업을 두 차례 가졌으며, 각 수업 시간 동안 튜터들에게 두 가지의 서로 다른 교수방법들을 훈련시켰다. 명확한 것은 튜터가 수행해야 하는 과제의 수준은 필요한 훈련의 유형과 범위를 결정한다는 점이고, 2단계와 3단계 과제는 훨씬 더 많은 훈련을 필요로 한다는 점이다.

마지막으로, 만약 3단계 과제의 수행을 위해 광범위한 훈련이 필요하다면, 튜터의 교수 진행이 표준화될 수 있도록 튜터가 수행해야 할 일련의 교수사항들이 상세히 문서화되어야 한다. 문헌들에는 튜터를 위한 스크립트 수업에 대한 예제들이 많이 제시되어 있다. 수업 가이드 5.2는 Beirne-Smith(1991)가 튜터 훈련에 사용했던 일련의 교수사항들을 제시하고 있다.

튜터와의 의사소통

만약 튜터가 단순히 1단계 과제들을 수행한다면, 또래교수를 받는 튜티의 학습진전에 대한 구조적인 의견교환은 거의 필요하지 않을 것이다. 왜냐하면 또래교수를 받는 학생의 학습진전은 대체로 교정된 수업 활동지나 점수의 형태로 나타나기 때문이다. 이들 튜터들은 단순히 교사가 정해준 활동들을 시행하고, 이러한 활동들은 일반적으로 수업 진행 중에 이루어지게 된다. 하지만 또래교수 결과가 하나의 활동지에 나타나지 않거나 나타낼 수 없는 경우들도 있다. 이런 경우 교사는 문서 기록과 같이 과제에 대한 학생

> 튜터들에게 할당되는 과제 수준은 그들에게 제공되어야하는 훈련의 유형과 직접적인 관련이 있다.

의 영구적인 성과물(예를 들면 튜터가 점수 매긴 활동지의 수집)을 요구하는 방식으로 또래교수를 구성해야 한다. 이것은 교사가 학생들의 학습진전을 모니터하고 적합한 교수계획을 수립하도록 해준다.

그러나 튜터가 교수적 수준 2단계와 3단계 과제를 수행하도록 훈련되는 상황에서는(또는 두 명 이상의 교사들이 튜터를 직접 지도할 수 있는 통합학급들에서는) 학생들의 학습진전에 관한 부수적이고 좀 더 구조화된 의견교환이 필요할 수 있다. 예를 들어 많은 교사들은 튜터에게 한 학생과 함께 과제를 수행하는 매일 특별한 시간대를 지정한다(예를 들면 매일 수업시간의 첫 15분 동안, 튜터는 Billy와 함께 철자법 연습을 하도록 지정할 것이다). 분명, 튜터와 교사들 간에는 Billy의 수행에 관한 여러 형태의 일일 단위 의견 교환이 필요하다. 한 가지 옵션은 한 단락 정도로 일일 수업을 요약하게 하고, 여기에 그날 발생한 오류 수와 유형을 적게 하는 것이다. 이것은 학생들의 수업 활동지 복사본과 함께 교사에게 제출된다.

2단계와 3단계 또래교수 과제들에 있어서의 마지막 옵션으로, 많은 연구자들은 여러 형태의 일일 수행 차트를 추천했다(Greenwood, 1991; Maheady et al., 1988; Mortweet, Utley, Walker, Dawson, Delquadri, Reddy, & Greenwood, 1999). 학생들의 수행 정도를 차트화하

는 것은 매우 유용하며, 차트는 그 자체가 많은 아동들에게 성공적인 수행을 위한 강화제 역할을 한다. 이와 같은 이유로, 거의 모든 또래교수 연구에서는 각각의 또래교수 회기를 한 단위로 하는 차트화된 수행 측정 방법을 사용하고 있다. 어떠한 경우에도 학급에서 이루어지는 모든 교수에 대한 책임은 교사에게 있으며, 따라서 학생들의 학습진전에 대한 모든 정보는 교사에게 전달되어야 한다는 점을 또래교수에 참여하는 모든 튜터에게 강조해 주어야 한다. 그리고 교사들에게 이러한 정보가 제공될 수 있도록 해주는 구체적인 의견교환 방식이 자리 잡힐 필요가 있을 것이다.

또래교수 시스템의 도입

앞서 논의된 네 가지 중요한 고려 사항들이 당신의 또래교수 프로그램의 성패를 결정짓는 요인이 될 것이다ー누가 또래교수를 할 것인가? 튜터가 담당하는 과제, 튜터 훈련, 그리고 튜터와의 의견교환. 물론 이 모든 점들은 서로 관련되고, 일단 교사가 이러한 요인들에 대해 결정을 하고 나면 또래교수 전략이 준비될 것이다. 또래교수 시스템을 시작하기 위한 단계들은 수업 가이드 5.3에 제시되어 있다.

이들 단계들은 학교의 다른 학생들(즉 교사의 학급이 아닌 다른 학급의 학생들)이 튜터로서 활용되고 있는 또래교수 시스템을 바탕으로 하고 있다. 이 또래교수 시스템의 개시는 다소 복잡하다. 그러므로 만약 교사들이 이것을 실행할 수 있다면, 그들 자신의 학급 학생을 튜터로 활용하는 또래교수 시스템은 쉽게 시작할 수 있을 것이다. 또한 이 점검사항들의 대부분은 각 유형의 또래교수 시스템을 개시하는 동안에 살펴보아야 할 것들이다.

학생들로 하여금 과제를 직접 나누어 주게 하면 여러 가지로 도움이 된다.

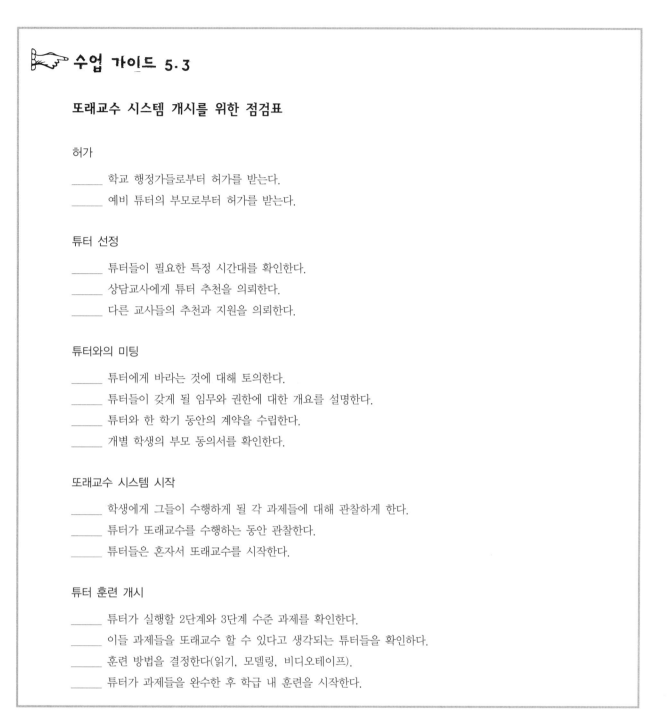

☞ **수업 가이드 5.3**

또래교수 시스템 개시를 위한 점검표

허가

_____ 학교 행정가들로부터 허가를 받는다.
_____ 예비 튜터의 부모로부터 허가를 받는다.

튜터 선정

_____ 튜터들이 필요한 특정 시간대를 확인한다.
_____ 상담교사에게 튜터 추천을 의뢰한다.
_____ 다른 교사들의 추천과 지원을 의뢰한다.

튜터와의 미팅

_____ 튜터에게 바라는 것에 대해 토의한다.
_____ 튜터들이 갖게 될 임무와 권한에 대한 개요를 설명한다.
_____ 튜터와 한 학기 동안의 계약을 수립한다.
_____ 개별 학생의 부모 동의서를 확인한다.

또래교수 시스템 시작

_____ 학생에게 그들이 수행하게 될 각 과제들에 대해 관찰하게 한다.
_____ 튜터가 또래교수를 수행하는 동안 관찰한다.
_____ 튜터들은 혼자서 또래교수를 시작한다.

튜터 훈련 개시

_____ 튜터가 실행할 2단계와 3단계 수준 과제를 확인한다.
_____ 이들 과제들을 또래교수 할 수 있다고 생각되는 튜터들을 확인하다.
_____ 훈련 방법을 결정한다(읽기, 모델링, 비디오테이프).
_____ 튜터가 과제들을 완수한 후 학급 내 훈련을 시작한다.

출처 : Bender, W. (2002). *Differentiating instruction for Students with Learning Disabilities.* ⓒ Corwin Press, Inc.

　　우선, 학교 교장 또는 해당 지역의 특수교육 분과장과 같은 학교 행정가들로부터 허가를 얻어야 할 것이다. 교사들은 장애 학생들을 위한 튜터의 활용 효과에 대한 연구발표물이나 문헌목록(이 장 전반에 걸쳐 인용된 목록)을 이들 행정가에게 제시할 수도 있을 것이다.
　　특히, 또래교수에 대한 한 가지 걱정거리는 또래교수의 실행으로 튜터의 시간이 낭비될 수도 있다는 것이며, 이러한 점이 참작되어야 한다. 다른 교사들뿐만 아니라 많은 튜터의 부모들도 이에 대해 염려할 것이다! 물론, 또래교수 관련 연구는 이러한 염려를 잠재울 것이다. 연구들은 일반적으로 또래교수 프로그램이 이 프로그램에 포함된 모든 사람들에게 꽤 유용하다는 것을 보여주고 있다. 특히, 튜터와 또래교수를 받는 튜티들 모두 학습을 더 잘 하고, 학업에 관한 태도가 개선되었는데, 이러한 결과들은 수년에 걸쳐 반복적으로 보여지고 있다 (Beirne-Smith, 1991; Fulk & King, 2001; Greenwood, 1991; Maheady et al., 1988; Sasso, Mitchell, & Struthers, 1986; Scruggs & Richter, 1985).

둘째, 교사들은 누가 튜티가 될 수 있는지에 대해 상담교사와 논의해야 한다. 예를 들면 상담교사는 예비 튜터들 중 잠재적 행동문제를 가진 학생들을 식별할 수 있을 것이다. 마찬가지로, 이들 상담교사는 매우 유능한 튜터가 될 것 같은 학생들을 분류해 낼 수 있을 것이다. 만약 학교에 '미래의 교사클럽'이나 이와 유사한 동아리가 있다면, 교사는 이들 동아리에 자원 봉사자들을 요청할 수도 있을 것이다.

셋째, 교사들은 그들이 처음 활용하고자 하는 수보다 많은 수의 튜터들을 선별해야 한다. 이것을 통해 예비 튜터 재원이 확보될 것이다. 그런 다음 교사는 예비 튜터들을 만나 계획된 튜터직과 책임들을 설명해 준 후 그들의 협조를 이끌어 내야 한다. 프로그램에 대해 듣고 난 후 몇몇 예비 튜터들은 프로그램 참여를 거부할 수도 있는데, 만일 처음에 적정 수보다 많은 튜터를 선별해 놓았다면 큰 문제가 되지 않을 것이다. 튜터들은 최소한 한 학기 동안 튜터로 활동한다는 동의서에 서명해야 하고, 모든 튜터는 약정 기간이 끝난 후 프로그램에 계속 잔류하지 않을 수 있는 선택권이 있음을 알아야 한다. 학생이 동의서에 서명하고 나면, 교사는 예비 튜터 부모에게 또래교수 시스템과 자녀가 튜터로 참여하는 시간, 그리고 튜터의 이점에 대해 설명하는 부모 동의서를 보내게 될 것이다. 호혜적이지 못한 또래교수의 본질상, 교사들은 반드시 학부모 동의를 받은 이후에야 그들의 자녀를 튜터로 활용할 수 있다.

넷째, 또래교수 첫날에는 1단계 수준의 과제들로 또래교수를 시작한다. 일반적으로 학교의 모든 학생들은 정답이 제공되면 수업 활동지를 점검할 수 있다. 또래교수 프로그램 첫 주의 1단계 수준 과제는 교사로 하여금 튜터와 학습장애 학생 간의 관계를 관찰할 수 있게 한다. 이 시점에서 교사는 1단계 수준 과제들에서만 활용될 튜터와, 더 많은 훈련이 필요한 2단계와 3단계 수준 과제들을 수행할 튜터를 선정할 수도 있을 것이다. 이러한 결정들은 튜터들이 초기 또래교수를 실시하는 것을 교사가 관찰함으로써 가능할 것이다. 드물긴 하지만 교사들이 몇몇 학생들에게는 모든 사람들이 교사나 튜터가 될 자질을 가진 것은 아니라는 설명과 함께 또래교수 프로그램을 그만두도록 권고해야만 할 경우도 있을 수 있다. 하지만 이러한 경우는 상당히 드물게 일어나야만 한다.

마지막으로, 교사는 어떤 학생들을 좀 더 복잡한 과제에 활용할 것인가를 결정한 후, 이들에게 1년 동안의 위임에 대해 문의할 수 있을 것이다. 단, 한 학기 후에 또래교수를 그만두고자 하는 튜터에게 광범위한 또래교수 훈련을 제공할 이유는 거의 없다. 몇몇 튜터들이 더 오랜 기간에 걸친 또래교수를 하고자 하는 열정을 표명하면, 사전 조직자와 다른 복잡한 교수 전략 사용에 관한 튜터의 이해를 도모하고자 더 방대한 훈련 회

기를 준비한다. 이전에 논의되었듯이, 교사들은 수업 모델링, 필수적인 읽기 자료, 그리고 스크립트 수업들을 혼합하여 훈련의 기반으로 사용할 수 있다.

>>>> 전학급 또래교수

또래교수는 차별화된 교실에서 학습장애 학생들을 보조할 수 있는 가장 효과적인 방법 중 하나이며, 학습장애 학생들이 받는 교수의 질과 양을 증가시킬 수 있다. 더욱이, 연구들은 튜터들과 튜티들 모두에게 긍정적 결과를 가져오는 또래교수를 강력히 지지해 왔다. 이 때문에 과거 10년간 또래교수에 관한 연구는 증가되어 왔으며, 전체 학급에서의 좀 더 포괄적인 형태의 또래교수법들이 개발되었다. 이렇게 새롭게 개발된 시스템 중 하나가 1980년대에 Charles Greenwood와 그의 동료들에 의해 개발된 전학급 또래교수(classwide peer tutoring, CWPT)이다(Greenwood, 1991; Mortweet, Utley, Walker, Dawson, Delquadri, Reddy, & Greenwood, 1999; Utley, Mortweet, & Greenwood, 1997). 이 프로그램은 고 위험 학생들과 학습장애 학생들을 포함한 여러 장애 학생들을 위한 통합 전략으로 성공적으로 사용되었으며, 통합학급에서 매우 잘 활용된다. 더욱이, CWPT는 읽기, 어휘, 철자, 수학과 같은 많은 내용교과목들에서 사용될 수 있다. 이렇듯 CWPT는 다방면에서 쓰일 수 있다는 장점을 지니므로 모든 통합학급에서 적용할 수 있는 하나의 전략으로 고려되어야 한다.

CWPT는 본질적으로 호혜적이며, 앞서 논의된 또래교수와는 달리 모든 학생들이 서로 튜터와 튜티가 될 것이다. 다시 강조하지만, 이같은 점 때문에 CWPT 접근은 특히 통합학급에서 적절하다. CWPT 회기 동안 모든 학생은 짝지어지고, 이들 한 쌍은 두 개의 경쟁팀에 한 명씩 배정된다. 처음에 튜터를 맡은 학생은 미리 선정된 교재들을 활용할 것이고, 또래교수를 받는 학생에게 문제들을 불러 줄 것이다. 약 10분 후인 각각의 또래교수 회기 중간에 교사는 학생들에게 역할을 바꾸도록 신호를 보낸다. 튜터는 또래교수를 받는 튜티가 되고 튜티는 튜터가 된다.

또래교수를 받는 튜티들은 튜터에 의해 주어진 특정 과제에 정확하게 답함으로써 자기 팀을 위한 점수를 획득하게 되고(Utley et al., 1997), 가장 많은 점수를 받은 팀이 승리한다. 우승 팀은 각 팀의 전체 점수에 기초하여 하루 단위 또는 주 단위로 결정될 수 있다. 이 프로그

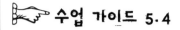 **수업 가이드 5.4**

CWPT 철자 수업

또래교수를 시작하기 위해 한 학생이 첫 번째 튜터로 임명되고, 튜티에게 가르칠 철자 단어 목록이 제공된다. 그런 다음 튜터는 또래교수를 받는 튜티가 쓸 단어를 불러줌으로써 교수항목을 구두로 표현하고, 튜티는 단어를 정확하게 써야 한다. 만약 답이 맞다면, 튜터는 답안 반응지에 2점을 부여한다. 튜터는 목록의 다음 단어를 불러주고 10분이 경과할 때까지 단어를 계속 불러준다.

만약 답이 틀리면 다음과 같은 오류교정 절차를 시행한다. 첫째, 튜터는 단어 철자를 큰소리로 말해주거나 단어를 정확하게 적어줌으로써 튜티에게 정확한 답을 제공한다. 다음으로, 튜터는 튜티에게 단어를 세 번 정확하게 쓰게 할 것이다. 최종적으로, 튜터는 튜티가 단어를 세 번 정확하게 쓴 것에 대해 1점을 준다. 만약 튜티가 단어를 3번 정확하게 쓰는 데 실패한다면, 튜터는 구두로, 그리고 시각적으로 튜티에게 정확한 답을 제공한 후 다음 문항으로 넘어가며, 점수는 주지 않는다(Arreaga-Mayer, 1998).

10분간의 또래교수 후, 교사는 시간이 되었음을 알리고 학생들은 역할을 바꾼다. 또래교수를 받을 새로운 학생들을 위해 미리 선정된 철자 단어 목록이 주어지고, 이전에 또래교수를 받은 학생들이 새로운 튜터가 되어 다음 10분 동안 위와 똑같은 절차를 따른다. 20분이 경과한 후 이러한 호혜적인 또래교수가 끝나면, 학생들은 그들의 전체 점수를 교사에게 보고한다. 교사는 팀 차트에 점수를 기록한다. 전체 점수가 비교되고, 이긴 팀에게는 승리에 대해 박수를 쳐주고, 진 팀에게는 그들의 노력에 대해 박수를 쳐준다.

램의 또 다른 강점은 튜터와 튜티의 역할에 있다. 즉 튜터가 또래교수를 받는 학생들에게 신속하게 그리고 일관된 형식으로 질문들이나 문제들을 주도록 고도로 구조화되어 있다는 것이다. 이러한 활동을 통해 튜티의 과제집중력은 증가하게 되고, 이러한 결과는 이 전략이 특히 학습장애 학생들을 위한 차별화 교수 전략으로 효과적임을 입증하는 것이다. 더욱이, 모든 학생은 이 과정 동안 유능한 튜터로 훈련되며, 같은 회기 동안 모든 학생은 같은 과제에 대해 교수를 주고받으므로 교수의 일관성이 보장된다(Greenwood, 1991; Maheady et al., 1988; Mortweet, Utley, Walker, Dawson, Delquadri, Reddy, & Greenwood, 1999). CWPT 철자 수업의 좀 더 상세한 예가 수업 가이드 5.4에 제시되어 있다.

 반성적 과제 : CWPT 계획하기

CWPT 시스템을 수립하는 것은 꽤 일이 많아 보일 수 있지만, 이 시스템을 수립했던 교사들은 CWPT를 한 번 실행하고 나면, 이러한 방식의 수업을 진행하는 데 있어 그들의 부담이 상당히 경감된다고 한다. 당신이 읽기 수업에서 이러한 형태의 교수 시스템을 어떻게 실행할지 생각해 보라. 우선, 각 학생들에게 적합한 읽기 수준을 정하고 여러 읽기 독해 과제를 선정하라. CWPT 시스템을 실행하기 위한 다음 단계는 무엇인가? 이 전략을 자신의 수업 상황에 적용할 수 있다고 보는가?

CWPT에서 교사의 역할

CWPT는 일반학급에 있는 모든 학생이 동시에 또래교수에 참여하는 시스템이지만, 교사의 역할은 여전히 중요하다. CWPT를 시작하기에 앞서, 교사는 하루 그리고 일주일 단위로 교과 내용을 조직하고, 그런 후 학생들에 의해 활용될 자료들을 구성한다. 수업은 개별적으로 계획되고, 각 학생들은 자신의 교육 수준에 해당되는 철자 쓰기, 읽기, 수학, 말하기 과제를 받는다. 많은 학생들이 다양한 교수적 요구를 가지고 있으므로 이를 준비하는 데 약간의 시간이 소요될 것이다. 그러나 이러한 교과내용의 조직화는 교사에게 특정 학습자들의 학습 스타일과 요구에 기초하여, 특히 차별화된 교수를 할 수 있게 한다.

일단 교과내용 조직화되면, 또래교수 훈련은 학급 내 모든 튜터들과 튜티들에게 동시 다발적으로 이루어지는데(Arreaga-Mayer, 1998; Greenwood, 1991; Maheady et al., 1988; Mortweet, Utley, Walker, Dawson, Delquadri, Reddy, & Greenwood, 1999), 이것이 일반학급 내에서 CWPT가 갖는 주요 장점이다. 이 절차는 교사들에게 CWPT 회기 동안 모든 학생의 반응을 관리 감독해야 하는 역할을 면하게 해줄 것이다.

교사가 3단계 수준 과제들에 대해 CWPT를 활용하고자 한다면, 앞서 기술한 것처럼 실습과 모델링을 통해 학생들을 훈련하여야 한다. 교사는 이긴 팀, 점수, 또래교수법에 대한 토의를 통해 이 '게임'(또래교수)이 어떻게 진행되는지 설명하면서 훈련을 시작한다. 학생들에게 다양한 유형의 활동을 위한 수업 활동지와 점수 기록지를 소개한다. 또래교수 회기 동안 스포츠맨십의 개념이 강조되어야 한다. 그런 뒤, 교사는 한 학생에게 또래교수를 받는 튜티로서 과제를 수행하는 역할을 하게 하고, 교사 스스로는 튜터의 역할을 함으로써 시범을 보인다. 점수를 주는 것뿐만 아니라 적절한 오류교정 절차도 시범된다. 그런 다음 교사는 추가로 두 명의 학생을 골라 학급 앞에서 또래교수 절차를 모델링해 보도록 시키고, 다른 학생들은 이것을 관찰한다. 교사는 이에 대한 피드백을 제공한다. 여러 차례의 시범이 끝나면 모든 학급 학생들에게 이 또래교수 절차를 실습시킨다(Arreaga-Mayer, 1998). 실질적인 CWPT는 그 다음 날 시작될 수 있을 것이다.

훈련 단계를 마치고 실질적인 CWPT가 진행되는 동안, 교사의 역할은 또래교수 회기를 모니터하는 것이다. 교사는 또래교수의 질을 평가하고, 필요할 경우 교수절차를 수정한다. 그리고 튜터들에게는 정확한 교수행동의 대가로 보너스 점수를 줄 수

> 수업은 개별적으로 계획되고, 각 학생들은 자신의 교육 수준에 해당되는 철자 쓰기, 읽기, 수학, 말하기 과제를 받는다.

있다. 이렇듯 전통적인 강의나 토의 주도 역할보다는 모니터링 역할을 하면서, 교사는 학생들의 도움 요청에 대해 즉각적으로 반응할 수 있게 된다. 다시 말해, 또래교수를 통해 교사들이 좀 더 자유롭게 반응할 수 있고 학급 학생의 절반이 또래교수를 제공하고 있는 상태이

기 때문에 그 결과로 일반학급에서 학습장애 학생들을 위해 제공되는 교육시간이 증가할 수 있게 된다. 더욱이, 교사가 또래교수를 세심하게 모니터링하기 때문에 CWPT는 학생들에게 더 높은 수준의 내용을 학습할 수 있게 해주는 시스템이 된다. CWPT에 참여하는 학생들은 보통 과제를 학습하는 데 수업의 75~95%를 사용하고, 학습장애 학생들의 과제집중시간 역시 다른 어떤 교육적 노력보다도 상당히 길다(Utley et al., 1997).

> 교사는 또래교수의 질을 평가하고, 필요할 경우 교수절차를 수정할 것이다. 그리고 튜터에게는 정확한 교수행동의 대가로 보너스 점수를 줄 수 있을 것이다.

CWPT는 다양한 교과 영역에서 초등학교와 고등학교 수준 모두에 효율적이라고 밝혀지고 있다. 예를 들어 초등학교 수준에서 CWPT는 전통적인 교수를 보충하고, 자습, 강의 및 구두 읽기 집단활동을 대체하기 위해 계획된다. 중등학교 이상 수준에서 CWPT는 대개 연습, 기술훈련, 그리고 교과내용의 재검토에 초점을 맞추고 있다. 또한 훈련 수준과 시스템 수준에서의 CWPT 절차들은 학교 전체 규모의 또래교수 시스템 실행을 지원하기 위해 사용될 수 있다(Mortweet, Utley, Walker, Dawson, Delquadri, Reddy, & Greenwood, 1999; Utley et al., 1997).

CWPT의 장점

이 시스템은 많은 장점을 가지고 있어 특히 통합학급에서 효과적이다. 첫째, CWPT는 교사가 만든 교수자료나 시중에 판매되는 교육과정 자료들과 같이 활용될 수 있다. 그러므로 CWPT를 활용하기 위해 특정 자료를 반드시 '구매해야' 할 필요가 없다. 다음으로, CWPT는 교수절차 속에서 학급또래집단의 광범위한 도움과 영향을 받게 되는데, 즉 또래교수에 관련된 학생들의 연령에 따라서는 이것이 하나의 강력한 교수방법이 될 수 있다. 학생들은 서로에게서 많은 것을 배울 수 있다. 오늘날 학급교사들은 또래교수를 통해 다른 학생들로부터 학생이 학습할 수 있다는 것을 장점으로 충분히 활용할 수 있어야 한다.

> CWPT에 참여하는 학생들은 보통 과제를 학습하는 데 수업의 75~95%를 사용하고, 학습장애 학생들의 과제집중시간 역시 다른 어떤 교육적 노력보다도 상당히 길다.

다음으로, CWPT의 개별 학생에 대한 보상체계는 학생 자신의 수행뿐만 아니라 팀의 다른 구성원들의 수행에 의해서도 좌우된다. 이것은 학습장애 학생들의 사회적 상호작용 가능성을 강화한다는 장점을 제공한다. 튜터-튜티 간 조합을 주 단위로 바꾸고 또래교수에서의 역할을 서로 바꿈으로써 학생들의 학습동기를 유지시키고, 전통적인 수업방식에서는 일어나기 힘든 다양한 사회적 상호작용의 기회를 마련해 준다. 각 학생은 또한 교사의 역할로 요구되는 교수기술들을 학습할 기회를 갖게 된다(Mortweet, Utley, Walker, Dawson, Delquadri, Reddy, & Greenwood, 1999; Utley et al., 1997).

여러 연구들은 CWPT의 사용이 학습장애 학생들과 다른 장애 학생들에게 긍정적인 결과들을 가져온다고 보고하고 있다(Greenwood, 1991; Greenwood, Delquadri, & Hall, 1989; Maheady et al., 1988; Mortweet, Utley, Walker, Dawson, Delquadri, Reddy, & Greenwood, 1999; Utley et al., 1997). 예를 들어 Maheady 등(1998)은 경도장애 학생들을 위한 중등학교 특수학급 프로그램으로 CWPT 시스템을 적용한 것에 대해 보고했다. 특수학급에 입급되어 있는 14명의 남학생과 6명의 여학생, 총 20명의 경도장애 학생(학습장애, 행동장애, 또는 경도 정신지체 학생)들은 두 가지 방식의 교수환경에 배치되었다. 학생들은 하루에 약 4번, 각 45분씩 특수학급에 출석했고, 읽기, 수학, 사회, 그리고 일상생활 기술들에 대한 교수를 받았다. CWPT가 학생의 주 단위 사회교과 시험에서의 수행에 미치는 효과를 검증하기 위해 교사 주도 수업과 CWPT 두 교수환경에 대한 중재철회설계를 사용하여 평가했다. 기초선을 수립하기 위해 연구자들은 교사에게 전통적인 교수 방식으로 학급을 지도하게 했다. 이 수업은 교사 주도의 강의와 토의, 미디어 상영, 개인 자습 등으로 이루어졌다. 전학급 또래교수는 연구 4주째에 소개되었다. 이 주 동안에

> CWPT는 교사가 만든 교육 자료들이나 상업적인 교육과정 자료들을 도입하여 활용될 수 있다. 그러므로 CWPT를 활용하기 위해 특정 교재를 구매 해야 할 필요가 없다.

는 새로운 학습자료가 이틀간의 교사 강의와 자습, 숙제에 이은 토의를 통해 소개되었다. CWPT는 부수적으로 주 2회, 하루 30분씩 실행되었다. 연구에서의 종속 변인은 주 단위 사회교과 퀴즈에서의 정답 백분율이었다. 연구 결과는 CWPT 프로그램이 경도장애 학생의 사회교과 시험 성과를 유의하게 향상시킨 것으로 나타났다. 통계자료를 면밀히 분석한 결과, 거의 모든 주제에서 퀴즈 점수는 CWPT 교수가 이루어지는 동안 90%를 상회했으며, 낙제점수를 받은 참가 학생은 거의 없었다.

Mortweet, Utley, Walker, Dawson, Delquadri, Reddy & Greenwood(1999)는 두 개의 통합학급 환경에서 경도장애 학생들과 또래들에 대한 CWPT의 학업적 효과에 대해 연구했다. 장애가 없는 것으로 진단된 25명의 학생과 2명의 경도 정신지체 학생이 각 학급에 배치되었다. 연구를 위한 자료는 각 학급 두 명의 경도 정신지체 학생들과 두 명의 비장애 또래들로부터 수집되었다. 총 4명의 경도정신지체학생들은 철자 수업, 친목활동 시간, 그리고 점심시간에 개별화교육 프로그램에 따라 일반학급에 포함되었다. CWPT와 교사 주도 교수에서의 철자 시험 수행 정도를 비교하기 위해 중재철회설계가 사용되었다. 각 대상 학생의 학습참여 비율은

> 튜터-튜티 간 조합을 주 단위로 바꾸고 또래교수에서의 역할을 서로 바꿈으로써 학생들의 학습동기를 유지시키고, 전통적인 방법으로 이루어지는 수업에서는 일어나기 힘든 다양한 사회적 상호작용의 기회를 마련해 준다.

매회 교사 주도 교수와 CWPT 조건하에서 관찰되었다. 두 학급에서 실시되는 철자 교수는 학년 수준 철자 교재를 활용하여 이루어졌으며, 교사에 의한 20분의 수업으로 구성되었다. 교사 주도 교수가 이루어지는 한 학급에서는 교사가 철자 교수를 위해 두 명에서 세 명의 학

생들로 이루어지는 소집단 과제와 개별 자습과제를 사용했다. 다른 학급의 교사는 교사 주도 교수를 하는 동안 철자 수업을 위해 주로 전체 학급 대상 강의와 철자 단어의 그림 플래시 카드를 활용했다. 각 학급의 CWPT 단계는 1991년 Greenwood가 사용한 CWPT 모델을 활용했다. 종속 변인의 측정은 주 단위 철자 시험에서의 성과와 학생들의 학습참여에 대한 직접관찰로 이루어졌다. 이 연구 결과, 교사 주도 교수 단계의 CWPT 단계에서 철자의 정확성은 증가되고 장애 학생의 과제집중 수준이 향상되어 더 효과적이라는 것을 보여주었다.

지금까지의 연구들은 읽기, 철자, 어휘 그리고 수학 영역에서의 CWPT 효과를 보여 주었다(Lazerson et al., 1988; Maheady et al., 1988; Mortweet, Utley, Walker, Dawson, Delquadri, Reddy, & Greenwood, 1999). 여러 연구들은 학습장애, 행동장애, 또는 경도 정신지체 학생들이 포함된 단일대상 연구설계와 실험-통제집단설계를 사용했고, 이 연구들 모두 긍정적인 결과들을 보여주었다. 더욱이 CWPT는 경도장애를 가진 중등학년 학생들과 통합환경의 장애 학생들에게 효과적이라고 보고되어 왔다(Maheady et al., 1988; Mortweet, Utley, Walker, Dawson, Delquadri, Reddy, & Greenwood, 1999). 분명한 것은, 이러한 또래교수 전략이 학습장애 학생들을 위해 많은 일반학급에서 실행되어야 한다는 점이다.

>>>• 또래 보조 학습전략

또래 보조 학습전략(peer-assisted learning strategies, PALS)은 1990년대 초기에 일반교육교사들에게 전체 학급을 위한 효과적이고, 실행 가능하며 환영받을 만한 중재를 제공하기 위해 개발된 또 하나의 고도로 구조화된 또래교수 시스템이다(Fuchs et al., 2001; Fulk & King, 2001; Utely et al., 1997). Fuchs, Fuchs, Hamlett, Phillips, & Bentz(1995)는 일반교육교사들이 학습장애 학생들의 독특한 요구들을 충족시켜 주기 위한 교수적 개선을 거의 실시하지 않는다는 것을 확인했다. 더욱이 이것은 교사들에게 개별 학생의 학습 향상 정도 혹은 향상 부족에 관한 정보가 빈번히 제공된 후의 경우였다. 일반교육교사들에게 통합학급에서 차별화된 교수 제공의 필요성을 강조하고, 이러한 차별화 수업을 제공하기 위해 전학급 또래교수 구조 내에서 교육과정중심 측정을 사용하도록 권했다(Utley et al., 1997). 교육과정중심 측정은 일일 교수과제에 대한 학생의 수행을 자주 측정하게 하는 것이다. 그러므로 교육과정중심 측정을 하는 동안, 학생들은 매일 점수를 얻기 위해 일일 과제를 완수하고, 그들의 학습진전 정도를 매일 차트에 기재해야 한다.

PALS는 전학급 또래교수의 개념에서 만들어졌지만, 컴퓨터화 된 교육과정중심 측정과 연관된 많은 다른 교수적 접근들을 포함하고 있다. 예를 들어 PALS를 활용하는 수학 교과에서

👉 수업 가이드 5.5

PALS 또래교수 수업

PALS는 파트너와 읽기, 단락 축소, 그리고 예상 릴레이라는 세 부분으로 구성되어 있다.

PALS를 활용한 읽기 수업에서, 각 학생은 10분 동안 큰소리로 읽는다. 비교적 높은 성취 수준의 학생이 수업에서 먼저 읽는다. 비교적 낮은 성취 수준의 학생은 같은 자료를 다시 읽는다. 읽기상의 오류가 발생할 때마다 튜터는 "잠깐. 너 그 단어를 빠뜨렸어. 그 단어가 뭔지 알겠니?" 하고 말한다. 글을 읽은 학생이 4초 이내에 그 단어를 생각해 내도록 한다. 그렇지 못하면 튜터가 그 단어를 말하고, 그 다음 글을 읽은 학생이 그 단어를 말한다. 그러면 튜터는 "잘했어. 문장을 다시 읽어봐." 라고 말한다. 학생들은 정확하게 읽은 각 문장에 대해 1점을 얻고 (단어 읽기에서의 교정이 요구된 경우, 1점은 문장을 정확하게 읽은 후에 주어진다), 이야기에 대해 다시 말하기에는 10점을 얻는다. 두 학생이 모두 읽은 후에, 비교적 낮은 성취 수준의 학생은 2분 동안 교재의 내용을 순서에 따라 다시 말한다(Fuchs, Fuchs, & Kazdan, 1999).

단락 축소(즉 단락 요약)에서는, 튜터들은 책을 읽은 학생들에게 단락이 누구 혹은 무엇에 관한 것인지, 그리고 그 누구와 무엇에 있어 가장 중요한 것이 무엇인지 물어봄으로써 주제를 확인하게 유도한다. 글을 읽은 학생은 이 두 가지 정보를 10단어 혹은 그 미만의 단어로 정리해야 한다. 튜터는 단락 요약에서의 오류가 발견하면 "조금 부족하네, 단락을 훑어보고 다시 해봐."라고 말한다. 학생은 단락을 훑어보고 놓친 질문에 답하고자 시도한다. 튜터는 점수를 줄 것인지 혹은 답을 가르쳐 줄 것인지에 대해 결정한다. 각각의 요약에 있어, 학생들은 누구 또는 무엇을 정확하게 확인한 것에 대해서는 1점을 얻고, 가장 중요한 것을 정확하게 진술하는 것에 1점을, 10단어나 그 미만의 단어를 활용한 것에 1점을 얻는다. 학생들이 계속 검토하고 읽기 오류들을 교정하더라도, 점수를 각 문장 단위로 주지는 않는다. 5분 후 학생들은 역할을 바꾼다(Fuchs et al., 1999).

예상 릴레이에서, 글을 읽은 학생에게 교재의 다음 반 페이지에서 무엇을 학습하게 될지에 대해 예상하게 한다. 튜터가 읽기 오류를 확인하여 교정해 주고, 학생의 예상을 확인하고, 그 반 페이지의 주제를 요약하는 동안, 또래교수를 받는 학생은 큰 소리로 그 반 페이지를 읽는다. 튜터는 예상이 현실적이지 않다고 판단했을 때에 "나는 아닌 것 같은데. 더 나은 것을 예상해 봐."라고 말한다. 그렇지 않다면, 단어 읽기와 단락 요약 교정 절차가 사용된다. 학생은 각각의 실현 가능한 예상마다 1점을, 각 반 페이지를 읽은 것에 1점, 정확하게 예상한 것마다 1점, 그리고 요약과 관련된 각각의 요소(즉 누구 혹은 무엇, 그리고 10단어 혹은 그보다 적은 단어로의 요약)마다 1점을 받는다. 5분 후에 학생들은 역할을 바꾼다(Fuchs et al., 1999).

교사는 전학급 교육과정중심 측정을 통해 특정 수학기술들에 대한 학생들의 학습에 대해 집단 진전도 보고와 개별 진전도 보고를 수집한다(Fuchs et al., 2001). 이것은 교사로 하여금 집단교수를 제공하면서 동시에 특정 학생들의 요구들을 해결해 줄 수 있게 한다. PALS 교수 회기는 수업 가이드 5.5에 설명되어 있다.

PALS의 효과를 살펴본 연구들은 읽기와 수학에서 PALS가 전통적인 교수에 비해 더 우수하다는 것을 설득력 있게 설명하고 있다(Fuchs et al., 2001; Fulk & King, 2001; Mathes, Fuchs, Fuchs, & Henley, 1994; Utley et al., 1997). 이 연구들에서는 학습장

> PALS의 효과를 살펴본 연구들은 읽기와 수학에서 PALS가 전통적인 교수에 비해 더 우수하다는 것을 설득력 있게 설명하고 있다.

애 학생과 비장애 학생 모두 같은 시간 동안 실시된 검사에서 PALS를 통해 훨씬 더 큰 학습 진전을 이루어낸 것으로 나타났다. 그리고 교사와 학생 모두 PALS에 대해 높은 만족도를 나타냈다(Fuchs et al., 2001; Mathes et al., 1994; Utley et al., 1997).

>>>• 결론

어떤 종류의 개별지도방식을 선택하든 간에, 또래교수는 차별화 학급에서 학습장애 학생들을 보조하기 위해 사용할 수 있는 가장 효과적인 기법 중의 하나이다. 이러한 방법을 활용하면서 교사들은 교수를 차별화할 수 있고, 일반학급의 장애 학생들을 포함한 많은 학생들의 교수적 요구에 대응해 나갈 수 있다. 관련 연구들은 위에 기술된 각각의 또래교수 방법론들을 강력하게 지지해 왔다. 튜터와 또래교수를 받는 튜티 모두 전통적인 교수보다 또래교수 환경하에서 더 많이 학습하고 학업에 더 많이 몰두한다.

다음 장에서는?

이 장은 일반교육교사들이 몇 가지 유형의 또래교수 시스템을 실행할 수 있도록 여러 또래교수 모델들에 대해 기술했다. 이러한 시스템은 일반적으로 학급에서 교사의 시간을 절약해 줄 것이고, 따라서 다양한 차별화 교수전략들을 실행할 수 있는 기회들을 더 마련해 줄 수 있다. 또한, 또래교수는 학습절차를 변화시키고 또래교수 과정의 결과로서 학생들 간의 유대 관계를 돈독하게 해준다. 다음 장에서는 차별화 교수의 세 가지 주요 요소의 마지막인, 학생들에 의해 생성된 성과물에 대한 평가의 차별화에 초점을 맞출 것이다.

6

수행평가를 통한 학생지원

이 장에 포함된 전략

✔ 교육과정중심 평가

✔ 정밀교수

✔ 수행평가

✔ 포트폴리오 평가

>>>• 학생의 수행에 대한 모니터링의 중요성

앞에서 언급한 바와 같이 일반학급의 학습장애 학생들은 다른 학생들보다 학습에 대해 더 많은 지원을 필요로 할 것이다. 이와 관련하여, 교사가 제공할 수 있는 가장 효과적인 지원책 중의 하나가 바로 학생의 수행을 모니터링하는 효과적인 시스템이다 (Fuchs et al., 2000; Gregory & Chapman, 2002, pp. 37-56; Jones, 2001a; Mathes, Fuchs, Roberts, & Fuchs, 1998). 따라서 차별화 교수를 제공하는 교사들이라면 학생들의 학업을 지원하기 위한 수행 모니터링 시스템을 창안할 것이고, 이 시스템에는 수행평가 도구, 포트폴리오 또는 교육과정중심 평가절차들이 포함될 수 있을 것이다. 이러한 일일 수행 모니터링의 결과는 흔히 대상 학생을 위한 개별화교육 프로그램의 특정 목표들에 대한 수행 데이터를 기록한 차트가 된다. 대부분의 학습장애 학생들은 그들의 학업발달 과정을 보여주는 차트에 대해 상당히 우호적으로 반응하는데, 이것은 많은 학습장애 학생들에게 학습동기를 제공하는 매우 효과적인 도구가 될 수 있다. 많은 학생들은 어제보다 '더 좋아진' 오늘의 점수를 차트에 기록하기 위해 노력할 것이다. 실제로 내가 특수교육 방법에 대한 대학원 강좌 프로젝트의 일환으로 실시하는 일일 수행 차트에서도 이러한 현상이 자주 언급된다.

지난 25년 동안, 시간 경과에 따른 개별 학생의 학습발달 상황을 차트화된 형식으로 나타내기 위한 많은 기법들이 개발되어 왔다. 통합학급 교사들은 학습장애 학생들에게 가장 효과적인 지원책을 제공하기 위해 학습장애 학생들의 진전 상황을 차트화 하는 시스템을 정확하게 기술해야 한다. 특수교육에 있어 지대한 역할을 해 온 행동주의 학습모델은 정확한 평가를 강조하고 있기 때문에 많은 수행 모니터링 시스템들은 정확한 평가를 바탕으로 이루어지며, 차별화된 교수를 지향하는 교사들은 이러한 혁신적인 시스템 채택한다.

그럼에도 불구하고, 교육과정에 포함된 기술들에 대한 학생의 수행을 자주 평가하고 모니터링하는 일에 중점을 두는 것은 아직까지도 비교적 새로운 방향이며(Fuchs & Deno, 1994; Fuchs, Fuchs, Hamlett, Phillips, & Bentz, 1994; Jones, 2001b; Wesson, 1991), 특수교육 분야의 교사들에게 아직 완전히 수용되지는 못하고 있다. 전통적인 평가가 주로 지각능력 결함(예 : 청각적 인식, 시각적 기억, 또는 학습에 걸림돌이 되는 다른 장애들)의 측정, 또는 제한된 수의 검사 문항을 가지고 이루어지는 비정기적 학업수행 측정에 중점을 두고 있는 반면, 이 새로운 접근법은 교육과정 내에서 학생의 학업기술을 직접 평가하는 것에 주목하고 있다. 이러한 이유로, 이 분야 연구자들은 **교육과정중심 평가**(curriculum-based assessment, CBA) 또는 **교육과정중심 측정**(curriculum-based measurement, CBM)이라는 용어를 사용한다(Jones, 2001b).

우리가 흔히 접할 수 있는 평범한 전례가 이 개념의 중요성을 설명하는 데 도움을 줄 것이다. 특수교육을 위해 어떤 학생을 평가할 때, 우리는 학교 교육과정에 포함되어 있지 않은 기술과 능력을 측정하는 여러 검사, 즉 지능, 기억, 주의력 기술, 그리고 시각적, 청각적 지각능력에 대한 검사를 한다. 이들 '능력' 영역은 학교 교육과정 안에 포함되지 않는데, 그 이유는 이들 특정 능력을 변화시키는 것이 교수의 목적이 아니기 때문이다. 비록 우리가 어떤 학습장애 학생이 겪고 있는 근본적인 문제들을 확인하기 위해 전통적으로 이러한 능력 영역에 대해 학습장애 학생들을 평가했지만, 일반적으로 이 특정 기술들을 교수하려고 시도하지는 않았다. 오히려 우리는 이러한 능력들이 수학, 읽기, 또는 언어 과목에 대한 학생의 학업적 기술습득 능력을 향상시키거나 제한할 수 있다고 믿어 왔기 때문에 이러한 능력들을 측정할 가치가 있었던 것이다.

물론, 이들 비교육과정 능력의 평가에 대해서는 계속해서 문제가 제기되어 왔다(Linn, 1986; Marston, Tindal, & Deno, 1984). 예들 들면 어떤 이론가들은 학생의 타고난 능력을 측정하

몇몇 아동들은 몽상에 빠진다.

기 위해 사용되는 검사들이 기술적인 이유들로 인해 상당한 의심의 여지가 있다고 주장하고, 또 어떤 이론가들은 평가라고 하는 것은 교사가 교수할 수 있는 기술에 초점을 두어야 한다고 제안하기도 했다(Linn, 1986). 학자들은 비교육과정 능력보다는 특정 학업기술에 대한 학생의 발달 상황을 반복적으로 측정함으로써 교사들이 그 학생을 위한 다음 단계의 교수작업을 계획하는 데 훨씬 더 유용한 정보를 얻을 수 있다는 점에 모두 동의하고 있다(Fuchs et al., 2000; Jones, 2001a; Mathes et al., 1998; White, 1986). 이러한 이유 때문에, 교육과정 내의 기술들을 직접적인 기반으로 해서 반복적으로 자주 측정하는 평가는 학습장애 학생들을 위한 하나의 선택으로 보인다.

교육과정중심 평가 모델에서 아동의 행동을 얼마 주기로 평가해야 하는가에 대해서는 학자들마다 의견이 분분하다. 예를 들어 어떤 이론가들은 일주일 단위로 관리되는 교사 평가가 충분하다고 보는 한편(Peterson, Heistad, Peterson & Reynolds, 1985), 어떤 학자들은 학생들의 진전도가 매일 평가되어야 한다고 주장한다(White, 1986). 이러한 선택적 사항에 대한 이견들에도 불구하고, 교육과정중심 평가의 구성요소들은 상당히 광범위하게 받아들여지고 있다. 다음은 이러한 교육과정중심 평가에 포함되는 요소들이다.

1. 교육계획을 위한 평가는 오직 아동의 교육과정 내 기술들에 근거해야 한다.

2. 평가는 한 학년 동안 정기적으로, 자주 반복되어야 한다.

3. 이렇게 반복된 평가들은 학습장애 아동을 위한 교수적 결정의 토대로 사용해야 한다.

마지막 요소는 교육과정중심 평가의 강력한 장점으로 보인다. 한 가지 예로, 대다수의 성인들은 초등학교 때 매주 수요일마다 쳤던 단어 철자 '예비시험'을 떠올릴 수 있을 것이다. 이 예비시험은 이틀 뒤 금요일에 같은 단어를 가지고 치를 최종 시험을 준비하기 위한 것이었다. 이 예비시험은 학생들로 하여금 금요일에 있을 최종 성적평가 시험에 앞서 수요일에 미리 자신의 부족한 부분을 알 수 있게 해주는 좋은 교육기법이다. 또한 효과적으로 수업운영을 하는

> 학자들은 비교육과정 능력보다는 특정 학업기술에 대한 학생의 발달 상황을 반복적으로 측정함으로써 교사들이 그 학생을 위한 다음 단계의 교수작업을 계획하는 데 훨씬 더 유용한 정보를 얻을 수 있다는 점에 모두 동의하고 있다.

교사들이라면 목요일에는 수요일에 치러진 시험에서 학생에게 어렵다고 확인된 단어들에 중점을 둔 철자법 수업을 계획할 것이다. 이 예에서는 교수적 활동이 학생의 실제 학업수행과 관련된 최근 자료를 기반으로 계획되었다. 이 예가 어떤 논리적 결론을 내포하고 있는지 확장해서 생각해 본다면, 교사들은 금요일에 최종 시험을 실시하는 것이 아니라 매일 단어 철자법에 대한 숙제나 학교 수업에 성적을 매기고 있다는 것을 알 수 있다. 즉 금요일에 치는 단 한 번의 비교적 인위적인 시험으로 성적을 산출하는 것이 아니라, 학생이 매일 철자법 연습을 수행하는 것이 철자 쓰기 성적의 기초 자료가 되는 것이다.

또 다른 유용한 예를 들어 보겠다. 3학년 수학수업에서 월요일에 두 자릿수 곱셈에 대한 수업을 시작하는 교사를 상상해 보라. 화이트보드에 적거나, 수업시간 과제, 그리고 숙제를 통해 곱셈 문제들을 2주 동안 가르친 후에, 교사는 둘째 주 금요일에 학생들로 하여금 시험을 치르게 한다. 그 교사는 스스로 예상했던 것과 달리, 절반가량의 학급 학생들이 이 기술을 습득하지 못했다는 것을 알게 된다. 더욱이(비록 교사가 이 점을 깨닫지 못할 수도 있지만), 학급의 몇몇 학생들은 이 새로운 기술을 이미 수업 시작 이튿날 습득했을 수 있고, 그 기술을 습득하는 데 추가적인 시간이 꼭 필요하지도 않았을 것이다. 결국 그들이 참여한 지난 2주간의 수업은 그들에게는 시간낭비였을 것이다. 분명히 이것은 그 학급의 많은 학생을 위한 효과적인 교수가 아니다.

하지만 그 교사가 지속적인 평가로서 매일하는 수업 활동지를 사용하고 날마다 수업을 마친 후 각 학생들로 하여금 자신의 학업성과를 차트에 그리도록 했다고 가정해 보자. 이 경우 교사는 단 하루 이틀 만에 몇 명의 학생이 이미 이 기술을 습득했다는 것을 알 수 있을 것이고, 반면에 이 과제를 이해하는 데 문제가 나타나는 학생들에게는 그들이 과제를 습득할 때까지 일대일 교수를 제공할 수도 있을 것이다. 분명히, 반복 평가는 그것이 수업 중에 행해지는 수업 활동지처럼 비공식적인 것이라 할지라도, 차별화 학급에서 교수계획을 수립하기

위한 아주 효과적인 도구일 수 있다. 더욱이, 평가가 더 빈번한 주기로 행해질수록(매일 하는 평가에 대해 통상 이견이 없는 것으로 보인다) 수업은 학생들로부터 더 많은 반응을 불러일으킬 수 있다. 마지막으로, 평가자료가 차트처럼 바로 해석 가능한 형태로 요약된다면 이 정보는 훨씬 더 유용할 것이다. 위의 예에서 교사가 아동의 학업 진전도를 결정하기 위해 각 아동의 모든 수업 활동지를 일일이 점검해야 하는 경우와 각 학생의 일일 수행성과를 나타내는 간단한 차트만 보면 되는 경우를 비교해 보라. 요약자료를 보는 후자가 많은 시간을 절약해 준다.

교육과정중심 평가의 이론가들은 일반적으로 평가와 교수 사이의 구별을 인정하지 않는다. 실제로, 교육과정중심 평가에서는 교수적 결정을 학업성과에 대한 반복된 측정을 바탕으로 하기 때문에 평가와 교수 사이의 전통적인 구분은 희미하게 된다. 더욱이 포괄적인 교육과정중심 평가자료가 마련된다면, 학생의 타고난 능력에 대한 전통적인 평가나 학업적 이해력을 측정하는 단위 시험들이 더 이상 필요 없어지는 날을 마음속으로 그려 볼 수 있을 것이다(Fuchs et al., 2000; Jones, 2001b; Peterson et al., 1985).

비록 이러한 가능성이 아직 현실화되지 않았더라도, 학업기술의 반복된 측정이 교수적 결정의 근간을 이루어야 한다는 이 개념은 교육과정중심 평가의 핵심이다. 이 개념은 차별화 학급의 학습장애 학생들뿐만 아니라 다른 많은 학생들을 위한 가장 강력한 교수전략들 중 하나이다. 이 개념은 아래에 설명할 여러 선행 연구에서 강조한 내용을 기반으로 하는데, 여기서는 준거지향 검사, 정밀교수, 직접교수가 포함되며, 이들 전략에 대한 이해는 교사들이 통합학급을 위해 교육과정중심 평가 프로그램을 준비하는데 도움이 될 것이다.

> 분명히, 반복 평가는 그것이 수업 중에 행해지는 수업 활동지처럼 비공식적인 것이라 할지라도, 차별화 학급에서 교수계획을 수립하기 위한 아주 효과적인 도구일 수 있다.

>>>• 준거지향 검사

준거지향 검사(criterion-referenced testing, CRT)는 교육과정중심 평가의 발달에 하나의 토대가 되는 역할을 해왔다(Jones, 2001b). 대부분의 평가들은 한 학생의 수행을 평가의 기준이 되는 학생집단의 수행 능력과 비교한다. 표준집단의 점수와 정보는 일반적으로 검사 지침서에 기술되고, 이 표준집단은 검사에서 사용되는 점수－학년규준점수 또는 표준점수－를 만들어 내기 위한 기초 자료로 활용된다. 이렇게 '표준집단'과 점수를 비교하는 평가와는 달리, 준거지향 검사의 목표는 학생의 수행을 그 학생의 연령과 학년 수준에 적합한 특정한 학업기술의 집합과 비교한다는 데 있다(Monda-Amoya & Reed, 1993). 따라서 준거지향 검사는 하나의 특정한 영역 내에서 연속성을 가진 행동기술들을 나열하고 있으며, 어떤 학생의 수행을

정수 덧셈에서의 준거지향 검사

1.	5 + 2	7 + 2	4 + 4	2 + 6	8 + 2	백분율 점수 ( )
2.	6 + 8	3 + 9	8 + 4	2 + 4	9 + 2	백분율 점수 ( )
3.	35 + 42	47 + 32	54 + 24	25 + 13	83 + 22	백분율 점수 ( )
4.	27 + 46	27 + 25	37 + 34	28 + 13	69 + 22	백분율 점수 ( )
5.	64 + 36	87 + 35	98 + 24	79 + 14	78 + 22	백분율 점수 ( )
6.	73 + 36	87 + 35	98 + 21	76 + 13	81 + 22	백분율 점수 ( )

출처: Bender, W. (2002). *Differentiating Instruction for Students With Learning Disabilities.* Copyright @ Corwin Press, Inc.

이렇게 나열된 목표들에 대한 최적의 수행과 비교하는 것이다. 한 예로, 정수의 덧셈에 포함되어 있는 연속성 있는 기술들을 생각해 보자. 이 영역에서 각각의 개별적인 기술과 연관된 구체적 문제 유형을 갖춘 검사라면 수업 가이드 6.1에 제시된 것과 같은 문제들을 담게 될 것이다.

이러한 형태의 준거지향 검사를 가지고 학습장애 학생이 어떠한 특정 기술에 문제가 있는지 결정하는 것은 비교적 쉽다. 만약 어떤 학습장애 학생이 첫째와 둘째 줄의 산수 문제들을 80% 또는 100% 정확하게 완성한 반면 셋째 줄의 문제는 20%만 정확히 완성했다면, 교사는 이 학생이 받아 올림이나 자릿값의 개념을 이해하는 데 어려움이 있었다고 거의 확신할 수 있을 것이다. 왜냐하면 학생이 성공적으로 완성한 문제들(첫째, 둘째 줄)과 그렇지 못한 문제들(셋째 줄) 사이의 차이점이 바로 이러한 개념(자릿값, 받아 올림)의 차이이기 때문이다. 다시 말해, 이 학생은 자릿값이나 받아 올림에 대한 구체적인 학습을 필요로 할 것이다.

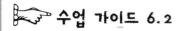 **수업 가이드 6.2**

정수 덧셈 문제 CRT의 학습 목표

1. 학생은 합이 십 미만인 다섯 개의 한 자리 정수 덧셈 문제들을 100% 정확하게 풀 것이다.

2. 학생은 합이 십 이상인 다섯 개의 한 자리 정수 덧셈 문제들을 100% 정확하게 풀 것이다.

3. 학생은 받아 올림이 없는 다섯 개의 두 자리 정수 덧셈 문제들을 100% 정확하게 풀 것이다.

4. 학생은 받아 올림이 있는 다섯 개의 두 자리 정수 덧셈 문제들을 100% 정확하게 풀 것이다.

5. 학생은 일의 자리와 십의 자리에서 받아 올림이 있는 다섯 개의 두 자리 정수 덧셈 문제들을 100% 정확하게 풀 것이다.

6. 학생은 일의 자리, 십의 자리, 혹은 둘 다에서 받아 올림이 있는 다섯 개의 두 자리 정수 덧셈 문제들을 100% 정확하게 풀게 될 것이다.

CRT에서 각각의 문제 유형과 연관된 일련의 학습 목표들은 일반적으로 검사 지침서에 기술된다. 교사에 의해 개발된 비공식적인 CRT에 있어서는 특정 학생을 위한 개별화교육 프로그램에 학습목표를 기재하거나 침부할 수 있을 것이다. 수업 가이드 6.2는 정수 덧셈 CRT의 학습목표 목록을 제시하고 있다.

물론, CRT를 한 학년 동안 한 차례 정도만 사용해서는 교육과정 중심 평가가 제대로 성립되지 않는다. 분명히 CRT가 앞서 논의된 지능 평가나 다른 능력 결함을 평가하는 것보다는 더 낫지만, 한 학년 동안 단 한 차례만 시행된다면 앞에서 나열한 교육과정중심 평가의 마지막 두 항목(2번과 3번)이 충족될 수 없다. 교육과정중심 평가는 학생의 수행을 기반으로 하는 교수결정을 할 수 있도록 자주 반복되는 CRT를 필수로 한다(Jones, 2001b). 그리고 이 전략은 학습장애 학생들에게 사용될 수 있는 가장 강력한 교수 전략 중의 하나이다.

> CRT에서 각각의 문제 유형과 연관된 일련의 학습목표들은 일반적으로 검사 지침서에 기술된다.

 ### 반성적 과제: 교육과정중심 평가는 어디에 사용할 수 있는가?

만약 당신이 학습장애 학생에게 동기를 부여할 도구를 찾고 있었다면, 그것은 바로 교육과정중심 평가가 될 수 있을 것이다. 당신의 학급에 효과적으로 동기를 찾아줄 수 없는 학생들이 있는가? 당신이 CBA 프로젝트를 도입하고 전날과 비교해서 개별 학생의 수행능력이 향상되는 날에는 학급 전체에 대해 강화하고자 할지도 모른다. 당신 학급에서 이런 선택이 가능할까?

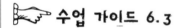

›››› 정밀교수

정밀교수는 심리학의 '행동주의 학파'에서 유래한 것으로, 학생의 학업수행을 면밀히 모니터링하기 위한 방법이다(Lindsley, 1971; Vail & Huntington, 1993; Wesson, 1991; White, 1986). 물론, 행동주의 심리학은 즉시 관찰 가능하고 정확하게 측정되는 행동들, 그리고 이러한 행동들을 증가 또는 감소시키는 것으로 보이는 선행사건과 결과들에 중점을 두어 왔다. 심리학의 행동주의 원리들을 교육에 적용할 때, Lindsley(1971)는 다섯 가지 원리를 교육적 성공과 직접적 연관성이 있는 것으로 열거했다. 수업 가이드 6.3에 제시되어 있는 이들 각각의 원칙은 학습과제에 대한 개별 학생의 수행능력을 모니터링하는 데 직접적인 관련성을 갖고 있으며, 이러한 이유로 정밀교수가 교육과정중심 평가를 지향하는 최근의 움직임에 하나의 초석을 제공했다고 보는 것이다.

이 원리에서는 학생 개개인의 성취를 모니터링하는 것이 강조되는데, Lindsley(1971)는 학생의 구체적 행동을 차트화하는 쪽으로 초점을 발전시켜 나갔다. 첫째, 행동은 적절한 행동 목표를 기술함으로써 정확히 지적된다. 행동 목표들은 전통적으로 다음 세 가지를 명시한다― 학생이 수행할 과제, 학생이 과제를 수행하는 조건, 그리고 수행을 평가할 때 사용되는 기준.

☞ 수업 가이드 6.3

정밀교수의 다섯 가지 기본 원리

1. **학습자가 가장 잘 안다.** 이 원리는 만약 아동이 학습에 진전을 보이면 교수방법이 적절한 것이고, 반면 아동이 진전을 보이지 않으면 다른 절차가 시도되어야 한다는 것을 시사한다. 간단히 말해, 실제 학습진전도만이 특정한 교수방법의 성공과 실패에 대한 척도인 것이다.

2. **직접적으로 관찰 가능한 행동에 초점을 맞춘다.** Lindsely(1971)는 교사들이 학생의 학습진전도에 대한 명확하고 분명한 그림을 수립하기 위해 관찰 가능한 행동에 초점을 두어야 한다고 주장한다.

3. **빈도수는 행동의 척도이다.** 성공 여부에 대한 측정을 위해 올바른 반응들을 차트에 기재하는 것만으로도 충분하다고 볼 수 없기 때문에 정밀교수의 초점은 반응 빈도수 또는 반응률(아동이 1분당 얼마나 많은 올바른 반응을 보이는가)에 맞추어져 있다.

4. **성공 여부를 측정하기 위한 표준 차트의 사용.** 차트화 작업은 성공 여부의 측정에 있어 다른 방법들보다 많은 이점을 가지고 있으며, 학생의 학업진전도를 차트화하는 것은 정밀교수를 하는 교사에게 필수적이다.

5. **환경 조건에 대한 기술.** 교사들은 환경이 아동의 행동에 영향을 끼친다는 것을 이해하고 있어야 하고, 아동의 행동을 형성하는 적절한 선행 조건과 귀결 조건들을 만들어 낼 수 있어야 한다. 결국 아동이 무엇을 할 수 있는지(선행 조건이 되는 행동)를 아는 것은 현재의 교육 단계에 대한 결정을 수월하게 한다. 이 다섯 가지 원리의 전체 설명은 Lindsely(1971)와 White(1986)를 참조하라.

행동 목표에 관한 예는 다음과 같다.

> 뒤 자릿수 수의 합이 십을 넘지 않는, 따라서 받아 올림이 필요 없는 20개의 두 자릿수 덧셈 문제들이 주어질 때 학생은 이 문제들을 90% 정확하게 풀 것이다.

이것은 방금 전 언급한 세 가지 구성요소가 명백히 제시되어 있는 표준적인 행동 목표의 한 예를 보여주고 있다. 이러한 유형의 목표를 가지고 있다면, 교사의 작업은 비교적 수월해진다. 학생은 이 학업기술에 대해서 교수받아야 하고, 이 목표에 명시된 기준을 충족할 때까지 반복적으로 평가되어야 한다. 학생의 학습수행은 매일 수업 가이드 6.4에 제시된 것과 같이 간단한 차트에 그려 넣을 수 있을 것이다. 그리고 이 차트는 그 자체로 대다수의 학습장애 학생들에게 동기를 유발하고 강화하는 역할을 할 것이다. 뿐만 아니라, 학생이 연속 3일 동안 이 학습목표가 제시하는 기준을 달성했다면, 그 학생은 다음 단계의 학업기술로 넘어갈 준비가 된 것이다. 위의 예에서 보자면 이 경우는 뒤 자릿수의 합이 십을 넘는 두 자릿수의 덧셈 문제에 해당될 것이다.

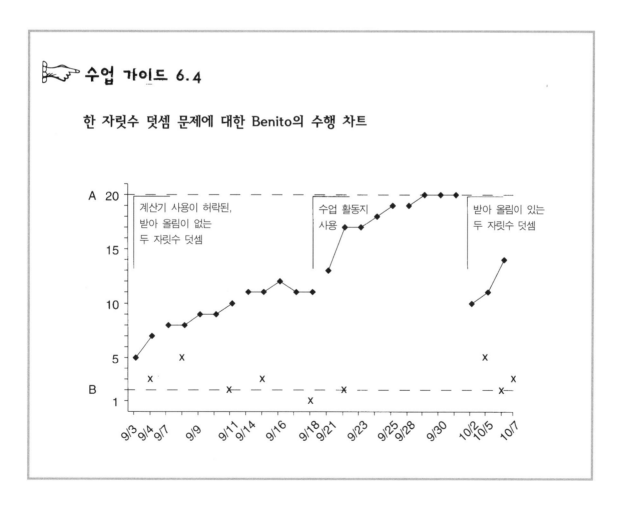

👉 **수업 가이드 6.4**

한 자릿수 덧셈 문제에 대한 Benito의 수행 차트

그러나 Lindsley와 그의 동료 학자들은 얼마 지나지 않아, 일부 학생에게는 제시된 문제를 수업시간에 완수하는 데 있어서 답의 정확성보다는 오히려 속도에서 문제가 나타난다는 것을 깨닫게 되었다. 두말할 필요 없이, 많은 학습장애 학생들의 경우에도 이러한 문제가 있다. 이러한 문제는 학습장애 학생에게 정확하고도 빠르게 작업하도록 함으로써 해결할 수 있다. 이러한 이유로, Lindsley(1971)는 다음과 같이 어떤 행동의 비율(즉 속도)을 구체적으로 명시한 행동 목표 개념을 소개하고 있다.

> 뒤 자릿수의 합이 십을 넘지 않는, 따라서 받아 올림이 필요 없는 두 자릿수 덧셈 문제들이 주어질 때 학생은 2분 동안 평균 20문제를 성공적으로 완수하게 될 것이다.

이런 유형의 목표를 가지고 있게 되면, 학생과 교사는 그들의 초점을 과제의 정확성뿐만 아니라 속도에도 집중할 수 있게 준비된다.

정밀교수의 예

위에 열거한 원리들과 '비율중심 수행' 개념을 바탕으로 Lindsley(1971)는 정밀교수의 개념을 개발했다. 수업 가이드 6.4는 바로 위에 제시한 목표에 대한 Benito의 학업수행 차트이다. 점들은 해당 날짜에 정확하게 답한 문제 수를 나타내고, x는 틀린 수를 나타낸다. 예를 들어 Benito는 9월 22일 화요일에 17개의 문제를 맞히고, 2개의 문제를 틀렸다. 당신은 세로축 '20'의 오른쪽에 점선이 그어져 있다는 것을 알 것이다. 이것은 '목표선(aim line)', 또는 행동 목표에 명

분명히, 학습장애 학생에게 정확하고도 빠르게 수행하도록 한다는 것은 문제이고, 정밀교수는 바로 위에 언급한 염려를 불식시키는 하나의 방법이라는 것이다.

시된 목표점을 나타낸다. 대부분의 학습장애 학생에게 3일 이내에 목표선에 도달한다는 것은 하나의 매우 영예로운 경험이 된다. 세로축 '2' 옆에 그려진 점선은 '최하점(record floor)'이라 하고, 이것은 행동 목표에 기술된 것처럼 제한된 시간 동안의 최하 점수를 나타낸다. 정밀교수는 앞서 설명한 원리들을 보면 알 수 있듯이 학습수행 자료를 나타낼 수 있는 특정한 형태의 차트뿐만 아니라 목표선이나 최하점과 같은 용어 외에 많은 추가적인 용어-즉 교수하는 데 있어서 정밀에 관련된 언어-들을 사용하게 된다. 비록 대다수의 교사들이 이러한 용어들의 미미한 차이점에까지 신경을 쓰지 않았다 하더라도, 교육 결정 도구로서 일일 단위로 차트화된 자료의 개념은 오랫동안 지속되어 오면서 교육과정중심 수행 모니터링과 관련한 최근의 제안들의 하나의 토대를 형성하고 있는 정밀교수의 주춧돌이었다.

위의 차트를 다시 보면, 9월 14일에서 18일까지 Benito가 학업의 진전을 이어가지 못했다는 것을 알 것이다. 성과의 진전을 보이지 않는 자료, 즉 플랫 데이터가 3일간 연속 기록될

때면 그 기간의 교수훈련들이 효과적이지 않았다는 것을 의미하므로, 교사와 학생은 어떠한 형태로든 변화를 주어야 한다. 이러한 형태의 교수적 결정은 학습장애 학생이 필요로 하는 교수가 무엇인지에 따라 이루어지게 되며, 또한 이렇게 만들어진 교수결정상의 정밀성이 정밀교수 이론가들의 최종 목표들 중의 하나였던 것이다.

차트 상단에 세로로 그려진 '단계 변화(phase change)'선들을 보자. 이 세로선들은 사전연습 활동들이 효과적이지 못했거나, 또는 Benito가 한 단계 목표를 도달해서 교수가 조정되었다는 것을 나타낸다. 예를 들어 9월 14일에서 18일 동안 교수활동은 덧셈 문제를 풀기 위해 계산기 사용을 허락했다. 이 기간 동안 매일 Benito는 앞자리와 뒷자리 숫자들의 덧셈을 위해 계산기를 사용했고, 한 페이지 분량의 문제를 푸는 데 5분에서 10분까지 시간을 사용했다. 이런 사전 연습 시간이 끝난 후, 교사는 Benito가 정해진 시간 내에 문제를 풀 수 있는 준비가 되었다는 것을 알 수 있을 것이다. 교사는 Benito에게 수학 문제가 담긴 수업 활동지를 건네주고 2분의 시간을 재게 될 것이다. 이 정해진 시간이 끝나면 Benito에게 자신의 답을 확인하고 정확한 답안의 수를 세도록 자기점검 답안지를 사용하도록 할 수 있을 것이다.

차트가 보여주듯, 9월 18일에 교사와 Benito는 사전 연습 활동이 Benito의 과제 향상을 도와주지 못했다고 결정했다. 결과적으로 9월 21일 위의 단계 변화선은 계산기를 사용하지 않고 수업 활동지상의 수학 문제 완수라고 하는 새로운 사전 연습

> 이러한 형태의 교수적 결정은 학습장애 학생이 필요로 하는 교수가 무엇인지에 따라 이루어지게 된다.

활동이 시작되었음을 나타낸다. 명백히, Benito가 학업진전도를 보이기 시작했고, 그 다음 주말의 3일 동안 목표에 도달했기 때문에 이 새로운 활동이 잘 수행되었다는 것을 알 수 있다. 다음 단계 변화선(10월 5일)은 Benito가 다음 단계의 덧셈 기술－즉 받아 올림이 있는 두 자릿수 덧셈 문제－로 넘어 갔음을 나타낸다.

정밀교수 프로젝트의 개시

많은 교사들은 그들의 학급에 할당된 과제를 완성하는 데 어려움을 나타낼 것 같아 보이는 학습장애 학생들을 데리고 있다. 이러한 학생들을 위해 교사가 필요로 하는 것이 바로 정밀교수 수행 모니터링 기법일 것이다. 왜냐하면 이것은 학습장애 아동들이 그들의 과제를 완성하는 속도를 직접적으로 다루는 몇 안 되는 전략들 중 하나이기 때문이다. 정밀교수 프로젝트를 시작할 때, 다음과 같은 단계들을 고려해야 할 것이다.

첫 번째 단계로, 교사는 정밀교수 프로젝트를 위한 일련의 연속적 행동 목표를 서술해야 할 것이다. 목표는 '비율중심 행동'으로 명시되어야 하고 행동의 비율 또는 시간의 길이를 명확히 제시하여야 한다.

반성적 과제 : 비율중심 목표의 개발

교사들은 수업 가이드 6.2에 제시된 목표들을 비율중심 목표로 바꾸고자 할지 모른다. 교사들은 각각의 목표 마지막 부분에 단지 '1분 안에'라는 구절을 삽입하기만 하면 될 것이다. 이들 목표들을 2분이라는 시간이 주어진 목표들로 바꾸고자 한다면, 이들 목표가 요구하는 과제 성공의 수 또한 바꾸어야 하지는 않는가?

두 번째 단계로, 교사는 학습장애 학생과 목표들에 대해 토의해야 하고, 이 학생이 목표에 관심을 갖도록 노력을 다해야 한다. 교사의 학생과의 관계는 바로 이러한 때에 아주 중요한 역할을 하게 될 것이다. 학생들로 하여금 학습에 대한 책임감을 갖도록 하는 이러한 노력은 제2장에서 중점적으로 논의했듯이 개인의 학습 책임감에 대한 중요성을 반영하고 있는 것이다.

다음으로, 교사는 학습장애 학생들을 위한 최종 목표─목표선이라고 하는─를 확립할 필요가 있다. 비록 정밀교수 이론가들은 목표 설정에 대해 상이한 절차들을 추천하고 있긴 하지만, 가장 간단한 방법은 3일 동안 학생들로 하여금 제한된 시간 안에 과제를 이행하도록 하고, 이 정보를 이용해 하나의 적절한 목표를 '추정'하는 것이다. 목표선은 개별 학생을 위한 수행능력을 반영해야 하고, 한 학생의 목표가 자동적으로 다른 학생들에게 사용되어서는 안 된다는 점에 주의해야 한다.

마지막으로, 교사들은 목표와 직접적으로 관련된 3분에서 5분 정도의 소요 시간을 가지는 사전 연습 활동을 선택하기를 원할 것이다. 예를 들면 플래시 카드가 수학 문제를 위한 좋은 훈련이 될 것이다. 마찬가지로 다음절 단어 중 하나의 음절만을 보여주도록 고안된 '숨겨진 단어 찾기(word window)' 연습은 철자법, 또는 읽기, 쓰기, 말하기에 적합한 훈련일 수 있다.

이 책에서 기술된 많은 다른 차별화 교수 기법과는 달리 정밀교수는 어떤 특정한 교수방법을 추천하지 않는다는 점에서 다소 절충적이다. 교사는 학습장애 학생에게 효과적일 만한 사전 연습 활동으로서 어떠한 교수기법이라도 자유롭게 선택할 수 있다. 이러한 의미에서 정밀교수는 하나의 단독적인 교수 전략이라기보다는 오히려 교수적 모니터링 기법으로 여겨져야 한다.

> 교사가 필요로 하는 것이 바로 정밀교수 수행 모니터링 기법일 것이다. 왜냐하면 이것은 학습장애 아동들이 그들의 과제를 완수하는 속도를 직접적으로 다루는 몇 안 되는 전략 중 하나이기 때문이다.

어떠한 교수 전략이라도 이에 대한 정밀교수 모니터링 시스템을 개발하는 것은 가능하다. 호혜적 교수훈련과 같은 초인지 기법들도 그날그날 개개 학생에 대한 객관적인 이해력 검사로 종결되도록 짜여질 수 있고, 또한 이러한 자료들을 차트화 할 수 있다! 정밀교수의 이러한 수행-모니터링 측면은 이 전략이 학습장애 학생의 개별적 요구에 더 잘 반응할 수 있도록 해주며, 교사에게는 통합학급 내 학습장애 학생을 위해 자주 교수결정을 할 수 있게 해주는 필수적인 정보를 제공한다.

또한 교사는 이 정밀교수 수행 모니터링을 전체 통합학급을 대상으로 사용할 수도 있을 것이다. 본질적으로, 정밀교수를 이용한다는 것은 전형적으로 수업 활동지의 사용과 학생이 정해진 시간 안에 정확히 맞힌 문제수를 세는 것을 뜻한다. 일반 학급의 학습장애 학생과 그렇지 않은 학생 모두에게 이런 작업을 하도록 가르칠 수 있으며, 이에 따라 학생 자신의 성과를 매일 매일 차트에 기록하도록 가르칠 수 있다. 따라서 한 학급에 두 명의 교사-즉 일반교육교사와 특수교육교사-가 일하는 통합학급 교사들은 전체 학급을 대상으로 정밀교수를 사용하기 원할 것이다. 특수교육교사가 없는 일반학급이라 할지라도 정밀교수는 교사들로 하여금 시간을 절약할 수 있게 도와준다. 왜냐하면 이것을 통해 학생들이 시간이 지날수록 자신의 과제에 대해 더 많은 책임감을 갖게 되기 때문이다.

또 다른 선택방법은 통합 수업시간의 마지막 15분 동안 시간이 제한된 모든 과제를 하는 것이다. 예를 들어 Benito는 덧셈 수업 활동지, 주어와 서술어 구별에 대한 수업 활동지, 구두점에 대한 수업 활동지를 받게 되고, 다른 학생들은 마찬가지로 다른 여러 시간제한을 갖는 수업 활동지를 받게 된다. 수업 활동지에 대한 제한 시간은 아마도 서로 상이하게 주어질 것이다. 각각의 학생들에게 수업 활동지가 제대로 주어졌는지 확인하고 난 후, 그 교사는 1분 간격으로 울리는 종소리 녹음을 들려주고 남은 시간 동안 녹음기를 켜진 상태로 놓아둔다. 2분짜리 문제를 마치고 나서, Benito는 다음 몇 분 간을 자신의 작업을 확인하고 점수를 차트에 기록하는 데 사용할 수 있을 것이다. 다음 종이 울리면, 그는 제한 시간 1분의 언어 과목 수업 활동지를 시작하게 될 것이다. 다른 학생들은 2분, 4분 또는 10분의 제한시간이 지정된 다른 수업 활동지들을 완성하게 될 것이다.

정밀교수의 장점

전통적인 집단교수와 비교해서 이 시스템은 많은 장점을 가지고 있다. 첫째, 이러한 교수적 모니터링 절차는 이미 다양한 연구에서 볼 수 있듯이 학습장애 학생의 필요가 무엇인지에 따라 교수에 대한 결정을 내리도록 한다(White, 1986). 구체적으로 말하자면, 만약 차트상의 플랫 데이터가 3일 동안 나타난다면, 이것은 학생의 수행에 진전이 없다는 것을 뜻하기 때문에 학생에 대한 교수의 일부 측면이 바뀌어야만 한다. 교사들은 사전 연습 활동을 바꾸거나, 학생이 갖추지 못한 어떤 특정한 선행조건 행동을 찾아낼 수 있고, 또는 일정 수준 이상의 정답을 이끌어 내기 위한 실질적인 강화를 제공할 수도 있을 것이다. 중요한 것은 만약 차트 자료가 현재 교수기법이 제 기능을 발휘하지 못한다는 것을 보여

이 책에서 기술된 많은 다른 차별화 교수 기법과는 달리 정밀교수는 특정한 교수방법을 추천하지 않고 있는 다소 절충적인 성격의 기법이다.

주면 뭔가가 바뀌지 않으면 안 된다는 것이며, 만약 학생이 3일 연속 목표에 도달했다면 분명히 그 학생은 다음 단계의 기술로 넘어가야 한다는 것이다.

둘째, 개개의 학생은 특수교육에 관한 법령에 명시된 것처럼 개별적으로 교수된다. 더욱이, 정밀교수를 사용할 때, 학생의 개별화교육 프로그램(IEP)의 특정 목표들과 학습장애 학생들이 수업 중에 실시하는 일일 과제 사이에는 입증된 직접적 연관성이 있다. 놀라운 점은 많은 특수학급, 혹은 통합학급의 교수에서 그러한 연관성이 자주 보이지 않는다는 것이다. 교육 프로그램의 목표와 수업시간에 실시한 실제 수업 활동지 사이의 연관성은 차트 사용을 통해 부모와 학습장애 학생들에게 쉽게 전달될 수 있다. 즉 차트는 교육적 성과를 아주 현실성 있게 만드는 데 도움을 준다.

> 정밀교수를 사용할 때, 학생의 개별화 교육 프로그램(IEP)의 특정 목표들과 학습장애 학생들이 수업 중에 실시하는 일일 과제 사이에는 입증된 직접적 연관성이 있다.

셋째, 학생의 진전이 차트로 표시될 때, 학생은 그들 교육 프로그램에 있는 목표들을 달성하는 데 있어서 더 많은 책임감을 갖는 경향을 보인다. 목표의 달성은 그 자체로 대부분의 학습장애 학생들을 강화한다. 넷째, 교육적 결정들이 일일 단위로 이루어질 수 있어서, 2주 또는 3주 단위로 시험을 실시할 경우 나타나는 시간 낭비를 최소화한다. 마지막으로, 자료 차트를 사용하여 진전도를 보여줌으로써 다른 교사들과의 의견 교환이 용이해진다. 사실, 차트화된 자료는 교사 대 교사 의사소통을 위한 가장 효과적인 장치 중 하나가 될 수 있다. 이러한 장점들을 염두에 두고 정밀교수를 적용한다면 틀림없이 학습장애 학생들을 향상시킬 수 있을 것이다. 정밀교수를 위한 교사 자료는 현재 미국 콜로라도 Longmont에 위치한 Sopris West라는 회사에서 제공하고 있다(이 자료들은 '기초 기술(basic skill)' 교육과정이라 일컫는다).

>>>• 직접교수

직접교수는 빈번한 학업수행 모니터링의 개념과 효과적인 교수원리들을 함께 포함하는 행동주의적 관점의 교수절차들로 구성된다. 현실적으로 말하자면, **직접교수**라는 용어는 이 용어를 사용하는 이론가들이나 현장 전문가에 따라 적어도 두 가지 의미를 가진다. 초기에는 이 용어가 모든 학생들에게 더 높은 학업성취를 이끌어 내는 많은 구체적인 교수행동들의 적용을 의미했다. 수업 가이드 6.5에 제시된 교수행동들은 지난 30년 동안 압도적인 연구 지원을 받아 왔고, 효과적이라고 입증되어 온 것들이므로 모든 교사들은 학습장애 학생과 비장애 학생을 다루는 데 이 교수적 행동들을 활용해야 한다(Baumann, 1984, 1986).

👉 수업 가이드 6.5

교수를 향상시키는 10가지의 효과적인 교수행동

1. **수업을 주도한다.** 교사들은 소집단 활동에서 학생들의 교수를 직접 주도하여야 한다. 연구들은 교사 주도적 교수가 가장 효과적 형태의 교수임을 지속적으로 입증해 왔다.

2. **학생의 행동을 시각적으로 모니터한다.** 교사들은 각 학생의 과제에 대한 집중도를 시각적으로 모니터해야 한다. 학생들이 교육적 과제에 집중하게 되면, 그들은 자료를 더 빠르게 습득하고 더 많은 것을 배우게 될 것이다.

3. **수업에 대한 오리엔테이션을 실행한다.** 교사들은 각 수업의 교수 첫 단계로 학생들에게 수업방향을 소개해야 한다. 교사들은 학생들에게 한 특정 수업에서 그들에게 요구되는 것이 무엇인지 확실히 알게 해야 하고, 이러한 기대치를 이전 수업들과 연관시키며, 또한 학생들이 자료를 배우고 난 후에 무엇을 할 수 있어야 하는지를 분명히 해야 한다.

4. **수업과제에 대해 모델링해 준다.** 수업을 실시할 때 교사는 배우게 될 새로운 과제에 대해 자주 모델링해 주어야 하고, 각각의 새로운 과제를 수행하는 도중에 나타나는 문제 영역들에 주목한다.

5. **특정 목표들에 대한 교수결과를 모니터한다.** 교사들은 수업 중에 개개 학생의 학업적 수행을 모니터해야 하고, 연속적인 일련의 수업에 대해서는 모니터링을 매일 해야 한다. 이것은 전형적으로 여러 유형의 학업수행 차트를 사용함으로써 행해지게 된다.

6. **질문을 한다.** 수업시간에 빈번하게 질문하는 것은 학생들을 더 효과적으로 과제에 집중할 수 있도록 도와준다. 교사들은 질문을 한 후에 적절한 시간을 기다려 주어야 하고(앞 장의 대기 시간에 대한 논의를 참조하라), 각 질문에 대해서 여러 학생이 답을 하게 해야 한다. 각 학생의 대답은 그 학생이 해당 학습을 통과하기 위해 수행해야 하는 성과로 여겨질 것이다.

7. **학생들에게 규칙적인 성과물을 요구한다.** 학생들에게 과제에 대한 성과물을 만들어 내게 하면 더 많은 것을 배우게 되고, 효과적으로 수업하는 교사라면 학생들에게 규칙적으로 성과물을 요구할 것이다(프로젝트 과제, 수업 활동지, 그룹 과제, 숙제 등).

8. **학생들에게 지속적으로 제때에 피드백을 제공한다.** 학생들은 올바르게 해낸 과제보다 오류의 교정을 통해 훨씬 더 많은 것을 배운다. 따라서 교사들은 상세히 글로 쓴 또는 구어적 피드백으로 학생의 과제에 대해서 규칙적으로 반응해야 한다. 여기에는 학생이 수업시간에 질문한 것에 답하기, 숙제에서 틀린 부분 알려주기, 제때에 학생의 수업과제 교정하기 등이 포함될 것이다.

9. **개별 학생이 숙달 수준에 도달했는지 확인한다.** 대부분의 학습은 누적적이고 선행 기술들을 바탕으로 이루어지기 때문에 (예를 들면 말하기 수업의 첫 부분에서 명사와 동사를 배우고, 이어서 부사, 형용사 등을 배우게 된다), 학생들이 다음 단계의 기술을 배우기 위해서는 초기 기술들에 대해 일정한 숙달 단계에 도달해야 한다. 대부분의 교사들은 다음 단계의 자료로 넘어가기 위해 약 85~95%의 습득 수준을 기대하는데, 이 정도 숙달 수준이 다음 단계 진입을 위해 필요하다.

10. **학생의 성공적인 과제에 대해 자주 칭찬한다.** 학생들은 긍정적 칭찬에 우호적으로 반응한다. 그리고 통합학급에서 학습장애 학생들은 다른 학생들보다 칭찬받을 기회가 훨씬 더 적다. 따라서 칭찬할 근거가 확실히 있다면(즉 학생의 편에서 예상되는 성공에 대해서가 아니라 이미 잘 완성된 과제에 대한 칭찬—사실, 근거 없는 칭찬은 언젠가는 학생의 흥미를 잃게 한다), 학습장애 학생에게는 아무리 칭찬을 많이 해도 지나치지 않다.

Gersten, Woodward, & Darch(1986)는 직접교수의 효율성에 대한 논의를 통해 포괄적 정의를 사용했는데, 여기서는 교육과정 디자인, 수업관리, 교사 준비와 같은 구성 요소들이 포함된다. 이들과 또 다른 이론가들은 학습장애 학생들에게 직접교수를 적용할 것을 제안했는데(Wilson & Sindelar, 1991), 연구자들이 '직접교수'라고 말할 때 그들이 암시하는 개념은 아마도 이러한 효과적인 교수행동들의 집합일 것이다.

효과적인 교수행동들은 수년간 상업적으로 이용 가능한 교육과정 자료 개발의 토대가 되어 왔고, 그래서 많은 현장 전문가들에게는 **직접교수**라는 용어가 더 제한적인 정의—즉 효과적인 교수행동들을 구체화하여 만든 교육과정 자료의 사용—로 받아들여지게 되었다. 따라서 많은 교사들이 '직접교수'라고 말할 때, 그들은 보통 읽기, 수학, 언어 과목에 대한 여러 가지 상업적으로 이용되는 교수 자료들 중의 하나를 의미한다.

이들 자료들에는 전형적으로 교사의 교수 스크립트와 아래에서 설명될 다양하게 잘 짜여진 교수계획들이 포함된다. 원래 *DISTAR*(Engelmann & Carnine, 1972; Engelmann & Hanner, 1982)라고 알려진 *Reading Mastery*와 *Corrective Reading : Comprehension Skills Comprehension* (Engelmann, Osborn, & Hanner, 1989)와 같은 교육과정 자료들은 교사가 각각의 효과적인 교수행동을 수업에 구체화시킬 수 있도록 하기 위해 쓰인 직접교수 자료이다. 이들 자료는 대부분 시카고 과학연구협회(Scientific Research Associates of Chicago)와 가장 밀접하게 제휴하고 있다.

이들 자료는 교사가 특정한 하나의 주제에 대한 수업을 시행할 때 한 마디 한 마디 읽을 수 있도록 매우 구체적인 '스크립트'들을 담고 있다. 이 스크립트들에는 학생들이 할 수 있는 옳거나 혹은 틀린 답들에 대한 교사의 선택적 대답들도 포함된다. 사실, 이 자료들은 매우 정교하게 짜여 있어서 일부 교사들은 이 스크립트들을 사용하는 것이 교수상의 창의성을 제한한다고 보고해 왔다. 그럼에도 불구하고, 학습장애 학생을 위한 이러한 교육과정들은 연구를 통해 강력하게 지지되어 왔다. 수업 가이드 6.6은 스크립트 된 수업의 예를 나타낸다.

직접교수의 학습 단계

직접교수에 관한 문헌들은 수업방향 설정, 직접교수, 교사 주도 연습 그리고 독자적 연습이라고 하는 학습절차상의 4단계를 설정한다.

학습에 대한 오리엔테이션 교수 스크립트에는 그 날 수업에 대한 오리엔테이션을 시작으로 교사가 말해야 할 모든 것들이 명시되어 있다. 이 스크립트들은 학생들로 하여금 수업이 무엇에 관한 것인지 알게 해주는 대화로 시작된다. 과제는 학생들이 이해하기 쉽게 명료하고 간단하게 진술된다. 학생에게 제공되는 교수는 간결하게 이루어지고, 수업진행은 매끄럽게

👉 수업 가이드 6.6

직접교수 스크립트의 예

교사: 규칙에 대해 얘기할 테니 들어보세요. 어느 한 분야에서 중요한 위치에 있는 사람이 다른 분야의 어떤 것에 대해 좋다 나쁘다 말하는 것만 가지고 그것이 사실이라고 확신할 수는 없어요. (반복)

교사: 어떤 한 분야에서 중요한 위치에 있는 사람이 다른 분야의 어떤 것에 대해 좋다 나쁘다 말할 때, 그것이 사실이라고 여러분은 확신할 수 있나요?

학생: 아니요.

교사: 그렇죠. 어느 한 분야에서 중요한 위치에 있는 사람이 다른 분야의 어떤 것에 대해 좋다 나쁘다 말하는 것 하나만 가지고 그것이 사실이라고 확신할 수는 없어요.

교사: 좋아요. 잘 들어 보세요. 이전의 부시 대통령은 Dodge트럭들이 현재 이용할 수 있는 최고의 소형 트럭이라고 말하고 있어요.

교사: 부시 대통령에 대해서 무엇을 알고 있나요?

학생: 그는 아주 중요한 사람이에요. 그는 정치를 해요.

교사: 그는 어떤 분야에서 중요한 사람이죠?

학생: 워싱턴 근처 정치요.

교사: 이 중요한 사람이 무엇에 대해 말하고 있지요?

학생: Dodge가 최고의 트럭을 만든다고요.

교사: 그럼 그가 말하고 있는 분야는 무엇이죠?

학생: 트럭이요.

교사: 우리는 이 시간에 사람들이 말하는 것에 대해 판단하는 법을 배우고 있는데, 부시 대통령이 트럭에 대해서 얘기하는 것이 사실이라고 확신할 수 있나요?

학생: 아니요.

교사: 어떤 한 분야에서 중요한 위치에 있는 사람이 다른 분야의 어떤 것에 대해 좋다 나쁘다 말할 때, 여러분은 무슨 말을 할 수 있나요?

학생: (학생은 다음과 같이 반응해야 한다) 만약 이것이 그의 전문 분야가 아니라면 여러분은 그것이 사실인지 확신할 수 없어요.

교사: 자, 만약 부시 대통령이 정치는 힘든 것이라고 말한다면, 여러분은 그의 말을 믿을 수 있나요?

학생: 예, 정치는 그가 잘 알고 있는 분야거든요.

교정 절차 : 만약 여기서 아동이 '아니요'라고 대답하면, "이 사람에 대해 무엇을 알고 있죠?"라고 질문한다. 그리고 위의 규칙을 다시 알려준다.

교사: 그래요, 여러분은 그 말을 믿을 수 있어요. 왜죠?

(다음과 같은 정보가 담긴다면 다양한 형태의 답을 인정하라. [1] 그는 전 대통령 혹은 정치가예요, [2] 부시 대통령은 정치에 대해 알고 있어요, [3] 그는 막연히 그가 알고 있는 것에 대해서 말하고 있어요.)

진행되도록 경쾌한 속도로 이루어진다. 또한 학습장애 학생이 과제를 열심히 해야 하고 자료에 숙달해야 할 필요성을 이해하도록 돕기 위해 목표 달성의 중요성에 대해 약간의 토의가 이루어진다. 제2장에서 언급한 것처럼, 학습장애 학생은 아마도 비장애 학생들보다 개인적 참여와 책임에 비중을 둔 교수를 필요로 할 텐데, 직접교수에서의 수업에 대한 오리엔테이션 단계는 이 같은 개인적인 참여에 중점을 둔다.

직접교수 단계 다음 단계는 직접교수 단계인데, 이는 때때로 초기 교수라고 불리기도 한다. 스크립트 된 수업은 교사가 읽어야 할 교수 과제의 특정 측면들을 강조하는 대화로 이루어진다(Baumann, 1984; Darch & Kameenui, 1987). 때로는 지난 수업에 관한 문장이 포함되기도 하는데, 교사는 과제의 첫 단계를 모델링해 준다. 학생들에게는 과제에 대한 질문들이 주어질 것이다. 이 직접교수 단계 동안 여러 개의 과제가 교사와 학생에 의해 함께 완수될 수도 있는데, 이때는 교사가 그 과제에 대해 주된 역할을 맡게 된다.

직접교수와 다른 교수 프로그램들 간의 중요한 차이는 이 단계 동안 행해지는 명시적 교수의 특성이다. 스크립트는 교사에게 예제들을 제시하고, 문제 영역들에 주목하고, 과제를 모델링해 주도록 지시한다. 이들 각각의 행동들은 앞서 언급한 효과적 교수행동이라는 것이 확인되었다. 그러나 불행히도, 전통적 교수기법들은 많은 이러한 학습 단계들을 소홀히 하고 있다. 실제로, 직접교수의 지지자들은 대부분의 교수기법들이 기초 읽기 교재들의 예에서 볼 수 있듯이, 이 단계에서 전혀 명시적이지 않다고 지적한다(Kameenui, Carnine, Darch, & Stein, 1986).

교사 주도 연습 학생이 참여한 모델링이 이루어지는 직접교수가 지나면, 여러 개의 연습과제가 학생에게 주어진다. 이들 과제에서는 교사가 학생들에게 올바른 과제절차에 대한 구어적 단서를 제공하지만, 과제에 대한 책임은 학생에게 있다. 스크립트된 수업은 교사가 학생에게 던질 명시적 질문들을 포함하고 있으며, 이들 질문은 과제수행 중에 일어날 수 있는 다양한 문제 영역들을 예시하게 된다. 흔히 이 단계는 안내된 연습 단계로 언급되기도 한다.

 반성적 과제: 직접교수 스크립트에서의 효과적인 교수행동들

수업 가이드 6.6에 제시된 스크립트를 재검토하고 수업 가이드 6.5에 나열된 10개의 효과적인 교수행동의 구체적 예들을 찾아보라. 예를 들어 부적합한 강화 문제에 대해 언급한 문구들을 생각해 보라. 교사 주도 연습 단계에서는 과제에 대해 학생들에게 반복적으로 질문할 수 있는 기회를 교사들에게 제공한다. 이러한 효과적인 교수행동들을 스크립트된 수업에 통합시키면 일반학급과 특수학급에서의 직접교수를 매우 효과적으로 만든다. 당신은 이러한 유형의 수업형식으로 가르치는 것을 즐길 수 있다고 생각하는가?

어떤 스크립트들은 모델링 또는 직접교수 단계와 교사 주도 연습 단계 사이의 경계를 매우 명확하게 하고 있는 반면, 다른 자료들에서는 이런 구분이 덜 명확하고, 그럼에도 불구하고 어떤 시점이 되면 학생은 과제 완수에 대한 주된 책임을 떠맡게 된다. 이 교사 주도 연습 단계 동안 교사는 오답이 계속되는 것을 막기 위해 학생에게 즉각적인 피드백을 제공한다. 이러한 즉각적인 피드백은 효과적인 학습연구에서 크게 강조되었던 것과 마찬가지로 직접교수의 핵심 중의 하나이다.

독자적 연습 교사 주도 연습 단계에서 어느 정도 학생의 수행 능력을 확인하면, 독자적 연습을 위한 일련의 문제들이 부과된다. 이 수업 시점이 되면 스크립트는 교사에게 다양한 수업 활동지, 프로젝트, 그리고 숙제를 할당하도록 지시한다. 일반적으로 이러한 과제들은 전체 수업시간의 반 이상을 필요로 하지 않을 것이다. 학생은 이들 과제를 혼자서 수행하고, 확인을 위해 교사에게 완성된 과제를 보여준다. 대부분의 상업적 자료들에서는 지정된 수업시간에 하는 몇 가지 개별 연습을 담고 있기는 하지만, 일부 직접교수 교육과정 자료에서는 이 교수 단계가 숙제로 행해지기도 한다.

> 이들 과제에서는 교사가 학생들에게 올바른 과제절차에 대해 구어적 단서를 주지만, 과제에 대한 책임은 학생에게 있다.

학생의 수행 모니터링이 직접교수의 한 주춧돌이기 때문에 거의 모든 상업적인 직접교수 프로그램들은 개별 연습문제에 대한 각 학생의 과제 성공 속도를 일일 단위로 모니터링할 수 있는 절차들을 담고 있다. 당신은 이 책의 제4장에서, 그곳에 기술된 학습전략 교육과정이 하루 단위의 학생 수행 모니터링을 담고 있다는 것을 떠올릴 수 있을 것이다. 사실, 직접교수의 발달에 이어 개발된 거의 모든 교육과정은 이 직접교수 기법의 영향으로 하루 단위의 수행 모니터링을 받아들였다.

직접교수의 효율성

다른 특정 분야에서의 연구(예: 두뇌 친화적 연구)와는 달리, 직접교수에 대한 연구는 적어도 30년 동안 진행되어 왔다. 사실, 직접교수는 오늘날 활용할 수 있는 가장 철저히 연구된 교수기법들 중 하나이며, 연구 성과는 상당히 긍정적인 결과를 보여 왔다. 이 교수절차는 학습장애 학생뿐만 아니라 다양한 다른 집단의 학생들에게도 잘 적용된다. 구체적으로 직접교수는 놀랄 만한 성공 비율로 다양한 집단의 학생들에게 읽기, 수학, 언어 과목의 기초 기술을 가르치기 위해 사용될 수도 있을 것이다(Baumann, 1984, 1986; Darch & Gersten, 1986; Gersten et al., 1986; Polloway, Epstein, Polloway, Patton, & Ball, 1986; Rabren, Darch & Eaves, 1999). 대부분의 이러한 연구들은 직접교수 교육과정 자료들과 기초 읽기 또는 수학 교재에 추천된 교수기법을 비교했는데, 결과에서는 직접교수를 받은 실험집단이 일관성 있게 향상되었다. 비록 학습장애 학생에 대한 직접교수 사용의 성공을 밝히는 데 실패한 연구들도 있지만(Kuder, 1990), 대다수의 연구들은 직접교수의 긍정적 효과를 기록하고 있다(Rabren et al., 1999). 따라서 직접교수에 대한 연구가 학습장애 학생에게 아주 긍정적이라고 말하는 것이 정확한 표현이라 하겠다.

직접교수의 실행

이 책에 소개되었던 많은 기법들처럼, 직접교수는 약간의 추가적인 시간과 투자만 한다면 통합학급에서 실행될 수 있다(Gersten et al., 1986). 교사들은 일반적으로 몇몇 상업적 자료를 이용해 직접교수를 시작한다. 많은 미디어센터가 여러 해 동안 이러한 자료를 많이 구매해 왔기 때문에 교사들은 이들 자료가 준비되어 있는지 센터 담당자에게 물어봐야 한다. 다음으로, 교사들은 학습자의 요구와 교육과정 사이에 적절히 조화가 이루어질 수 있도록 사용할 자료들의 수준을 신중하게 살펴보아야 한다. 많은 직접교수 자료들은 이러한 경우에 이용할 수 있는 사전 검사를 담고 있다. 이들 자료들을 읽기 소집단, 수학 소집단 형태로, 또는 학생 개인별로 시행할 수 있다. 교사들은 수업에 적용하기에 앞서, 우선 한 개의 읽기 집단 또는 수학 집단을 선정하고 며칠 동안 이 집단에 수업을 시행하기를 원할 수도 있다. 스크립트는 완성된 형태로 작성되고, 스크립트에 맞추어 수업이 이루어지도록 모든 노력을 기울여야 한다. 왜냐하면 스크립트에서 중간에 이탈하는 것은 수업의 흐름을 깨뜨리기 때문이다.

직접교수의 중요한 이점은 통합학급에서 잘 적용된다는 것이다(Gersten et al., 1986). 직접교수 교육과정들이 교사 주도의 소그룹 교수를 제안하기 때문에 통합학급에서 읽기 또는 언어 과목 스터디 그룹을 만들어 시행하는 통합학급 교사들은 직접교수 교육과정을 낮은 수준 또는 평균 수준의 읽기집단에 도입시킬 수 있을 것이다.

이 책을 준비하면서 필자가 고민해야만 했던 한 가지 문제는 바로 어떤 전략들을 책에 포함시키고 어떤 것을 제외시킬 것인가에 대한 것이었다. 비록 다른 학자들은 학습장애 학생을 위한 '최고의 연습'이라고 말하는 것에 대해 서로 다른 의견을 보일 수 있을지 모르지만, 직접

> 비록 다른 학자들은 학습장애 학생을 위한 '최고의 연습'이라고 말하는 것에 대해 서로 다른 의견을 보일 수 있을지 모르지만, 직접교수에 대한 연구들은 이 기법이 통합교육에 있어 필요한 기법임을 강력히 지지하고 있다.

교수에 대한 연구는 아주 긍정적인 결과를 보여주고 있기 때문에 이 기법을 이 책에 포함시키도록 했다. 더욱이, 다른 읽기 또는 언어 과목 전략이 잘 작용할 것 같지 않아 보이는 학습장애 학생들을 위해서 교사들은 직접교수 자료를 구하여— 이 자료들은 아마도 미디어센터 또는 지역 교육서비스 단체에서 얻을 수 있을 것이다— 이 전략을 시도해 보아야 한다. 많은 학생들에게 직접교수 기법들을 적용함으로써 기적을 만들어 낼 수도 있고, 또 자주 만들어 낼 것이다.

>>>> 평가에서의 혁신

학습장애 학생을 위한 수행 모니터링의 중요성 때문에 수행평가와 포트폴리오 평가를 포함하는 많은 혁신적인 평가 접근법이 지난 십여 년 동안 개발되어 왔다(Bryant, 1999; Gregory & Chapman, 2002, pp. 37-56). 비록 이러한 혁신적인 개념들에 대해 면밀히 탐구를 하는 것은 이 책의 범위를 벗어나는 것이지만, 몇 개의 예들을 아래에 제시해 보았다.

수행평가

수행평가(performance assessment)—신제적 평가(authentic assessment)라고도 한다—는 학생들이 현실 세계에서 생성될 가능성이 있는 결과물들과 유사한 실제 결과물을 산출해야 한다는 것과, 학생의 이해 정도에 대한 평가는 그러한 결과물들 또는 그러한 결과물들을 산출하는 데 있어서의 그들의 수행능력을 기반으로 해야 한다는 개념을 기초로 하고 있다. 실제적 과제들은 학생들에게 현실 세계의 상황을 기반으로 가능한 한 현실감 있게 과제를 수행하도록 요구한다(Wiggins & MaTighe, 1998). 다음은 다양한 학교에서 사용했던 여러 가지 예들이다.

후기 중세시대에 대한 지식	'왕의 만찬'이라는 연극을 실시하기 위해 학생들에게 무대복을 기획하여 만들도록 할 것이다. 학생들은 그 당시 사람들이 입었을 옷들을 개발하여 만들어 입어야 하고, 당시 쓰였던 도구로 (즉 나이프만 사용하여) 식사를 해야 한다. 또한 학생들은 '중세 영어'에 흡사하게 말해야 하고, 몇몇 시중들이 학교 관계자들에게 음식을 대접해야 한다.
주제에 대해 작문	학생들에게 뉴스 기사, 다양한 주간 컬럼 등을 포함하는 교내 신문을 개발해 보도록 하고, 학기 중에 이를 주 단위로 발간해 보도록 할 수 있다.
생태계에 대한 탐구	학생들에게 지역의 여러 시냇물과 강물에서 샘플을 채취해 물의 탁도나 미생물에 대한 검사 등을 하게 할 수 있을 것이다.

분명히 이러한 프로젝트들은 역사, 영어, 또는 과학과 같은 과목에서 전형적으로 배우게 되는 개념들에 대한 높은 이해를 포함하고 있긴 하지만, 이러한 개념들은 현실 세계의 상황에서 적용된다. 수행평가의 이러한 측면에 힘입어 이 교육적 혁신은 풍부한 교수 · 학습 체험을 제공하는 경향이 있다. 이러한 체험과정 속에서 학생들은 이들 과목들에 대한 그들의 지식의 증가를 실제로 경험해 볼 수 있게 된다. 이러한 이유로, 많은 교사들은 이 교수 · 평가 패러다임에 상당한 지지를 보내게 되었으며, 이것이 전통적인 교수보다 훨씬 더 '흥미롭다'고 여긴다.

　　물론, 모든 수행평가 프로젝트들이 위에 기술된 예들처럼 광범위한 학급 차원 프로젝트로 이루어지는 것은 아니다. 개별 학생을 위한 축소된 프로젝트들이 하루 단위 또는 주 단위 과제들로 부여될 수 있다. 이러한 프로젝트에는 다음과 같은 것들이 포함될 수 있다.

- 특정 시대의 노래나 시 적기
- 역사적인 장면을 그림으로 그리기
- 이쑤시개와 풀을 이용해 모형 만들기
- 이야기에 대해 구체적으로 설명하기

아동들은 그들의 학습내용을 그대로 실행해 보는 것을 즐겨 한다.

- 15분간 학급 가르치기
- 멀티미디어 리포트 개발하기

위의 프로젝트들을 보면 알 수 있듯이, 수행평가 프로젝트의 목록은 교사의 창조적 상상력에 제한이 없다면 사실상 무궁무진하다. 하지만 여러 프로젝트들을 생각해 내는 것(brainstorming)은 수행평가를 위한 첫 단계에 불과하다. 교사들은 학생이 수행평가를 마치기 위해 해야 할 요소들이 무엇인지와 실제적 평가가 어떻게 평가될 것인지에 대해서도 신중하게 계획을 세워야 한다.

 반성적 과제 : 평가 항목 작성

수행평가 모델을 기반으로 할 수 있는 하나의 차별화 교수적 훈련은 수행중심 결과물을 계획하는 초기 단계와 프로젝트에 대한 평가 항목의 작성에 있어서 학생을 참여시키는 것이다. 당신의 학급에서 학생들은 그러한 훈련에 건설적으로 참여할 수 있는가? 그리고 학생들이 프로젝트에 대한 아이디어와 평가 기준들을 개발하는 데 도움을 주는 것이 그들의 더 높은 학습참여로 이어질 것인가?

포트폴리오 평가

차별화된 수업에 도입된 또 다른 평가 혁신은 포트폴리오의 사용이다(Gregory & Chapman, 2002, pp. 50-54). 포트폴리오는 선별된 학생 과제의 수집이며, 이것은 시간 경과에 따른 학생의 학업성장을 보여주고 특정 기술에 대한 학생의 성취 증거를 제공한다. 포트폴리오는 과제에 대해 학생이 책임감을 가지게 하고 학생의 학업진전에 있어서 교사와 학생이 서로 공동 협력자가 되게 한다.

포트폴리오는 교사와 학생이 학생의 학업성취를 가장 정확히 반영할 거라 믿는 과제를 담고 있어야 한다. 학생들은 그들이 특히 자랑할 만한 과제, 가장 어려운 과제, 또는 진행 중인 과제를 포함시킬 수 있을 것이다. 또한 포트폴리오는 학생이 준비한 색인뿐만 아니라 학생이 왜 포트폴리오에 포함된 과제에 가장 많은 노력을 들였다고 생각하는지에 대한 반성적 일지(reflective essay)를 담고 있어야 한다. 색인은 포트폴리오와 더불어 계속되는 프로젝트로서 발전될 수 있지만, 반성적 일지는 평가 기간이 끝나기 전에 완성되어야만 한다.

마지막으로, 포트폴리오는 학생의 작업을 일정 기간 이상 담고 있어야 하며, 학년 말의 작업과 비교를 위해 학년 초의 작업까지 포함하고 있어도 좋다. 이러한 모든 자료는 수집되어 여러 형태의 용기(많은 교사들은 실제 서류철을 사용하지만－명칭이 여기서 유래함－어떤 교사들은 작은 상자들을 사용한다)에 담기게 된다. 포트폴리오의 개발과 평가를 위해서 평가 항목은 포트폴리오에 포함될 과제의 수준과 범위뿐만 아니라 사용될 평가 기준에 대한 상세한 설명과 더불어 개발되어야 한다.

>>>• 결론

학습장애 학생들은 다른 많은 학생보다 상당히 더 짜임새 있는 수업을 필요로 하는데, 일일 단위로 학생의 학업수행을 모니터링하면 짜임새 있는 교육을 제공하는 데 도움을 줄 수 있다. 이러한 모니터링은 학습장애 학생들이 그들의 수행을 이전의 노력과 견주어 볼 수 있게 하고, IEP상의 구체적 목표들을 향한 그들의 학업향상을 자축할 수 있게 할 것이다. 많은 학습장애 학생들에 있어서 그들의 수행을 차트화하는 것은 교사들이 사용할 수 있는 가장 효과적인 동기부여 도구 중 하나이다.

이 장에서는 교육과정중심 평가, 준거지향 검사, 정밀교수, 직접교수, 수행평가, 포트폴리오 평가를 포함하여, 수행 모니터링에 대한 필요성에 입각하여 확립된 여러 가지 전략들을 살펴보았다. 이들 전략들 사이에는 상당히 중복된 부분도 있지만, 이 교육과정 모니터링 시스템 중 어느 것을 적용시켜도 통합학급에서 학습장애 학생의 학업성취를 증가시킬 것이다. 따라서 이들 전략 중의 하나 또는 그 이상이 거의 모든 학습장애 학생을 위해 IEP에 도입되어야 한다.

다음 장에서는?

앞의 여섯 장에서 다루어졌던 다양한 차별화 교수 도구를 가지고 다음 장에서는 학습장애 학생에게 가장 빈번하게 나타나는 장애, 즉 읽기 문제 하나에만 초점을 맞춘다. 앞서 기술한 많은 교수·평가 혁신들이 다양한 읽기 기술의 맥락 안에서 논의될 것이고, 거의 모든 일반 학급에 도입될 수 있는 실질적인 전략들을 강조하게 될 것이다.

7

학습장애 학생을 위한 읽기와 문해능력 교수

7

학습장애 학생을 위한 읽기와 문해능력 교수

이 장에 포함된 전략

✔ 문해능력 점검표

✔ 음소를 기본으로 하는 훈련

✔ 단어 재인과 어휘 전략

- 그림 용암법 전략
- 단어뱅크 전략
- 의미 망
- 빈칸 채우기 과정

✔ 이해 전략

- 반복 읽기 전략
- 스토리텔링 전략
- 예측/요약 전략
- 본문 회고 전략

학습장애로 판별된 학생들 중 대부분은 읽기에 어려움을 가지고 있다. 특히 모든 학생들이 동일한 읽기 수준에서 동일하게 수행할 거라고 생각되는 일반학급에서 이러한 어려움은 분명하게 드러나게 된다. 학습장애 학생들은 여러 가지 학업상의 결함을 나타내지만, 읽기만큼 자주 발생하는 결함은 없다. 수학적 결함이나 언어적 결함도 이들을 힘들게 하지만, 읽기 결함은 다른 모든 영역에서의 학습을 방해하기 때문에 더욱 중요하게 다루어져야 한다(Kameenui, Carnine, Dixon, Simmons, & Coyne, 2002, pp. 1-40). 이런 이유 때문에 이 장에서는 통합학급에서의 읽기 교수를 위한 차별화 교수 전략을 제시할 것이다. 학습장애 학생들에게 있어 읽기는 중요하기 때문에 교사는 학년이나 가르쳐야 할 교육과정과는 상관없이 읽기 교수를 위한 차별화 교수 전략을 사용할 준비가 되어 있어야 한다.

지난 10여 년간 학습장애 학생들의 읽기 영역에 대한 연구는 문해능력 교수, 음운론적 연구, 읽기 중재 기법을 포함하여 여러 관련 분야에서 활발히 진행되어 왔다(Chard & Dickson, 1999; Joseph, Noble, & Eden, 2001; Lyon & Moats, 1997). 이 장은 일반교육환경에서 학습장애 학생에게 효과적이라고 밝혀진 특정 교수기법들을 설명하기 위해 이러한 연구 분야들에 대해 간단히 살펴볼 것이다.

>>>• 문해능력 교수란 무엇인가?

오늘날 많은 교사들은 문해능력(literacy) 교수라는 개념에 친숙하지 않을 수도 있다. 문해능력 교수는 상당히 새로운 개념이고, 오늘날 많은 교사에 의해 실행되는 기초 읽기 교수 절차보다 더 통합적인 개념이다. 문해능력 접근은 학습장애 학생에게 필요한 음소기반 교수법뿐만 아니라(Bos, Mather, Silver-Pacuilla, & Narr, 2000; Patzer & Pettegrew, 1996; Smith, Baker, & Oudeans, 2001), 학생들에게 있어 효과적으로 말하고, 쓰고, 경청하는 능력과 다양한 학교 상황의 일상 학습에서 문해능력 기술을 사용하는 데 초점을 두고 있다(Winn & Otis-Wilborn, 1999). 문해능력 접근은 읽기, 쓰기, 말하기의 상호 관계를 강조하고 있으며, 이러한 영역들을 포함하는 스토리텔링과 같은 기법을 선호한다(읽기를 가르치기 위한 언어기반 과정의 사용[Craig, Hull, Haggart, & Crowder, 2001 참조]. 교사들은 이 장에서 논의되는 많은 전략들이 읽기 및 언어의 모든 영역을 교수하는 데 효과적임을 알게 될 것이다). 더욱이, 학생들의 특정 읽기 결함들을 일방적으로 교정하기보다는 문해능력을 개선하도록 돕는 것에 더 비중을 두는 추세이다(Dayton-Sakari, 1997).

‘문해능력 교수’의 개념을 더욱 구체적으로 정의하기 위해서, 우리는 문해능력의 다양한 요소들을 검토해야 한다. Smith 등(2001)은 효과적인 문해능력 프로그램을 구성하는 초창기 문해능력 교수의 요소들에 대해 몇 가지 언급했다. 이것들은 다음과 같다.

1. 중점적인 문해능력 교수를 위한 일일 시간 분배
2. 문해능력이라는 중요 개념을 가르치기 위한 꾸준한 일상 학습
3. 새로운 글자 이름과 소리에 대한 명시적 교수
4. 청각적인 음소 탐지, 분절, 합성에 대한 일상적 비계학습 혹은 도움학습
5. 즉각적이고 교정적인 피드백
6. 음소와 글자소리 수준에서의 새로운 지식을 다양한 문해 상황에서 일상적으로 적용
7. 매일 이루어지는 복습

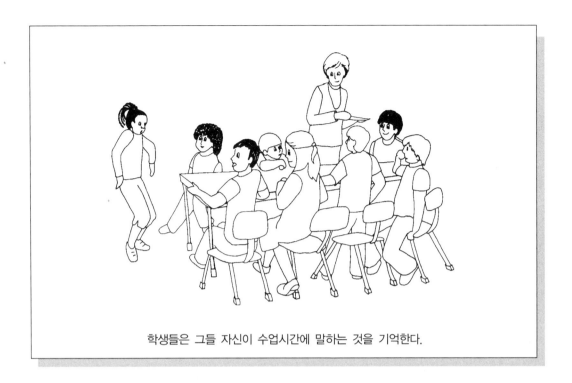

학생들은 그들 자신이 수업시간에 말하는 것을 기억한다.

물론 이러한 요소들은 기본적으로 이 책에서 이미 제시한 기본적 차별화 교수 개념의 일부를 포함한다. 예를 들어 비계설정 교수에 대한 강조와 즉각적인 교정 피드백에 중점을 두는 것에 주목하라. 따라서 '문해능력'에서 강조하는 것은 매우 광범위하며 다른 교수적 패러다임에서 파생한 다양한 개념들을 포함한다. 사실상 차별화된 교실을 위한 거의 모든 교수적 기법들이 그렇다! 이러한 문해능력의 요소들을 통해 문해능력 교수가 무엇인지 잘 이해할 수 있을 것이다. 그리고 이 요소들은 이 장에서 논의되는 주제들에 대한 지침이 될 것이다.

문해능력 교수에 대한 연구

학습장애 학생을 위한 초기의 문해능력 교수 연구는 다양한 자료에서 요약·언급되어 왔다(Bos et al, 2000; Kameenui et al., 2002, pp. 53-78; Patzer & Pettegrew, 1996; Smith et al., 2001). 예를 들어 연구들은 학습장애 학생들과 읽기장애 학생들(또는 두 장애를 모두 가진 학생들)을 위해 강력한 음소기반 교수적 접근을 지지해 왔다(Kameenui et al., 2002). 다음으로, 모든 학년의 수업에서 학생들은 자주 구두로 읽어야 하기 때문에 구두 읽기 유창성이 강조된다. 또한, 초기의 읽기 교수는 아주 강력해야 한다. 즉 학생이 초기의 읽기 목표를 달성할 수 있도록 읽기 교수는 충분한 강도로 진행되어야 한다. 연구들은 유치원과 1학년에서 또래에 비해 읽기능력이 떨어지는 어린 학생들에게 음운론적 교수는 초기 문해능력 교수에 있어서 더욱 중요하다는 것을 밝혀왔다. 연구들로부터 나온 좋은 소식은 음운론적 인식이 '가르칠 만한' 기술이고, 이 영역에서의 충분한 교수는 차후 읽기장애를 보이는 학생들─나이가 많은 학생들에게도- 의 읽기능력을 더욱 강화시킬 것이라는 것이다(Kameenui et al., 2002; Smith et al., 2001).

문해능력 점검표

문해능력에 관한 교수기법들은 문헌을 통해 많은 저자들에 의해 제안되어 왔는데, 일반적으로 초기의 음소 인식으로부터 고차원적인 읽기이해의 범주까지 다양한 읽기 기술들을 반영한다(Bos et al., 2000; Smith et al., 2001; Winn & Otis-Wilborn, 1999). 한 예로, Winn과 Otis-Wilborn(1999)은 통합학급에서 학습장애 학생의 문해능력을 관찰하기 위해 개별적으로 개발된 점검표의 사용을 제안했다. 문해능력 점검표의 예는 수업 가이드 7.1에 제시되어 있다. 보는 바와 같이, 이 비공식적인 문해능력 점검표는 전통적인 읽기 수업에서 다루는 것보다 훨씬 다양한 문해능력을 내포한다. 그리고 문해능력 교수의 옹호자들은 이러한 '더 넓은 관점'을 지지한다. 물론, 교사는 개별 학습장애 학생과 관련된 구체적인 문해기술들을 반영하여 점검표를 만들어야 한다.

음운론적 인식

초기의 문해능력 교수에서 크게 강조되는 것 중의 하나가 음운론적 인식이다(Kameenui et al., 2002). 사실 지난 10여 년간, 연구들은 음운론적 인식이 다양한 언어 영역들과 문해기술들의 주요 요소이자(Bos et al., 2000; Chard & Dickson, 1999), 동시에 많은 학습장애 학생들이 경험하는 가장 중요한 결함이라고(Kameenui et al., 2002; Moats & Lyon, 1993) 밝히고 있다. 최근에 실시된 연구들은 학습장애 학생이 일찌감치 음소를 조작하는 것에서 장애를 보인다는 점에서 일치된 결과를 보인다. 음소 조작에서의 장애는 다양한 영역에서의 추가적인 학습장애를 야기하는 가장 중요한 원인이다. 이러한 이유로, 저학년의 모든 일반교육교사는 음운론적 인식의 개념을 이해하고 다양한 음운론적 인식 교수 전략을 사용할 줄 알아야 한다.

음운론적 인식은 음(音)과 밀접한 관계가 있지만, 음 그 자체는 아니다(Chard & Dickson, 1999). 음은 글자와 그것과 관련된 소리 간의 관계에 관한 것인 데 반해 음운론적 인식은 개별 소리들을 탐지하고 조작하는 능력을 말한다. 그래서 음소 조작 기술(phonemic manipulation skill)은 음과 관련된 기술보다 중요하다. 더 나아가, 학생들이 숙달해야 할 음소 조작 기술에는 체계가 있다(Kameenui et al., 2002, p.58). 예를 들어 대부분의 학자들은 유사한 소리(운율, rhyming)들을 탐지하는 것은 초성의 차이(즉 cat과 hat의 초성 차이)를 탐지하는 것보다 선행되는 음소 기술이라고 말한다. 이 음소 기술의 연속적인 순서에 대해서는 연구자마다 다양하게 제시하고 있으나, 다음에 제시한 기술 순서는 이러한 개념을 보여준다.

👉 **수업 가이드 7.1**

문해능력 점검표

이름 _____   날짜 _____

활동 유형 :   _____ 구두 읽기   _____ 내용학습
                  _____ 그룹 읽기   _____ 기타

읽기 자료 _____

_____

모르는 단어를 해독하기 위한 시도 _____

_____

문맥 단서의 이용 _____

_____

줄거리 요약/ 등장인물에 대한 정보 _____

_____

개인적인 경험 사용 _____

_____

사건의 순서 기록 _____

_____

자기점검의 실시 _____

기타 : _____

_____

유사한 소리(운율) 탐지하기	다양한 운율 연습이 사용될 수 있다.
초성 분리하기	ball에서 초성은 무엇인가?
중성/종성 분리하기	house에서 종성은 무엇인가?
소리들을 단어로 합성하기	이 소리들을 조합하면 무슨 단어가 되는가(ho-may-ker)?
단어를 음절이나 소리로 분절하기	이 단어를 부분으로 나누면 단어의 각 부분들은 어떤 소리가 나겠는가? (banana)
소리 바꾸기/ 조작하기	첫 소리를 'ha'로 대치한다면, cat은 어떤 소리가 나겠는가?

물론, 학생이 이런 방식으로 소리들을 조작할 수 있게 된 다음에는 알파벳 규칙 - 영어의 44개 음소들은 26개 글자 혹은 26개의 글자들이 조합된 것이다 - 에 따라 훈련되어야 한다 (Sousa, 2001b). 이 알파벳 규칙 교수는 음에 관한 것이고, 말소리들을 글자로 쓰거나 활자화하는 과정과 관련된다. 따라서 학생이 음운 인식과 음소 조작 기술을 숙달한 후에 이 음성학적 교수가 시작된다(Kameenui et al., 2002, pp. 58-65). 더욱이, 유창하게 읽는 자동화 수준까지 가기 위해서는 문자 소리와 음소 조작 기술을 반드시 배워야 한다.

이렇듯 음과 음운론적 교수는 구별된다. 학습장애 학생들은 다양한 글자 소리들을 구별하지 못할 수도 있기 때문에 단순히 학생들에게 '글자 소리'를 가르치는 것만으로는 부족할 수 있다. 따라서 음운론적 인식 기술에 대한 교수활동들은 학습장애 학생에게 필수적이다(Smith, 1998). 전형적으로 음운론적 교수는 음성학적 교수보다 먼저 실행되는데, 유치원에 들어가기 전에 시작될 것이다. 심지어 초등학교, 중학교와 같은 늦은 시기에서도 음소 인식과 음소 처리 기술이 숙달되지 않은 학생을 위해서는 읽기의 다른 상위 단계 교수보다도 선행되어야 한다(Kameenui et al., 2002, pp. 50-65).

음운론적 교수 개념

음운론적 교수는 단어의 운율 맞추는 활동, 유사한 소리를 지닌 단어 찾기 활동, 소리 합성과 같은 여러 가지 교수활동을 포함할 수 있다. 교사들에게 음운론적 기술의 교수방법에 대해 이해시키기 위해, 여기에 통합교실에 적합한 두 가지 예가 제시되어 있다. 첫째, 소리와 소리 합성 활동을 강조하는 교수활동의 예가 수업 가이드 7.2에 나와 있다.

다음으로, Kameenui와 그의 동료들(2002, p. 68)이 음운론적 인식 기술을 학습하는 학생을 위해 고안한 교수적 비계설정들을 아래에 제시했다. 앞서 기술한 초인지/비계설정 접근과 이 활동들 간의 유사점에 주목하라.

비계설정 1-모델링하기	교사는 각 글자를 가리키며 그 단어의 소리를 낸다. "내가 이 단어의 소리를 내볼 차례야. 내가 글자를 가리킬 때, 나는 그 글자의 소리를 낼 거야. 다음 글자를 가리킬 때까지 그 소리를 계속 낼 거야."
비계 설정 2-소리 내어 말하기	교사는 학생이 소리를 내는 동안 해당 글자를 가리킨다. "이제, 네가 이 단어의 소리를 낼 차례야. 내가 가리키는 글자를 소리 내봐. 내가 다음 글자를 가리킬 때까지 그 소리를 계속 내봐."
비계설정 3-마음속으로 말하기	교사가 각 글자를 가리키는 동안 학생은 마음속으로 글자의 소리를 내어본다. "너는 소리를 내지 않고 이 단어를 읽을 거야. 내가 글자를 가리킬 때, 넌 자신에게만 이 단어의 소리를 내는 거야."
비계 설정 4-전체 단어 읽기	교사는 해당 단어를 지적하고 학생은 도움 없이 스스로 발음한다. "너는 이 단어를 빠르게 읽게 될 거야. 내가 단어를 가리킬 때, 너는 너 자신에게 발음해봐. 내가 신호를 주면 빠르게 단어를 말해봐."

 반성적 문제 : 문해능력 교수 vs 읽기 교수

학부모에게 문해능력 교수의 개념을 설명하고 있다고 가정하라. 넓은 범위의 교수활동이라는 견지에서 봤을 때 이 접근과 전통적 기초 읽기 접근과의 차이점, 그리고 읽기와 다른 기술 영역과의 관련성에 대해 설명해 보라.

>>>• 단어 재인을 위한 전략

학생들은 음소와 특정 문자 소리를 이해하는 수준을 넘어 모르는 단어를 읽을 수 있도록 해독하는 능력을 가져야 한다. 더욱이, 읽기 자료 속 단어의 뜻을 이해하는 것은 본문과 문맥의 의미를 이해하고자 하는 읽기 교수 목표를 위한 초석이 된다. 이러한 이유로, 단어 해독, 단어 공략, 단어 이해를 가르치기 위한 많은 전략들이 제안되어 왔다. 이 단원은 학습장애 학생에게 교수될 일련의 단어 공략 전략들을 제시한다.

시각단어와 어휘 교수

시각단어(혹은 일견단어, sight word) 전략은 모르는 단어의 해독이나 '발음하기'와는 관련성이 없다. 이 전략은 다른 방법으로 단어를 학습하는 것이다. 단어 형태나 모양을 사용하는 것이 일반적인 시각단어 재인기술이다. 학습장애 학생에게 사용할 수 있는 또 다른 단어 교

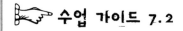 **수업 가이드 7.2**

음운론적 활동의 예와 수업계획

단어 맞추기 게임 수업
학습목표: 학생들은 각 음소가 길게 소리 내어진 단어를 합성하고 구분할 수 있을 것이다.
필요한 자료: 학생들이 알아 볼 수 있는 사물그림 카드—해, 종, 선풍기, 깃발, 뱀, 나무, 책, 컵, 시계, 비행기
활동: 학생들 앞에 몇 개의 그림 카드를 놓아라. 달팽이 대화법(snail talk)—단어를 천천히 말하는 방법(예 : ffffff llll aaaaa ggggg)—을 이용해 단어를 말할 것이라고 학생들에게 얘기한다. 학생들은 그림을 보고 달팽이가 말하는 것을 맞춰야 한다. 답을 확인하기 전에 학생 모두가 답을 유추해 보는 기회를 갖도록 잠시 머릿속에 답을 떠올려보게 한다. 한 학생에게 단어를 맞추게 하고, 모두가 참여하도록 다 같이 단어를 크게 말한다.

분절하기 수업
학습목표: 학생들은 구어를 여러 부분으로 분절할 수 있을 것이다.
필요한 자료: 학생들이 알 만한 짧은 문구나 시 등의 목록(예: "노병은 결코 죽지 않는다. 다만 사라질 뿐이다")
활동 : (a) 교수 초기에는 학생이 문장들을 각각의 단어들로 나누도록 가르친다. 학생들에게 각 단어마다 손뼉을 치게 한다.
　　　　(b) 학생들이 향상되면 단어를 음절로 나누도록 가르친다. 학생들의 이름을 가지고 먼저 시도해볼만할 것이다 (Al-ex-an-der, Ra-chel).
　　　　(c) 학생들이 단어에서 첫 번째 음소를 삭제하도록 연습시킨 후, 짧은 단어를 각각의 음소들로 나누도록 가르친다(s-u-n : s-t-o-p).

글자 바꾸기 게임
학습목표: 학생들은 글자가 바뀌는 것을 탐지해 내고, 대치된 글자로 단어를 발음할 수 있다.
필요한 자료 : 세 글자로 된 간단한 명사와 그림으로 보여주는 단어 카드 목록(자음—모음—자음 단어. 예 : bat, cup, hat, ham)
활동: 학생 : "Mr. Sound가 당신에게 단어를 보여주고 단어의 첫 글자를 바꿀 거예요." (박쥐(bat)의 그림을 보여준다) "함께 이 단어를 말해보세요." (학생들은 bat라고 대답한다.) "Mr. Sound는 첫 소리를 h로 바꾸고 싶어 해요." (교사는 h의 음을 소리내 주고, 글자 이름은 말하지 않는다.) "만약 Mr. Sound가 소리를 이렇게 바꾼다면, 그림과 일치하는 것은 무엇일까요?" 학생을 지명해서 대답하게 하기 전에, 모든 학생들이 정답에 대해 생각하게 한다.

출처 : Chard, D. J., & Dickson, S. V. (1999). Phonological Awareness : Instructional and Assessment Guidelines. *Intervention in School and Clinic*, 34, 261-270. ⓒ PRO-ED, Inc.

수기법으로 그림 용암법과 다양한 단어뱅크 활동들이 있다.

그림 용암법　그림 용암법은 글자와 그림을 짝짓는 연합 학습, 또는 자극끼리 짝짓기 개념을 토대로 한다. 하나의 그림은 그것이 표현하는 명사와 짝을 이루고, 이 두 가지를 동시에 학생에게 보여준다. 이렇게 하고 난 뒤 그 그림을 점차적으로 사라지게 한다(Corry & Shamow,

1972; Dorry, 1976; Knowlton, 1980). 그림 용암 기술은 일반적으로 단어와 그림이 짝을 이루고 있는 카드들과 관련이 있다. 교사는 그 카드들을 여러 개의 OHP 용지가 부착되어 있어 조작이 손쉬운 '그림 용암판' 위에 놓는다. 이 용암판에 부착된 OHP 용지는 단어는 가리지 않고 그림만 변하게 할 것이다. 교사는 학생에게 여러 단어 중 한 단어를 발음하도록 한 다음, OHP용지 한 장으로 각 단어와 짝을 이루는 그림을 덮는다. 이 OHP용지는 학생의 시야에 단어만 남겨두면서, 부분적으로 그림을 '사라지게' 할 것이다. 그리고 나서 그림이 완전히 안 보일 때까지 OHP 용지를 한 장씩 계속 사용하여 결국에는 그림을 없앤다. 그림이 완전히 안 보일 때까지는 일반적으로 다섯 장에서 일곱 장 정도의 용지가 필요할 것이다.

이 기법은 그림의 내용 이해를 위한 고학년 단계의 교수뿐만 아니라 저학년 단계의 그다지 수준이 높지 않은 단어-일반적으로 명사-의 교수에 가장 효과적이다. 명사는 다른 형식의 단어들보다 '그림그리기'가 더 쉽지만, 창의성을 발휘한다면 교사는 행동 단어들도 그림으로 표현할 수 있는 흥미로운 방법을 찾을 것이다. 많은 교사들이 가정과 교실에서 쉽게 발견할 수 있는 물건들을 그린 후 이것으로 용암 카드를 만들어서 학생들의 교수에 이 기법을 사용하고 있다.

그림 수수께끼 접근 어린 학생들의 읽기와 단어 재인을 위한 그림 수수께끼 기법은 아래 문장에서 볼 수 있듯이 문장 속 단어들을 그림으로 대체한 것을 말한다.

이 에서 떨어진다.

다른 예로, 교사는 그림만 그려놓고 학생들로 하여금 단어들을 사용하여 문장을 만들도록 할 수도 있다. 이 경우에도 그림은 단어로 대체되면서 없어진다. 앞서 설명한 그림 용암법처럼, 이것은 단어와 그림을 한 쌍으로 하는 연합 학습의 또 다른 유형이다. 올바른 단어 인식은 각각의 자극을 동반하는 그림 단서의 사용을 가르침으로써 향상될 수 있다. 학부모들은 자신의 미취학 아동에게 취침 시간 전에 이러한 읽기 방법을 사용할 수 있다. 이것은 아직 알파벳을 접하기 전인 어린 학생들에게도 매우 효과적인 기법이다. 학부모들은 장난감 가게나 서점에서 이 기법에 사용할 수 있는 많은 책들을 구할 수 있을 것이다.

단어뱅크 교수 많은 교사들은 교수활동 용도로 학생들이 모르는 5~10개의 시각단어들이 들어 있는 단어뱅크를 사용한다. 일반적으로 교사들은 학생들로 하여금 시각단어 목록이나 교과서 본문에서 발췌한 단어 목록을 읽게 함으로써 교수를 시작한다. 교사는 학생의 오류를 표시하고 학생이 10개의 단어를 잘못 읽을 때에 읽기를 멈추게 한다. 오류 표시는 오류가 나온 마지막 단어 아래에 기재하고 날짜를 써 놓는다. 이렇게 작성된 자료 파일들은 비공식적인 성과 측정의 용도로 다시 사용될 것이다. 학생이 모르는 10개의 단어는 마분지에 쓰여지게 되고 이는 그 학생의 단어뱅크가 된다. 그 다음 단어가 적힌 이 카드들을 단어 통에 넣는다. 어떤 형태의 통 혹은 상자라도 상관없겠지만, 나는 주로 '감자칩 통'을 사용했고, 중학교 학생들에게 그들 자신의 취향대로 개인 단어 통을 꾸미도록 했다. 많은 교사들이 시각단어들을 가르치기 위해 단어뱅크 활동을 사용하지만, 나는 중학생들에게 그들의 교과목별 수업에서 나온 교과 내용 속 단어를 배우게 하기 위해 단어뱅크 활동을 사용했다. 이것은 특수교육 교사가 통합학급의 학생들이 수업내용을 이해하도록 지원할 수 있는 훌륭한 활동이다.

일일 단어뱅크 활동은 학생들로 하여금 각 단어를 여러 번 쓰게 하고 그것을 교사에게 읽어 주도록 하는 활동내용을 포함한다. 꼭 단어뱅크 활동이 없는 날이더라도 학생들은 단어 통에 들어있는 단어들을 살펴보고, 그 단어들을 문장이나 이야기를 구성할 때 사용할 수 있다. 단어뱅크 전략의 핵심은 학생이 매일 과제들을 수행할 때 단어뱅크에 있는 각 단어를 반드시 사용해야 한다는 것이다. 이렇게 한 학생이라면 대략 2주 후에는 별 어려움 없이 이 단어들을 읽을 수 있을 것이다. 바로 이러한 시점이 되면 교사는 학생에게 이 단어들을 집에서 부모님과 공유하게 한다. 학습한 단어 목록은 다시 사용되며, 다른 10개의 단어를 단어뱅크에 넣게 된다. 좀 더 높은 수준의 학생들에게 교과 내용 영역 단어를 교수할 때에, 통합학급 교사는 한 단원의 수업이 끝날 때마다 단어뱅크의 단어를 바꿔야 할 것이다.

한 학년이 끝날 즈음이면 학생은 이미 많은 새로운 단어를 배웠을 것이고, 교사는 학부모들에게 특히 학년 초 학생의 어휘 수준을 나타내는 단어 목록과 1년 동안 학생들이 성공적으

☞ **수업 가이드 7.3**

단어뱅크의 단어로 할 수 있는 활동

1. 같은 철자를 가진 단어 찾기

2. 같은 운율을 가진 단어 찾기(예 : money, honey)

3. 같은 의미의 단어 찾기(즉 동의어)

4. 카드에 적힌 단어들로 첫말 혹은 끝말을 잇는 '도미노' 게임하기

5. 단어들을 유형에 따라 범주화하기 : 명사, 동사, 대명사 등

6. 학생들에게 단어뱅크 내 모든 단어를 사용하여 이야기를 쓰게 하기

로 습득한 단어 목록들을 보여 줄 수 있을 것이다. 학부모들은 일반적으로 단어목록과 같이 그들 자녀의 학업적 성장을 보여주는 것에 대해 상당히 우호적이다. 수업 가이드 7.3은 이러한 단어들을 사용하면서 수행할 수 있는 부가적인 단어뱅크 활동들을 보여준다. 또한 정밀교수 기법은 단어뱅크 활동을 통한 학생들의 시각단어 재인 발달상황을 모니터링하기 위한 가장 좋은 방법 중의 하나이다. 수업 가이드 7.4는 이러한 정밀교수 프로젝트를 설명하고 있다.

단어 공략 전략

영어에는 단어 발음의 규칙성과 단어 형식에 대한 일반적인 법칙이 존재하므로 여러 단어 공략 기술은 읽기장애 학생이 새로운 단어를 해독하는 데 도움을 줄 것이다. 사실 영어 단어의 약 85%는 '규칙적'이다. 즉 이러한 규칙적인 단어들은 구체화된 음성학의 사용뿐만 아니라 단어 공략 규칙을 통해 해독될 수 있다. 비록 음성학 교수를 통한 단어 발음 교수가 많이 이루어지고 있지만, 2학년 이상의 일반교육교사들은 음성학적 교수에 시간을 할애하지는 않기 때문에 음성학적 법칙과 교수기법에 대해 모두 기술하는 것은 이 책의 성격과 어울리지 않는다. 고학년의 통합학급에서는 음성학적 기술과 함께 구조 분석과 음절화와 같은 다른 단어 공략 기술을 사용하는 것이 적절하다.

음절화 다음절 단어를 각각의 음절로 나누는 능력은 적어도 두 가지 방식으로 학생의 모르

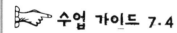

수업 가이드 7.4

시각단어 재인을 위한 정밀교수 프로젝트

여기서는 학습장애 학생들의 시각단어 재인을 모니터링하는 데 사용되는 정밀교수 프로젝트에 대해 설명하고 있다. 이런 종류의 프로젝트는 학생들이 단어 학습을 위해 사용하는 단어뱅크 활동 유형과 상관없이 잘 적용된다. 우선 위에 기술된 것처럼, 교사는 학생들이 모르고 있는 단어들을 파악하고 확인하여야 한다. 단어뱅크는 대략 10개의 단어들을 담고 있어야 한다. 단어 통에 있는 10개 단어의 읽기비율을 정확히 계산하기 위해, 교사는 각 단어가 최소한 열 번 이상 적힌, 무작위로 나열된 읽기 활동지를 준비해야 한다. 이것은 학생이 1~2분 동안 읽기를 계속할 수 있을 만큼의 충분한 단어 분량일 것이다. 아동과의 일일 단어뱅크 활동이 끝나고 난 후, 교사는 학생과 함께 앉아 정해진 시간 동안 그 학생으로 하여금 단어들을 읽게 한다. 이 때 학생은 할애된 시간 내에 가능한 많은 단어를 읽는다. 정확하게 읽은 단어와 오류 수를 세어 차트화 한다. 교사는 다른 용지에 맞게 읽은 단어 수와 오류들에 대해 기재해야 한다. 학생이 그들의 목표를 달성하면 교사는 단어뱅크에 있는 단어를 바꿔야 한다. 만약 학생이 기존의 단어 목록 중 한 단어를 어려워하면, 이 단어는 9개의 새로운 단어와 함께 단어뱅크에 포함된다. 물론 6장에서 기술한 것처럼, 교사는 단어뱅크의 단어들을 어떻게 바꿔 나갔는지를 정밀교수 차트 안에 단계 변화선으로 표시하여야 한다.

는 단어 읽기 능력을 강화한다. 첫째, 학습장애 학생들에게는 긴 단어를 읽는 것보다 음절 읽기가 더 쉽다. 다음으로, 음절화는 각 음절을 음성학적으로 해독할 수 있게 한다. 음절화는 음성학적 분석을 가능하게 하기 때문에 단어를 음절로 나누지 못하는 것은 학생의 읽기 노력에 큰 걸림돌이 될 수 있다. 이러한 이유로, 학년 수준을 막론하고 교사들은 음절화 기술에 중점을 두어야 한다.

음절화 규칙의 대부분은 일반적으로 적용할 수 있고, 고학년 교과 영역별 수업에서도 읽기를 위한 일반적 지침으로 교수될 수 있다. 비록 영어의 모든 상황에 적용할 수 있을 만큼 포괄적인 하나의 규칙 세트를 만들 수는 없겠지만, 음절화를 위한 일반적인 규칙들을 수업 가이드 7.5에 제시했다.

음절화 기술은 대개 이러한 일반적인 규칙들을 사용함으로써 교육되는데, 구체적이고 명시적인 교수가 제공된다면 학습장애 학생들은 이 규칙들을 보편적으로 잘 터득할 수 있을 것이다. 교사들은 이러한 규칙들이 설명된 차트를 교실에 영구적으로 비치해 두어야 한다. 사실, 혹자는 이러한 규칙들을 학생들이 단어에서 음절의 적합한 위치를 인식하도록 도와주는 초인지 전략으로 생각할 수도 있을 것이다. 제4장에 기술된 것처럼, 이미 알고 있는 단어에 규칙을 적용하는 것을 모델링해 주고, 이것을 모르는 단어에 적용하고, 일일 진보상황을 점검하는 순서로 교수가 진행된다. 창의적인 교사라면 이 각각의 규칙들을 하나의 두문자어로 제시할 수도 있을 것이다.

구조 분석 3학년 이상의 학습장애 학생을 위해서는 단어 구조 분석의 사용이 권장된다. 구조 분석은 접두사, 접미사 그리고 어근을 인지할 수 있는 능력을 직접적으로 가르치는 것을

 수업 가이드 7.5

일반적인 음절화 법칙

1. hammer와 slumber처럼 두 개의 자음이 두개의 모음 사이에 놓여 있을 때에는 단어를 두 개의 자음 사이에서 나눈다 : ham/mer, slum/ber.

2. 하나의 자음이 두 개의 모음 사이에 놓여 있을 때에는 단어를 첫 번째 모음 뒤에서 분리시킨다 : be/gan.

3. table과 같이 단어가 le로 끝나고 그 앞에 자음이 있을 때에는, 마지막 음절은 le와 그 마지막 자음으로 구성된다 : ta/ble.

4. 일반적으로 두 문자 이상의 접미사는 스스로 하나의 음절이다 : head/ed, load/ing.

담고 있다. 예를 들어 대부분의 3학년 학생에게 단어 playing은 좀 더 일반적인 단어인 play 보다 훨씬 더 길고 복잡하게 보일 것이다. 실제로, 학습장애 학생들은 그러한 다음절 단어에 꽤 겁먹을 것이다. 하지만 접미사 ing의 확인은 학습장애 학생들의 단어 재인에 도움이 될 것이다.

일반적인 접두사와 접미사의 교수는 대부분의 학습장애 학생들의 전반적인 읽기 수행에 도움을 주기 때문에 대다수의 일반교육교사들은 단어 구조에 어느 정도 시간을 투자해야 한다. 접두사와 접미사를 가르치는 데 사용 가능한 다양한 전략들이 있겠지만, 수업 가이드 7.6 은 접두사와 접미사의 확인을 도와주는 비주얼 스캐닝 기법을 사용한 수업 활동지의 한 예를 보여준다. 교사들은 다른 단어 목록을 가지고 이 모델을 사용할 수 있고, 구조 분석에 중점을 둔 일련의 수업 활동지를 개발할 수도 있다. 매일 학생들로 하여금 이러한 형태의 수업 활동지를 완성하게 함으로써 학생들의 정답 수와 오류 정보를 수집할 수 있고, 이 결과물들은 다시 학생들의 수행을 평가하기 위한 정밀교수 차트에 점이나 선으로 표현될 수 있다.

구조 분석 학습전략 제4장에서 논의된 것처럼, 캔자스대학 연구팀은 학습장애 학생들이 다양한 과제를 수행하는 데 도움을 주는 많은 학습전략을 만들어 왔다. DISSECT 전략(Bryant, Ugel, Thompson, & Hamff, 1999; Ellis, 1994; Lenz, Schumaker, Deshler, & Beals, 1984)은 중학교 이상에 재학 중인 학생들에게 교과서에 나오는 모르는 단어의 의미를 학습하게 하기 위해 개발되었다. 이 전략에는 전략의 소개, 모델링, 아는 단어로 교수하기, 모르는 단어에 전략 적용하기, 일반화하기가 포함되어 있으며, 제4장에서 논의된 것과 같은 방식으로 제공된다. 이 기법은 구조 분석에 어려움을 겪는 학습장애 학생들이 통합된 거의 모든 일반학급에서 적용 가능하다. 수업 가이드 7.7은 DISSECT 전략의 단계들을 제시한다.

>>>> 단어 이해

위에서 살펴본 기술들이 기본적으로 단어 재인에 집중하고 있는 반면에, 아래의 기술들은 문서 내 단어 이해 문제들을 다루고 있다. 단어의 올바른 발음은 문맥 내에서 단어의 의미를 이끌어 내는 것보다는 덜 중요한 것으로 여겨지기 때문에 여러 전략에서 발음 기술은 다루지 않고 있다. 단어 이해를 다루는 수많은 방법들이 있다. 어떤 방법들은 저학년의 읽기 수준이 떨어지는 학생에게 유용할 수 있는 반면, 또 다른 기술들은 교과 영역별로 고학년 학생들에게 사용될 수 있다.

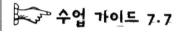

수업 가이드 7.6

접두사/접미사 교수를 위한 비주얼 스캐닝 수업 활동지

각 단어의 접두사나 접미사를 찾아 동그라미로 표시하시오.

fighting	write	coming	subtopic
women	using	taken	learned
home	restless	prohibit	habit
insight	beside	before	sightless
desks	chair	table	insight

이 목록에 좀 더 어려운 접미사와 접두사를 포함시킬 수 있다. 또한, 이와 같은 수업 활동지는 접두사와 접미사의 숙달 정도를 문서화하기 위해 시간이 제한된 정밀교수 과제로 사용될 수 있다.

수업 가이드 7.7

DISSECT 학습전략

D   (Discover the word's context) 단어의 문맥을 찾는다. 모르는 단어의 앞뒤 문장을 반복해서 읽는다. 그림을 주의 깊게 본다.

I   (Isolate the prefix) 접두사를 분리시킨다. 학생이 이미 알고 있는, 흔히 쓰이는 접두사를 찾아낸다.

S   (Separate the suffix) 접미사를 떼어 놓는다.

S   (Say the stem) 어근을 말한다. 접두사나 접미사 없이 어근만 따로 인식할 수 있는지 본다.

E   (Examine the stem) 어근에 대해 알아본다. 만약 어근이 곧바로 인지되지 않는다면, 학생은 그것을 소리 내어 보거나 발음할 수 있는 부분만이라도 소리 내어 본다.

C   (Check with someone) 누군가와 함께 점검한다. 만약 학생이 단어에 대한 개념을 어느 정도 갖고 있다면 그 것에 대해 점검한다.

T   (Try the dictionary) 사전을 이용한다. 만약 학생이 질문할 사람이 없거나 질문 받은 사람도 그것을 알지 못 한다면 사전을 이용해야 한다.

출처 : Ellis(1994), Bryant, Ugel, Thompson, & Hamff(1999). Lenz & Hughes(1990)와 Lenz, Schumaker, Deshler, & Beals(1984)를 참조.
Note : 이 전략과 이 책에서 제시한 다른 전략들에 대해 미국 캔자스대학에서 연수를 제공하고 있다.

의미망 전략

많은 학습장애 학생들은 어휘에서의 어려움뿐만 아니라 읽기과제 속 개념들 간의 관계를 찾아내는 데 어려움을 가진다. 이러한 개념 간의 관계는 고차원적 이해를 위한 토대가 된다. 의미망(semantic webbing)을 사용하면 대부분의 읽기 과제에서 학생들의 어휘력뿐만 아니라 개념들 간의 관계에 대한 감각 능력 또한 강화시킬 수 있다(이와 동일한 기법이 때로는 의미 지도(semantic maps)로 언급되기도 한다(Bos et al., 2000; Bryant et al., 1999를 참조하라).

의미망은 학생의 비계설정으로 간주될 수 있다. 의미망은 전형적으로 화이트보드나 수업 활동지의 중심에 그려진 동그라미에 단어나 구절을 제시하고, 수업 가이드 7.8에 나타난 것과 같이 중심 단어와 관련된 나머지 단어를 학생과 교사가 함께 결정하는 활동이다. 부수적인 용어와 개념은 분리되어 있는 동그라미에 쓰고 그들 사이의 관계에 기초하여 서로 근접하게 놓이게 한다. 중요한 점은 의미 있는 관계라는 것이고, 의미망을 개발하고자 하는 교사라면 관련된 용어뿐 아니라 새로운 용어와 중심 용어 사이의 논리적인 관계를 각각의 동그라미 안에 간략하게 기록한다.

위의 예에서, 개울이라는 용어는 '강'에 연결되고, 이를 통해 중심 용어인 물의 원천과 연결된다. 하지만 개울이 대양으로 직접 흘러가지는 않기 때문에 '개울'로부터 '대양'으로 직접 연결시키지는 않는다. 이 예가 보여주듯, 의미망은 다양한 주제 영역에서 학년 수준을 막론하고 사용할 수 있는 하나의 문해능력 교수개념이다. 학습장애 학생들에게 읽기 과제의 유형과 상관없이 의미망을 개발하게 할 수 있다. 교사는 의미망 속에 들어갈 몇 가지 용어들을 미리 제시해 줌으로써 능력 수준이 다른 학생들에게 차별화된 교수를 할 수 있다.

빈칸 채우기 과정

빈칸 채우기(cloze) 과정은 단어 이해와 문맥 단서 사용을 강조하는 활동이다. 이 방법은 학년 수준을 막론하고 다양한 주제 영역에서 사용될 수 있다. 수업 가이드 7.9는 빈칸 채우기 과정의 예를 제시하고 있다.

학생들은 빈칸 채우기 과정을 통해 읽기 문장에 들어 있는 의미론적·구문론적 단서들을 사용하여 내용과 부합하는 올바른 용어를 선택하게 된다. 이 기법은 많은 학습장애 학생에게 아주 효과적인 읽기 기술일 수 있다. 통합학급 교사들은 읽을 문장의 일곱 번째 단어(단어를 셀 때 관사나 부정관사는 제외한다)를 선택하고, 이 단어들을 지움으로써 거의 대부분의 읽기 자료를 가지고 빈칸 채우기 읽기 활동을 만들 수 있다. 또는 이와 반대로, 교사들은 읽을 본문을 선정한 후 내용을 담고 있는 단어를 무작위로 골라 빈칸으로 만들 수도 있다. 이러한 빈칸 채우기 과정은 학습장애 학생들로 하여금 단어를 읽게 할 뿐만 아니라, 이들이 문맥 단

의미망

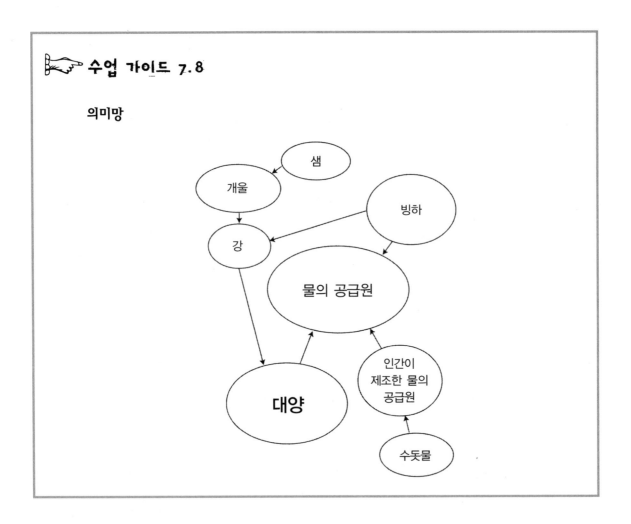

서를 해석하기 위해 문장의 내용에 관심을 기울이게 할 것이다. 물론, 이 과정을 학생들에게 사용하기에 앞서 준비된 문장의 빈칸들이 문장 속 단서들을 사용하여 모두 채워질 수 있는지 먼저 확인되어야 한다.

한 가지 대안을 말하자면, 이 빈칸 채우기 활동은 통합학급의 학습장애 학생에게 '단어 목록'을 제공함으로써 적용하기 쉬워진다. 학생들은 읽기 문장 속 특정 빈칸에 해당하는 단어를 목록에서 찾을 것이다.

마지막 단계로, 교사들은 일련의 빈칸 채우기 읽기 활동을 일일 정밀교수 프로젝트로 만들 수 있다. 매일 이렇게 준비된 문장을 읽게 함으로써 학습장애 학생들의 어휘력은 빠른 속도로 향상될 것이다. 다시 한 번 언급하지만, 정답 및 오답에 대한 일일 점수는 학생의 발전적인 성과를 보여주기 위해 차트화해야 한다. 이 활동은 초등학교 고학년 수준의 학생을 대상으로 특정 교과 영역의 어휘를 가르치는 데 더욱 적합하다. 빈칸 채우기 과정은 문장 이해를 평가하기 위해 사용되어 왔으나, '본문 속 단어 이해'가 이 특정 기법에 대한 더욱 정확한 표현일지도 모른다.

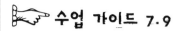

수업 가이드 7.9

읽기 교수를 위한 빈칸 채우기 과정

나는 멀리 (   )에 계시는 할아버지의 농장을 방문한 적이 있다. 할아버지와 할머니는 옥수수와 귀리를 재배하고 계셨고, 농장에는 많은 동물들이 시끄럽게 모여 있었다. 매일 아침 (   )에서 일어나기 전, '꼬끼오'하고 우는 (   )의 울음소리를 들었다. 이 소리가 들리고 얼마 지나지 않아, 할아버지는 (   )에게서 우유를 짜기 시작했고, 나는 '음메' 하는 울음소리를 들었다. 농장을 더욱 시끄럽게 만들려는 듯, 개는 항상 (   ) 짖어댔다. 할아버지 (   )의 아침은 매우 시끄러운 시간이다.

반성적 과제 : 확실한 이해 훈련으로서의 빈칸 채우기 과정

교육자가 읽기 이해를 측정하는 다양한 방법을 생각해 보자(예 : 단락을 읽고 글로 작성된 질문에 답하기, 단락을 읽고 그것을 기술하는 그림 지적하기 등). 많은 연구자들에 의하면, 빈칸 채우기는 그 자체에 이미 이해 훈련을 포함하고 있기 때문에 읽기 수업 후에 따로 이해 훈련이 필요하지 않다. 이 기법은 이해를 측정하는 데 있어 가장 효과적인 방법이다. 이러한 점에서 빈칸 채우기 과정과 빈칸 없이 문장을 읽고 이해하는 것이 유사하다고 할 수 있다. 당신은 이 기법보다 문서에 더 직접적으로 관련된 다른 이해 측정 방법들을 생각해 낼 수 있는가?

>>>> 초등학생과 중학생을 위한 읽기 전략

읽기 이해를 강화하기 위한 많은 교수기법들을 앞부분에서 이미 기술했지만, 특히 초등학생과 중학생들을 위한 읽기 교수, 특히 문장을 유창하게 읽게 하고 이들의 문장 이해력을 증진시킬 수 있는 다수의 부가적인 기법들을 다음에 덧붙였다(Bryant et al., 1999; Mastropieri, Leinart, & Scruggs, 1999; Swanson & De la Paz, 1998).

예측/요약 기법

학습장애 학생들은 일반 독자들과는 다른 방식으로 읽기 과제에 접근한다. 즉 그들은 주어진 읽기 문장에서 다음에 어떤 내용이 올지 예측하지 않을 뿐만 아니라 이해를 강화하고 점검하기 위한 내용 요약도 하지 않는다(Bryant et al., 1999). 간단히 말해, 많은 학습장애 학생들은, 특히 구두 읽기 활동에서, 본문의 진정한 이해 없이 단순히 '단어를 말한다'. 따라서 읽기장애 학생들이 읽기 자료에 정신적으로 관여하고 상호작용할 수 있도록 돕기 위한 전략들이 이들 독자들에게는 도움이 될 것이다. 특히 전략은 학생들이 다음과 같이 하도록 고무시켜 주는 것이어야 한다.

1. 읽기 단락이 어떤 내용을 담고 있는지 예측하기
2. 이해 점검을 위해 단락 요약하기

이 두 가지 전략들은 아마도 이해 수준을 높여줄 것이다. 사실, 예측과 요약은 모두 제4장에서 기술된 호혜적 교수 전략에서 강조된 것들이다. 교사는 학습장애 학생에게 읽을 자료와 함께 읽기 과정 동안 완성해야 할 수업 활동지를 사용함으로써 예측과 요약을 강조해야 한다. 예측/요약 수업 활동지의 한 예가 수업 가이드 7.10에 제시되어 있다. 모든 학년 수준과 다양한 읽기 과제에 이 예측/요약 수업 활동지는 쉽게 조정해서 사용될 수 있다. 이 전략은 학습장애 학생을 읽기 내용에 더욱 관여할 수 있도록 도울 것이다.

반복 읽기 기법

여러 학습장애 학생들은 자신들이 읽는 속도가 느리기 때문에 수업시간에 구두로 읽기를 매우 꺼린다. 사실, 초등학교 교실에서 이들 학생들은 구두 읽기에 대해 자주 난감해 하고, 실제로 읽기를 싫어하게 된다. 이러한 이유로, 통합학급의 모든 일반교육교사는 학생이 유창하게 읽도록 도와주는 기법을 사용해야 한다.

반복 읽기 기법에 관한 연구에 의하면, 초등학교뿐만 아니라 중·고등학교의 학습장애 학생들에게 읽기를 반복하게 하는 것이야말로 이들이 유창하게 읽을 수 있는 능력을 증가시키는 데 효과적이라고 밝히고 있다(이 연구의 상세한 검토가 필요하면 Mastropieri et al.(1999)를 참조하라). 여러 연구자들은 이 전략을 사용해 왔고, 이들 중 몇몇은 학생들로 하여금 유창하게 읽는 능력을 향상시키기 위해 같은 단락을 반복적으로 일곱 번까지 읽어 보도록 한 뒤 수업시간에 구두로 읽게 했다. 하지만 대개는 학습장애 학생에게 같은 단락을 3번 반복하여 읽게 하며, 이는 꽤 효과적이다. 물론, 읽을 내용은 학습장애 학생의 교수 수준에 적합해야 할 것이다. 학생이 처음에 읽을 문장은 문장 내 최소 80%의 단어를 정확히 읽을 수 있을 정도의 것이어야 하며, 학생의 수준이 95%에 도달할 때까지 반복적으로 읽게 해야 한다. 또한 학생이 단락을 읽는 도중에 모르는 단어가 있을 때에는 도움을 주어야 한다.

기존의 연구들은 반복 읽기 기법의 사용이 학습장애 학생의 구두 읽기 유창성을 향상시킬 수 있다고 입증하고 있다. 수업 가이드 7.11에 제시된 것처럼, Mastropieri와 그의 동료(1999)들은 이 기술을 사용하기 위한 여러 부가적인 지침을 제공하고 있다.

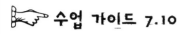 **수업 가이드 7.10**

예측/요약 기법

읽기 전

　　　이야기의 제목은 무엇인가? _____

_____

　　　제목을 보고 나는 어떤 내용을 예측할 수 있는가? _____

_____

　　　주제를 추측하게 할 만한 그림들이 있는가? _____

_____

　　　나는 이 주제에 대해 어떤 것을 배우고 싶은가? _____

_____

읽는 동안

　　　주된 아이디어나 문제는 무엇인가? _____

_____

　　　문제가 어떻게 처리되었는가? _____

_____

읽은 후

　　　성공적으로 문제가 다루어졌는가? _____

_____

　　　줄거리와 교훈은 무엇인가? _____

_____

　　　나는 무엇을 배웠는가? _____

_____

출처 : Bender, W. (2002). *Differentiating Instruction for Students With Learning Disabilities.* Copyright @ 2002 Corwin Press, Inc.

☞ 수업 가이드 7.11

반복 읽기 기법을 실행하기 위한 10단계

1. 교사는 읽기 연습이 유창한 읽기에 어떤 도움을 주는지 학생에게 설명해야 한다. 이렇게 함으로써 통합학급 내 학습장애 학생과 읽기에 어려움이 있는 학생들은 읽는 것에 대해 덜 난처해 할 것이다. 또한 이러한 설명을 통해 많은 학습장애 학생들은 이 전략 사용에 대해 상당히 높은 동기감을 가질 것이다.

2. 교사와 각 학습장애 학생은 적절한 읽기 성과비율 목표를 선정해야 한다. 각 목표는 분당 정확히 읽은 단어로 정한다.

3. 교사와 학생은 각 학생의 읽기 교수적 수준에 기초하여(즉 학생이 최소 85%의 단어를 올바르게 읽는 수준) 반복 읽기 기법을 사용할 읽기 단락을 선정해야 한다.

4. 교사는 각 학생의 읽기 비율을 계산하여야 한다(제6장에서 기술된 정밀교수 기법의 복습이 도움이 될 것이다).

5. 교사는 읽기 비율을 어떻게 계산하고, 기록하고, 해석하는지 각 학생에게 가르쳐줘야 한다.

6. 학생이 관심 있어 하는 이야기를 직접 고르게 하고, 이야기를 혼자(혹은 교사가 짝꿍 시스템을 사용하고자 하면 짝꿍과 함께) 세 번 반복적으로 읽도록 한다. 이것은 학생이 새로운 용어를 배우는 데 도움을 줄 것이다.

7. 교사는 학생이 처음 세 번 반복 읽기 연습을 하는 동안 필요할 때마다 단어의 발음에 대해 도움을 요청하도록 격려하여야 한다.

8. 세 번 연습한 후에, 학생은 이야기를 다시 한 번 가능한 빨리 읽어야 하고, 이때 교사는 초시계를 학생의 다른 손에 들게 해서 스스로 읽기에 걸린 시간을 측정하도록 한다.

9. 마지막 읽기가 끝난 후, 그 학생은 읽는 데 걸린 시간을 차트에 기록해야 한다.

10. 학생이 바로 이전에 수행한 읽기 비율과 목표 비율을 비교하도록 격려해야 한다.

 ### 반성적 과제: 읽을 시간

읽기만큼이나 중요한 또 다른 기술이 있을 때, 많은 교사들은 앞서 설명한 반복 읽기 전략이 학생의 시간을 너무 낭비하는 것이 아닌가 생각할지도 모른다. 분주한 교실에서 학생이 같은 문장을 서너 번씩 읽는 것을 교사가 모니터링하기 위해 일일이 시간을 내기란 쉬운 일이 아닐 것이다. 하지만 잠시 생각을 가다듬어 보면 이러한 걱정은 기우에 지나지 않음을 알 수 있다. 첫째, 읽기학습은 학교에서의 어떤 활동보다도 중요하며 이 영역의 전략교수는 다른 모든 교수보다 우선시되어야 한다. 다음으로, 앞서 기술된 짝꿍 시스템과 또래교수는 한 학생에게 모든 시간을 소비하지 않으면서 반복 읽기 전략을 실행할 수 있게 하는 방법이다. 교사들은 좀 더 많은 차별화된 교수를 수행하기 위해 이런 점에 대해 숙고하여야 하고, 이 전략을 실행하기 위한 몇 가지 아이디어들을 간략히 적어두어야 한다.

>>>> 교과서 내용 읽기

교과서 내용 읽기는 초등학년의 이야기 읽기와는 상당한 차이를 보인다. 교과서 내 내용 읽기는 초등학년에서의 기초 읽기와는 달리, 수업일수가 지날수록 더 많은 관련 내용들을 포함하게 된다. 거의 모든 교과목의 교과서에 실린 내용들은 순차적으로 진행되는 경향이 있다(예를 들어 혁명에 관한 내용들은 연방주의 시대에 관한 내용들보다 선행되고, 무척추동물에 대한 내용이 척추동물에 대한 내용보다 선행되어 실릴 것이다). 그러므로 학생들은 이러한 읽기 과제에서의 차이뿐만 아니라 교과서 내 단원들이 서로 연관되어 있음을 이해할 필요가 있다. 다음의 몇 가지 전략들은 초등, 중등, 그리고 그 이상 학년의 교과서 내용 읽기에 도움이 될 것이다.

본문 회고 기법

고학년 학습장애 학생이 교과서 내용을 읽고 요약하도록 도와주는 기법 중의 하나는 '본문 회고(text lookback)' 교수법이다(Swanson & De La Paz, 1998). 본문 회고 기법을 사용할 때 교사들은 학생들로 하여금 교과서 단원을 다시 보거나 구체적 정보를 찾도록 읽게 해야 한다. 학습장애 학생들은 구체적인 독해문제들이 함께 주어지면 질문에 대한 답을 찾기 위해 본문을 다시 보게 될 것이며, 이는 이들 학생의 본문에 대한 이해를 도와줄 것이다.

여러 일반교육교사들은 학습장애 학생들에게 "이 단원을 다시 보면서 답을 찾아보세요."라고 말만 하면 되리라 생각할지도 모른다. 그러나 중등학년 이상인 학습장애 학생들 중 대다수는 질문에 대한 답을 교과서에서 어떻게 찾아야 할지 모른다. 따라서 이들이 구체적 정보를 얻고자 단원을 다시 보기 위해서는 여러 가지 많은 기술들을 필요로 한다. 이 본문 회고 기법은 최소한 다음의 내용을 포함한다.

1. 특정 정보가 어느 부분에 있었는지 기억하기 – 단원의 전반부 혹은 후반부
2. 본문의 해당 부분을 찾기 위해 소제목 활용하기
3. 부합하는 소제목 내 주제 문장 읽기
4. 답이 있을 법한 문단 확인하기
5. 단원에서 정답을 찾기 혹은 계속 찾아보기

Swanson과 De La Paz(1998)는 교사가 구어적으로 이 기술들을 시연하면서 학생들을 위해 본문 회고 전략을 직접적으로 모델링할 것을 권한다. 이 연구자들은 학습장애 학생들에게 본문 회고 기법을 가르치기 위한 수업모델로서 수업 가이드 7.12에 제시된 대화를 제안하고 있다.

구두로 다시 말하기 기법

오늘날 이해력을 향상시키기 위한 많은 전략들에서는 학생들이 읽은 것에 대해 말하거나 다시 말하게 하는 것을 강조한다(Craig et al., 2001; Ward-Lonergan, Liles, & Anderson, 1999). 실제로, 이야기, 문장 또는 교과 내용 수업에서 얻은 정보를 구두로 다시 말하는 것은 중등 이상 학년의 학습장애 학생들의 이해력을 증가시키는 것으로 밝혀지고 있다(Ward-Lonergan et al., 1999). 주요 정보를 구두로 다시 말함으로써 학생들은 중요한 정보에 집중할 수 있게 되고, 따라서 학생은 문장에 있는 정보를 요약할 수 있게 된다. 이러한 이유로, 중등학년 이상의 일반학급 교사들은 자주 학생들에게 그들이 읽은 정보 또는 수업시간에 제공된 정보를 다시 말하도록 해야 한다. 수업시간에 학생이 문장을 속으로 또는 소리 내어 읽고 나면, 교사는 다음의 예처럼 말하면서 학생들이 읽은 내용의 중요한 면들을 다시 이야기하도록 끌어들일 수 있다.

> 자, 이제 우리가 방금 함께 읽은 본문의 내용을 다시 말해봅시다. 필요하다고 생각되면 책을 다시 참조하세요. 우선 우리가 방금 읽은 글에서 나온 사람들의 이름을 누가 말해볼까요? 그럼, 글 속에서 맨 처음 일어난 일에 대해 누가 말할까요?

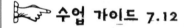 수업 가이드 7.12

본문 회고 전략교수하기

본문 회고 전략을 교수할 때, 교사는 직접 이 전략을 모델링해 주어야 하고 '사고과정을 큰 소리로 말해줘야' 한다. 한 예로 교사는 다음과 같이 말할 수 있다.

> 우리에게 스페인과 프랑스의 경계를 짓는 산맥이 무엇인지에 대해 묻고 있어요. 난 기억이 나지 않기 때문에 그것을 찾을 때까지 이 단원을 다시 봅니다. 우선, 나는 답이 있으리라 생각되는 부분까지 그 단원을 훑어볼 것입니다. 단원의 첫 부분은 프랑스의 역사에 관한 것이지요. 거기엔 답이 없을 것 같아요. 두 번째 부분은 사람들과 문화에 관한 것이므로, 거기에도 답은 없을 것 같아요. 다음 부분은 풍경에 관한 거군요. 나는 답이 여기 어딘가에 있을 것이라 생각됩니다. 더 자세히 보기 시작할 겁니다. 첫 번째 부분은 강에 관한 거니까, 이 부분은 아닐 거구요. 다음 부분은 산에 관한 것이네요. 답이 있는 곳이겠네요. 그럼, 나는 이 문장을 신중히 읽겠습니다. 여기 있네요. 프랑스 남서쪽에 있는 피레네 산맥이 프랑스와 스페인의 경계에 있다고 쓰여 있습니다. 따라서 질문에 대한 답은 피레네 산맥입니다.

출처 : Swanson, P. N., & De La Paz, S. (1998). Teaching Effective Comprehension Strategies With Learning and Reading Disabilities. *Intervention in School and Clinic*, 33(4), 209-218.

학습장애 학생들은 이런 형태의 '팀' 접근을 통해 문장의 일부분 다시 말하기 활동에 더 쉽게 참여할 것이다. 교사는 동시에 다른 학생으로 하여금 화이트보드에 단락의 주요점을 개요 형식으로 요약하게 함으로써 이 활동을 더 강화할 수 있다. 다시 말하기 활동에 이어, 교사는 또 다른 학습장애 학생으로 하여금 급우들을 위해 그 요약된 개요를 읽게 하고 필요하다면 부가적인 개요를 첨가하도록 지도할 수 있다.

나는 개인적으로 고학년 학급에서의 읽기와 듣기 교수를 위해 좀 더 조직적인 '다시 말하기' 전략인 RTC 과정을 사용해 왔다. RTC는 'recorder(기록자), talker(연설자), checker(검토자)'를 상징한다. 10~15분 정도의 강의를 시작하기에 앞서, 아래의 역할을 수행할 학생을 지명한다.

R- **기록자**, 내가 강의를 할 때 포스터에 중요한 정보를 기록하는 학생.

T- **발표자**, 20분 강의가 끝난 후 학급에 중요한 정보를 발표할 학생.

C- **검토자**, 강의의 중요한 정보가 기록자와 발표자에 의해 모두 다루어졌는지 확인하기 위해 검토하는 학생.

즉 내가 잠시 동안 정보를 제시하고 난 뒤, 학생들로 하여금 내가 다루었던 정보의 중요한 면들을 다시 발표하도록 한다. 이것은 역할을 담당하는 학생들의 참여를 보장할 뿐 아니라 강의/토론이라는 형식을 깨뜨리는 것이다. 또한 교사들은 가끔 그들이 말하고자 하는 것을 정확히 표현하지 못할 때가 있는데,

> 이야기, 문장, 또는 교과 내용 수업에서 얻은 정보를 구두로 다시 말하는 것은 중등 이상 학년의 학습장애 학생들의 이해력을 증가시키는 것으로 밝혀지고 있다.

이 때문에 학생들은 교사가 뜻하는 것과는 다른 의미로 듣기도 한다. 따라서 이 과정은 교사들로 하여금 학생들이 들었던 것을 다시 듣게 하고, 그 정보를 수정하고 명확히 하며, 필요하다면 부가적인 정보를 제공할 수 있게 할 것이다. 이것은 4학년부터 중학교까지의 교사들이 통합학급에서 쉽게 수행할 수 있는 간단한 다시 말하기 과정이다.

스토리텔링 기법

읽기와 언어 교수에서 **스토리텔링**(storytelling)은 앞서 기술한 다시 말하기 기법과 밀접하게 관련되어 있다(Craig et al., 2001). 스토리텔링은 교사, 다른 성인, 또는 학생이 수업시간에 이야기를 발표하기 위해 언어를 사용하는 것이다. 교사가 어떤 이야기에 대해 말하고 있다면, 그 이야기의 구조 그 자체가 교사로 하여금 학생을 이야기 속으로 '코치(coach)'할 수 있게 하는 완벽한 기회를 제공한다. 예를 들어 교사는 등장인물의 성격을 묘사하고 이야기의 '문제' 혹은 줄거리를 제공한 뒤, 학생에게 이야기가 어떻게 진행될지(즉 예상되는 클라이맥스) 예

측하게 한다. 이야기 구조에 대한 이해는 중대한 읽기 기술이기 때문에 이야기 구조로 학생들을 코치함으로써 모든 교과 영역에서의 읽기를 강화할 수 있다.

읽기, 말하기, 쓰기 교수에서 스토리텔링 기법을 사용하는 것은 많은 다른 이점도 갖고 있다. 첫째, 스토리텔링을 통해 다양한 인종의 학생들은 오늘날 학급의 특징인 문화의 다양성을 탐구할 기회를 가진다(Craig et al., 2001). 다음으로, 교사들은 학습장애 학생들이 단원에 대해 시험을 치는 것보다 스토리텔링을 통해 교과내용에 대한 자신의 지식을 더 효과적으로 표현할 수 있음을 발견할 것이다. 따라서 이 기법은 통합학급 교사에게 하나의 대안적인 시험 형식을 제공하고 있다. 마지막으로, 스토리텔링 기법은 학습장애 학생의 측면에서 살펴볼 때 다음과 같은 다양한 언어 능력을 포함하고 있다.

- 언어 능력
- 이야기 구성요소 이해하기
- 관심을 높이기 위한 표정 단서, 목소리 톤, 몸동작 사용하기(즉 '연극적 연출')
- 청중으로부터 단서 파악하기

스토리텔링은 위의 것들을 포함하여 여러 다른 의사소통의 측면들을 담고 있다. 이와 같이 스토리텔링에는 다양한 기술들이 내재되어 있기 때문에 '읽기' 전략이기보다는 '문해능력' 전략이라 정의하는 것이 타당하다. 수업 가이드 7.13은 교실에서 사용할 수 있는 스토리텔링의 10가지 기법을 제시한다.

>>>• 결론

이 장은 이 책의 다른 장보다 다양한 전략을 중첩적으로 더욱 많이 보여주고 있다. 읽기는 학습장애 학생들에게 가장 많이 나타나는 장애 영역이기 때문에 이 분야에 대해서는 가장 상세히 연구되고 있다. 덕분에 읽기 분야에서는 학습장애 학생과 다른 학생들을 위한 차별화 교수를 촉진해 줄 수 있는 다양한 교수 전략들이 개발되었다. 이 장은 총체적 접근－문해능력 교수－관점에서 일반교육교사가 통합학급에서 학습장애 학생에게 차별화 교수를 제공하기 위해 사용할 수 있는 유형의 전략들을 제시하고 있다. 이곳에 제시된 아이디어와 교수절차들은 학급의 모든 학생에게 도움이 될 것이고 학습장애 학생들의 읽기 능력 성취를 위해서는 필수적인 것이다.

🖐️ 수업 가이드 7.13

스토리텔링 사용을 위한 10가지 기법

1. 교사는 역사나 과학, 혹은 다른 교과 영역에서 중요한 사건을 설명하기 위해 가능한 한 자주 스토리텔링을 사용해야 한다. 예를 들면 게티즈버그 전투 막바지에 군인들이 얼마나 겁에 질려 있었는지 말하기보다는 학생들이 이 사건을 '현실감' 있게 느끼도록 스토리텔링 기법을 사용할 것이다. 학생들에게 책의 일부분을 직접 인용하여 읽어주는 것도 이러한 역사적 사실을 잘 전달할 수 있다. (예를 들면 게티즈버그 전투를 배경으로 한 유명한 Michael Shaara의 소설 *Killer Angels*의 일부분을 읽어준다.)

2. 다른 교과목에서 중요한 사건들을 설명하거나 묘사하기 위해 스토리텔링을 사용할 때에는 비디오, 사진, 혹은 교과서에 있는 그림의 참고 설명들로 스토리텔링을 보충한다. 학생들에게 교사가 스토리텔링한 것과 교과서 내 그림들 간에 다른 점들을 발견했는지 물어본다.

3. 개념 설명을 위해 학생들에게 다양한 형태의 이야기—실제 일어난 이야기건 꾸민 이야기건 간에—를 하게 한다. 예를 들어 중력에 관한 수업에서 교사는 다음과 같이 말할 수 있다. "여러분의 집에서 무언가가 바닥에 떨어졌을 때 일어났던 재미있는 사연을 누가 얘기 해볼까요?"

4. 여러 명의 아동들에게 동일한 이야기, 영화 또는 텔레비전 쇼에 대해 다시 이야기해 보도록 한다. 어떤 학생의 이야기가 '틀렸다' 혹은 '맞다'라고 구분 짓지 말고, 학생들과 함께 각 이야기의 차이에 대해 탐색한다.

5. 이야기에 대한 아동들의 이해 여부를 확인하기 위해 중반부에서 이야기를 잠시 멈춘다. 교사는 다음과 같은 질문을 던질 수 있을 것이다. "다음에 어떻게 될지 누가 얘기해 볼래요?" 또는 "Tabitha가 정말 어떤 일이 일어나길 원하는지 누가 얘기해 볼래요?"

6. 학생들이 수업시간에 이야기할 때 몸동작을 사용하게 한다. 한 학생에게 이야기를 하게 하고, 몇몇 다른 학생들에게는 배역을 주어 이야기 내용을 조용히 '실연' 하도록 한다. 배역을 맡았던 학생들과 배역을 어떻게 표현할 수 있는지 혹은 배역을 맡은 학생들은 어떻게 느꼈는지에 대해 토의한다.

7. 이야기를 하기 위해 음악, 리듬이나 노래를 사용한다. 어떤 이야기들은 반복되는 행이나 구가 있다. 이것들은 전체 학급이 같이 노래로 부를 수 있다. 학습장애 학생들이 이 노래를 같이 부르기 위해 노래에 귀를 기울일 것이고, 이것은 이들 아동의 주의력과 집중력을 향상시킬 것이다.

8. 학생들에게 동일한 이야기를 서로 다른 수준의 학생집단에 어떻게 이야기할 것인지 토의하게 하고 설명해 보도록 한다. 예를 들어 동일한 이야기를 저학년 학생에게 하는 것과 부모님과 다른 어른에게 하는 것과는 차이가 있을 것이다. 따라서 학생들은 어떻게 적합한 용어나 예를 사용해야 할지 고려해야만 한다.

9. 이야기의 각기 다른 부분을 각기 다른 학생에게 나누어 주고, 학생들로 하여금 순서대로 그들이 맡은 부분을 이야기하게 한다. 모든 학생이 각자가 맡은 부분을 말한 후에, 이야기와 동일한 비디오를 보여준다. 만약 생략된 부분이 있다면 그 부분이 이야기의 어떤 부분인지 토의한다.

10. 교사는 스토리텔링을 할 때, 그 이야기를 설명하기 위해 드라마와 역할놀이를 사용한다. 학생들이 이야기 속 등장인물의 역할을 느끼고 인식할 수 있도록 해준다.

다음 장에서는?

이 책에서는 다수의 차별화 교수 전략들을 제시했지만, 교사들은 도대체 어디서부터 시작해야 할지 궁금해 할 것이다. 마지막 장은 어떻게 교사들이 차별화 교수를 자신의 학급에서 시작할 수 있는지 알려 줄 것이다.

8

다음은 무엇인가

이 장에 포함된 전략

✔ 차별화 교수를 위한 자기평가

✔ 도움을 필요로 하는 학생들

✔ 현장 연구 착수

✔ 전문가적 개선 계획 개발

앞에서 소개한 전략과 기법들을 가지고 교사들은 수업에서 차별화된 교수절차를 시작하기 위해 몇 가지 제안점들이 필요하다. 이 마지막 장은 현직 교사들에게 새롭고도 혁신적인 교수방법들의 진행을 위한 제안점을 제공하고자 마련되었다. 대부분의 숙련된 교사들에게는 요리책과 같은 자세한 설명이 필요하지 않으므로, 이 장은 교육적인 변화를 위한 '청사진'으로 쓰여진 것은 아니다. 이미 대다수의 숙련된 교사들은 일반학급의 일과 속에 이와 유사한 많은 전략과 아이디어들을 적용하고 있을 것이다. 하지만 이것을 어떻게 진행시켜 나갈 것인지에 대해서는 다양한 아이디어들을 필요로 한다. 다음은 학습장애 학생들을 위한 통합학급에서 차별화 교수 모델을 사용하여 한층 개선된 교수를 실행하기 위한 제안들이다.

>>>> 자기평가와 자기만족

이 과정의 첫 단계로, 교사들은 이미 사용하고 있는 전략과 기법들을 생각하고, 이러한 개념들을 이미 사용한 것에 대해 자축해야 한다. **차별화 교수**라는 용어는 새로운 것이지만, 차별화 교수 학급에서 적용된 대부분의 전략과 기법들은 새로운 것이 아니며, 교사들은 이미 이것들의 상당 부분을 실행해 왔다. 예를 들자면, 실제적 평가와 포트폴리오 평가의 중요성은 과거 10년 이상 계속 언급되었고, 많은 교사들은 다양한 접근을 사용하여 학생들을 평가하고 있다. 마찬가지로, 자기모니터링 전략도 새로운 것은 아니며, 그 효과를 입증하는 수십 년간의 연구와 더불어 이미 많은 교사들이 그 전략을 사용하고 있다.

수업 진행과정에서 유의한 변화가 일어날 때 교사는 이에 대해 자화자찬할 필요가 있으며, 이미 사용하고 있는 전략과 기법들을 간단히 요약해 보면서 그들의 교수에 대한 자긍심을 가질 수 있다. 그러므로 새로운 접근법을 탐색할 때 교사들이 해야 할 가장 중요한 것은 현재 자신의 수행에 대해 자긍심을 갖는 것이다. 비록 이 책에서 교사의 교수방법에 대해 수많은 개선점들을 제시했다 하더라도, 이것은 성공적인 교수기법으로 개선하려는 개념으로 해석해야 할 것이며, 실패한 경험으로만 해석해서는 안 된다. 대체로, 나와 함께 일한(나는 매년 수천 명과 함께 일한다) 교사들은 고도로 숙련된 전문가들인데, 그들은 수업기법을 수정할 좋은 방법들을 찾아 헤맨다. 그러한 점에서, 이 글 속의 전략들은 그러한 교사들을 도울 수 있다.

 반성적 과제 : 자기평가와 자기만족

첫 단계로, 교사들은 벤더 교실 구조 질문지(Bender Classroom Structure Questionnaire, BCSQ)(1장 참조)를 프린트해야 하고, 여러 장에서 제시한 각각의 '10가지 기법' 목록을 만들어야 한다. 이 질문지와 목록을 지침으로 하여, 얼마나 많은 전략들이 교실에서 현재 사용되는지에 대해 정직한 평가를 해야 한다. 아래의 간단한 채점 절차는 교사들이 어떤 기법을 우선적으로 적용해야 할지 결정하도록 돕는다. 교사들은 세 가지 질문으로 이것을 할 수 있다.

1. 어떠한 전략과 기법들이 이미 실행되고 있는가? 이미 실행된 전략들은 평가에서 제외한다.

2. 당신의 교수 스타일과 현행 절차들을 비추어 볼 때, 어떤 전략들이 다음에 수행하기 수월하겠는가? 이 단계에서 교사들은, 자신의 현행 교수적 접근에 기초하여, 실행하기 매우 어렵다에 1점, 실행하기 조금 어렵다에 2점, 실행하기 대체로 쉽다에 3점으로 이 척도의 각 항목을 평정해야 한다.

3. 어떤 전략들이 당신의 수업에서 개별 학습자에게 가장 긍정적인 교육적 변화를 만들어 내는가? 교사는 수업 중 아주 적은 수의 학생들을 변화시켰다면 1점, 여러 학생들을 변화시켰다면 2점, 많은 학습자들에게 중요한 변화를 가져왔다면 3점을 주는 방식으로 이 질문의 각 지표를 평정한다. 위의 2번과 3번 질문에 대한 평가점수를 곱한 최종 점수가 높은 항목이

차별화 학급에서 교사들이 우선적으로 실행해야 하는 전략이 되는 것이다.

자기평가와 자기만족 이후, 교사들은 자기평가를 통해 확인한 한두 개의 전략을 시도해 볼 수 있다! 예를 들면 교사들은 같은 학교의 다른 교사가 어떤 전략을 시도하여 성공한 것을 보게 되면 새로운 전략을 시도해 보고자 하는 동기가 유발된다. 혹은 학회나 교육저널을 통해 혁신적인 아이디어를 접한 다음 그것을 수업에 적용하기도 한다. 많은 교사들은 '새로운 것을 시도'하고자 하는 갈망으로 여러 전략들을 실행하게 된다. 자신의 교수 스타일을 수정하고자 하는 이 같은 노력이 잘못된 것은 아니지만, 이러한 여러 가지 전략들을 선택하고 적용할 시간적 여유가 충분하지는 않다.

>>>• 도움을 필요로 하는 학생들

물론, 더욱 차별화된 학급으로 나아가고자 할 때에는 특정 학생을 위한 전략을 표적으로 삼는 것이 가장 효과적인 것 같다. 이러한 변화의 과정에서 우선 도움을 필요로 하는 학생들을 선정함으로써, 교사들은 학생들의 삶에 그리고 궁극적으로는 가르치는 즐거움에 있어 질적인 향상을 가져올 수 있을 것이다. 그러므로 나는 특정 학생의 구체적인 요구에 맞는 교수적 수정을 제공하기 위해 노력하기를 권한다.

이미 사용된 전략과 기법에 대한 숙고의 시간을 가진 후, 교사는 특정 학생들과의 관계뿐만 아니라 이들 학생들의 학습노력에 대해서도 고려해야 한다. 대부분의 수업활동을 '따라잡지' 못할 것 같은 학생들이 있는가? 교사는 그런 학생이 최근에 경험한 교육적 문제를 마음속으로 생각해 봐야 한다. 아마도 어떤 학생들은 읽기 과제의 이해에 있어 더 많은 지원을 필요로 할 것이고, 또 다른 학생들은 과제 조직화를 위한 자기조정기술의 개발에 도움이 필요할 것이다. 다시 말해, 교사는 학생들의 특정 요구들에 대해 생각해야 하고, 도움을 필요로 하는 이러한 학생들을 선별해야 한다. 특히, 교사는 특정 학생에게 빈번히 발생하는 한두 가지 특수한 문제에 관해 생각해야 하며, 그런 뒤 그 문제들의 상대적인 중요성을 결정해야 한다.

 반성적 과제 : 도움을 필요로 하는 학생들

학급에서 학업적으로 가장 문제가 많은 세 명의 학생은 누구인가? 학습절차에 있어서 교사가 확인할 수 있는 유사점들이 있는가(예 : 촉각적 학습자 혹은 수많은 구체적 예시가 필요한 학습자, 수업시간에 움직임이 필요한 학습자, 프로젝트나 수행평가 혹은 포트폴리오 평가를 통해 자신의 능력을 나타낼 수 있는 학습자)? 이러한 학생들의 문제는 교실에서 어떻게 나타나는가? 어떤 교과목과 어떤 유형의 학업적 활동에서 그 문제가 가장 잘 나타나는가? 이러한 특정 요구들에 주목하면서, 세 학생 각각에 대해 한 단락씩 적어보라.

>>>• 현장 연구 착수

현장 연구는 특정 학생에게 나타나는 학습문제를 해결하기 위해 교사에 의해 수행되는 교실 중심 연구이다. 이 장의 처음 두 부분은 특정 학생들의 요구뿐 아니라 현재 사용되고 있는 교사의 교실 조직과 교수 전략에 대한 고려할 사항과 관련된 것이다. 이러한 고려 사항을 명심하면서, 교사는 도움을 필요로 하는 학생들을 위한 수업에서 차별화 학습을 위한 중재 프로젝트를 계획하고 시작할 준비가 된다. 이러한 유형의 현장 연구 프로젝트를 실시함에 있어, 교사들은 아래의 5단계 과정에 따른다.

1. 특정 학생의 학습문제를 추출한다(학습문제를 자세히 설명한다).
2. 그 문제와 해당 학생을 위한 중재를 선정한다(여러 전략들을 검토한 후, 효과가 검증되었고 해당 학생에게 적합하다고 생각되는 전략을 선정한다).
3. 현장 연구의 가설을 설정하고 전략을 실행하라(예를 들면 자기관리 전략은 이 학생이 수업에 대한 준비를 하는 데 도움이 될 것이다).
4. 중재의 효과를 평가하기 위해 데이터를 수집한다(최소한 3주의 데이터를 얻도록 현장 연구 중재를 실시한다).
5. 현장 연구를 평가한다(중재가 효과적이었는가? 계속할 필요가 있는가? 첫 번째 전략이 효과가 없었다면 다른 어떤 전략이 효과적일 것인가?).

교사들은 이 다섯 단계를 거치면서 이 책 속 차별화된 교수 전략을 선택할 수 있고 중재를 실행할 수 있다. 수업 가이드 8.1은 학습문제뿐 아니라 가능한 중재를 파악하는 데 도움이 될 수 있는 간단한 서식을 제공한다. 그러나 교사들은 이 책에 실린 거의 대부분의 평가활동들이 여기서도 사용될 수 있다는 것을 알아야 한다.

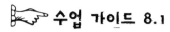 **수업 가이드 8.1**

학생의 학습문제 확인하기

이름 _____ 날짜 _____

1. 이 학생이 나타낸 가장 최근의 학업상 어려움을 기술하라._____
_____

2. 이 학생은 어떤 유형의 교육적 활동을 하고 있었는가? _____
_____

3. 이것은 동기(즉 학생이 시도하지 않는다)의 문제인가 혹은 학습절차 그 자체의 문제인가? _____
_____

4. 학생이 시도했던 활동들은 여기에 기술된 특정 전략에 적합한가? _____
_____

5. 또래교수, 실제적 평가 혹은 자기관리와 같은 차별화 전략들이 도움이 될 수 있는가? _____
_____

6. 교사는 미래에 이 학생에게 이와 유사한 과제에 있어 이러한 유형의 문제를 완화시킬 수 있는 특정 활동들에 관해
   가설을 설정할 수 있는가? _____
_____

이 정보들을 가지고 교사들은 위에 선택된 전략들이 어려움을 겪는 학생들의 문제를 경감할 수 있는지 확인하기 위해
현장 연구 프로젝트에 착수해야 한다.

>>>• 전문가적 개선 계획

모든 전문가들처럼 교사들도 그들의 직무수행 능력이 끊임없이 향상되기를 요구받고 있으며, 대부분의 교사들은 교육시수가 많고 다양하더라고 끊임없이 그들의 교수방법을 개선하려고 노력한다. 따라서 교사들은

- 전문적인 저널을 읽는다.
- 교사 자격증을 갱신하기 위해 대학(원) 과정을 듣는다.

☞ 수업 가이드 8.2

전문가적 개선 계획

이름 _____   날짜 _____

학교 _____

한 학년도 동안 제안된 전문가적 개발 활동 :

_____

I. 전문가적 지식 활동

1. 나는 차별화 교수법에 대해 최소한 15개 저널의 논문을 읽고, 이들 논문에서 인용한 참고문헌 목록을 만들 것이다.
2. 나는 한 개의 학술대회에 참가하여 차별화 교수법에 관한 발표를 들을 것이다.
3. 나는 차별화 교수법에 대한 두 권의 책을 읽고, 학교 동료 교직원들과 공유하기 위해 1페이지 분량의 보고서를 만들 것이다.
4. 나는 1년 동안의 이 모든 활동들을 종합하는 포트폴리오를 개발할 것이다.

II. 현장 연구

1. 나는 내년 9월에서 12월 사이에 두 명의 학생들에 대한 두 개의 현장 연구 프로젝트를 개발할 것이다.
2. 나는 그 이듬해 1월 현장 연구 프로젝트 결과를 교장에게 제출할 것이다.

III. 전문가적 결심

1. 나는 내년 봄 차별화 교수법에 대해 학교 동료 교직원들에게 45분간 프레젠테이션을 할 것이다.
2. 나는 내 현장 연구에 대한 보고서를 _____ (교사 전문가 조직의 이름)모임에 제출할 것이다.

출처 : Bender, W. (2002). *Differentiating Instruction for Students With Learning Disabilities*, ⓒ 2002 by Corwin Press, Inc.

- 혁신적인 교육적 아이디어가 제공되는 학술대회에 참여한다.
- 학생들이 겪고 있는 문제와 그 문제를 완화할 수 있는 전략 지도에 대해 다른 숙련된 교사들과 대화한다.
- 끊임없는 개선에 대한 노력으로 자신의 교육적 방법을 반성한다.

전문가적 개선 계획을 통해 교사들은 이러한 다양한 활동을 모두 수행해 낼 수 있게 되고, 이러한 다양한 전문가적 개발을 위해 교사들은 한층 노력하게 될 것이다. 노력에 대해 취할 수 있는 하나의 조치이다. 교사들이 차별화된 학급을 만들 때 전문가적 개선 계획은 도움이 될 것이다. 수업 가이드 8.2는 차별화된 교수가 행해지는 통합학급을 만들고자 하는 교사들을 위한 간단한 전문가적 개선 계획의 모델을 제시하고 있다.

>>>• 결론

지도 방법의 개선을 위한 지속적인 노력과 여기에서 기술된 전략들로 인해 차별화 교수는 오늘날 모든 전문가가 수행할 수 있게 되었다. 개별화된 교수로 특징지어지는 차별화된 교실은 더욱 유능한 교사를 만들 뿐만 아니라 학습장애 학생에게 매우 많은 도움을 제공할 것이다. 그리고 이것은 학생과 교사 간의 관계를 개선시킬 것이다. 또한 차별화된 교수를 개발함으로써 교사들은 그들의 수업이 즐거워지고, 그들의 학생들도 즐거워하는 것을 발견하게 될 것이다. 이런 방식으로 모든 교사는 더욱 구체적으로 학생들의 학습을 향상시킬 수 있고, 궁극적으로는 교실에 있는 학습장애 학생들의 생활도 개선시킬 수 있게 된다. 그리고 이 학생들은 적어도 우리 교육자들이 제공할 수 있는 최상의 교육을 받을 것이다.

참고문헌

Arreaga-Mayer, C. (1998). Increasing active student responding and improving academic performance through classwide peer tutoring. *Intervention in School and Clinic, 24*(2), 89-117.

Ashton, T. M. (1999). Spell CHECKing: Making writing meaningful in the classroom. *Teaching Exceptional Children, 32*(2), 24-27.

Ausubel, D. P., & Robinson, F. G. (1969). *School learning: An introduction to educational psychology.* New York: Holt, Reinhart, & Winston.

Baumann, J. F. (1984). The effectiveness of a direct instruction paradigm for teaching main idea comprehension. *Reading Research Quarterly, 20,* 93-115.

Baumann, J. F. (1986). Teaching third-grade students to comprehend anaphoric relationships: The application of a direct instruction model. *Reading Research Quarterly, 21,* 70-87.

Beirne-Smith, M. (1991). Peer tutoring in arithmetic for children with learning disabilities. *Exceptional Children, 57,* 330-337.

Bender, W. N. (1985). Strategies for helping the mainstreamed student in secondary social studies classes. *Social Studies, 76,* 269-271.

Bender, W. N. (1986). Effective practices in the mainstream setting: Recommended model for evaluation of mainstream teachers' classes. *Journal of Special Education, 20,* 475-487.

Bender, W. N. (1992). The Bender classroom structure questionnaire: A tool for placement decisions and evaluation of mainstream learning environments. *Intervention in School and Clinic, 27,* 307-312.

Bender, W. N. (1996). *Teaching students with mild disabilities.* Boston: Allyn & Bacon.

Bender, W. N. (2002). *Relational discipline: Strategies for in-your-face kids.* Needham Heights, MA: Allyn & Bacon.

Bender, W. N., & Beckoff, A. G. (1989). Programming for mainstream kindergarten success in preschool: Teachers' perceptions of necessary prerequisite skills. *Journal of Early Intervention, 13*(3), 269-280.

Bender, W. N., Smith, J. K., & Frank, J. N. (1988). Evaluation of mainstream classes: A scale for determining appropriate class placements. *Education, 108,* 540-545.

Bender, W. N., & Ukeje, I. C. (1989). Instructional strategies in mainstream classrooms: Prediction of the strategies teachers select. *Remedial and Special Education, 10*(2), 22-30.

Bender, W. N., Vail, C. O., & Scott, K. (1995). Teachers' attitudes toward increased mainstreaming: Implementing effective instruction for students with learning disabilities. *Journal of Learning Disabilities, 28*(2), 87-94.

Bergerud, D., Lovitt, T. C., & Horton, S. (1988). The effectiveness of textbook adaptations in life science for high school students with learning disabilities. *Journal of Learning Disabilities, 21,* 70-76.

Bos, C. S., Mather, N., Silver-Pacuilla, H., & Narr, R. F. (2000). Learning to teach early literacy skills—collaboratively. *Teaching Exceptional Children, 32*(5), 38-45.

Brown, A. L., & Palincsar, A. S. (1982). Inducing strategic learning from texts by means of informed self-control training. *Topics in Learning and Learning Disabilities, 2*(2), 1-17.

Bryant, B. R. (1999). The dynamics of assessment. In W. N. Bender (Ed.), *Professional issues in learning disabilities* (pp. 253-279). Austin, TX: PRO-ED.

Bryant, D. P., Ugel, N., Thompson, S., & Hamff, A. (1999). Instructional strategies for content-area reading instruction. *Intervention in School and Clinic, 34*(5), 293-302.

Carlson, M. B., Litton, F. W., & Zinkgraf, S. A. (1985). The effects of an intraclass peer tutoring program on the sight word recognition ability of students who are mildly mentally retarded. *Mental Retardation, 23*(2), 74-78.

Carman, R. A., & Adams, W. R. (1972). *Study skills: A student's guide for survival.* New York: John Wiley.

Chapman, C. (2000, March 16). *Brain compatible instruction.* Paper presented at a nationwide telesatellite workshop, *Tactics for Brain Compatible Instruction,* Bishop, GA.

Chard, D. J., & Dickson, S. V. (1999). Phonological awareness: Instructional and assessment guidelines. *Intervention in School and Clinic, 34*(5), 261-270.

Clark, F. L., Deshler, D. D., Schumaker, J. B., Alley, G. R., & Warner, M. M. (1984). Visual imagery and self-questioning: Strategies to improve comprehension of written material. *Journal of Learning Disabilities, 17,* 145-149.

Corry, J. R., & Shamow, J. (1972). The effects of fading on the acquisition and retention of oral reading. *Journal of Applied Behavior Analysis, 5,* 311-315.

Cowan, G., & Cowan, E. (1980). *Writing.* New York: John Wiley.

Craig, S., Hull, K., Haggart, A. G., & Crowder, E. (2001). Storytelling: Addressing the literacy needs of diverse learners. *Teaching Exceptional Children, 33*(5), 46-52.

Darch, C., & Carnine, D. (1986). Teaching content area material to learning disabled students. *Exceptional Children, 53,* 240-246.

Darch, C., & Gersten, R. (1986). Direction-setting activities in reading comprehension: A comparison of two approaches. *Learning Disability Quarterly, 9,* 235-243.

Darch, C., & Kameenui, E. J. (1987). Teaching LD students critical reading skills: A systematic replication. *Learning Disability Quarterly, 10, 82-91.*

Day, V. P., & Elksnin, L. K. (1994). Promoting strategic learning. *Intervention in School and Clinic, 29*(5), 262-270.

Dayton-Sakari, M. (1997). Struggling readers don't work at reading: They just get their teachers to! *Intervention in School and Clinic, 32*(5), 295-301.

Delquadri, J., Greenwood, C. R., Whorton, D., Carta, J. J., & Hall, R. V. (1986). Classwide peer tutoring. *Exceptional Children, 52,* 535-542.

Deshler, D. D., Warner, M.. M., Schumaker, J. B., & Alley, G. R. (1984). Learning strategies intervention model: Key components and current status. In J. D. McKinney & L. Feagans (Eds.), *Current topics in learning disabilities* (Vol. 1). Norwood, NJ: Ablex.

Dickson, S. V., Chard, D. J., & Simmons, D. C. (1993). An integrated reading/writing curriculum: A focus on scaffolding. *LD Forum, 18*(4), 12-16.

Digangi, S., & Magg, J., & Rutherford, R. B. (1991). Self-graphing on on-task behavior: Enhancing the reactive effects of self-monitoring on-task behavior and academic performance. *Learning Disability Quarterly, 14,* 221-229.

Dorry, G. W. (1976). Attentional model for the effectiveness of fading in training reading-vocabulary with retarded persons. *American Journal of Mental Deficiency, 81,* 271-279.

Dye, G. A. (2000). Graphic organizers to the rescue! *Teaching Exceptional Children, 33*(4), 72-76.

Elbaum, B., Moody, S. W., Vaughn, S., Schumm, J. S., & Hughes, M. (2000). *The effect of instructional grouping format on the reading outcomes of students with disabilities: A meta-analytic review* [Online]. Available: www.ncld.org.

Ellis, E. S. (1994). Integrating writing strategy instruction with content area instruction. *Intervention in School and Clinic, 29,* 169-179.

Ellis, E. S., Deshler, D. D., & Schumaker, J. B. (1989). Teaching adolescents with learning disabilities to generate and use task-specific strategies. *Journal of Learning Disabilities, 22,* 108-118.

Engelmann, S., & Carnine, D. W. (1972). *DISTAR Arithmetic III.* Chicago: Scientific Research Associates.

Engelmann, S., & Hanner, S. (1982). *Reading Mastery, Level III: A direct instruction program.* Chicago: Science Research Associates.

Engelmann, S., Osborn, S., & Hanner, S. (1989). *Corrective reading: Comprehension skills comprehension B 2.* Chicago: Science Research Associates.

Englert, C. S., Berry, R., & Dunsmore, K. (2001). A case study of the apprenticeship process: Another perspective on the apprentice and the scaffolding metaphor. *Journal of Learning Disabilities, 34*(2), 152-171.

Fuchs, L. S., & Deno, S. L. (1994). Must instructionally useful performance assessment be based in the curriculum? *Exceptional Children, 61,* 15-24.

Fuchs, L. S., Fuchs, D., Eaton, S. B., Hamlett, C., Binkley, E., & Crouch, R. (2000). Using objective data sources to enhance teacher judgements about test accommodations. *Exceptional Children, 67*(1), 67-81.

Fuchs, L. S., Fuchs, D., Hamlett, C. L., Phillips, N. B., & Bentz, J. (1994). Classwide curriculum-based measurement: Helping general educators meet the challenge of student diversity. *Exceptional Children, 60,* 518-537.

Fuchs, L. S., Fuchs, D., Hamlett, C. C., Phillips, N. B., & Bentz, J. (1995). General educators' specialized adaptation for students with disabilities. *Exceptional Children, 61,* 440-459.

Fuchs, L. S., Fuchs, D., & Kazdan, S. (1999). Effects of peer-assisted learning strategies on high school students with serious reading problems. *Remedial and Special Education, 20*(5), 309-318.

Fuchs D., Fuchs, L., Yen, L., McMaster, K., Svenson, E., Yang, N., Young, C., Morgan, P., Gilbert, T., Jaspers, J., Jernigan, M., Yoon, E., & King, S. (2001). Developing first grade reading fluency through peer mediation. *Teaching Exceptional Children, 34*(2), 90-93.

Fulk, B. M., & King, K. (2001). Classwide peer tutoring at work. *Teaching Exceptional Children, 34*(2), 49-53.

Gersten, R., Woodward, J., & Darch, C. (1986). Direct instruction: A research-based approach to curriculum design and teaching. *Exceptional Children, 53,* 17-31.

Greenwood, C. R. (1991). Longitudinal analysis of time, engagement, and achievement in at-risk versus non-risk students. *Exceptional Children, 50*, 521-535.

Greenwood, C. R., Delquadri, J. C., & Hall, R. V. (1989). Longitudinal effects of classwide peer tutoring. *Journal of Educational Psychology, 81*(3), 371-383.

Gregory, G. H., & Chapman, C. (2002). *Differentiated instructional strategies: One size doesn't fit all.* Thousand Oaks, CA: Corwin Press.

Hallahan, D. P., & Lloyd, J. W. (1987). A reply to Snider. *Learning Disability Quarterly, 10*, 299-306.

Hallahan, D. P., Lloyd, J. W., Kosiewicz, M. M., Kauffman, J. M., & Graves, A. W. (1979). Self-monitoring of attention as a treatment for a learning disabled boy's off-task behavior. *Learning Disability Quarterly, 2*, 24-32.

Hallahan, D. P., Lloyd, J. W., & Stoller, L. (1982). *Improving attention with self-monitoring: A manual for teachers.* Charlottesville: University of Virginia.

Hallahan, D. P., Marshall, K. J., & Lloyd, J. W. (1981). Self-recording during group instruction: Effects on attention to task. *Learning Disability Quarterly, 4*, 407-413.

Hallahan, D. P., & Sapona, R. (1983). Self-monitoring of attention with learning disabled children: Past research and current issues. *Journal of Learning Disabilities, 16*, 616-620.

Hewett, F. (1967). Educational engineering with emotionally disturbed children. *Exceptional Children, 33*, 459-467.

Jones, C. J. (2001a). CBAs that work: Assessing students' math content-reading levels. *Teaching Exceptional Children, 34*(1), 24-29.

Jones, C. A. (2001b). Teacher-friendly curriculum-based assessment in spelling. *Teaching Exceptional Children, 34*(2), 32-38.

Joseph, J., Noble, K., & Eden, G. (2001). The neurobiological basis of reading. *Journal of Learning Disabilities, 34*(6), 566-579.

Kameenui, E. J., Carnine, D. W., Darch, C. B., & Stein, M. (1986). Two approaches to the development phase of mathematics instruction. *Elementary School Journal, 5*, 633-650.

Kameenui, E. J., Carnine, D. W., Dixon, R. C., Simmons, D. C., & Coyne, M. D. (2002). *Effective teaching strategies that accommodate diverse learners* (2nd ed.). Upper Saddle River, NJ: Prentice Hall.

Keeler, M. L., & Swanson, H. L. (2001). Does strategy knowledge influence working memory in children with mathematical disabilities? *Journal of Learning Disabilities, 34*, 418-434.

Knowlton, H. E. (1980). Effects of picture fading on two learning disabled students' sight word acquisition. *Learning Disability Quarterly, 3*, 88-96.

Korinek, L., & Bulls, J. A. (1996). SCORE A: A student research paper writing strategy. *Teaching Exceptional Children, 28*(4), 60-63.

Kuder, S. J. (1990). Effectiveness of the DISTAR Reading Program for children with learning disabilities. *Journal of Learning Disabilities, 23*, 69-71.

Larkin, M. J. (2001). Providing support for student independence through scaffolded instruction. *Teaching Exceptional Children, 34*(1), 30-35.

Lazerson, D. B., Foster, H. L., Brown, S. I., & Hummel, J. (1988). The effectiveness of cross-age tutoring with truant, junior high school students with learning disabilities. *Journal of Learning Disabilities, 21*, 253-255.

Lederer, J. M. (2000). Reciprocal teaching of social studies in inclusive elementary classrooms. *Journal of Learning Disabilities, 33*(1), 91-106.

Lenz, B. K., Alley, G. R., & Schumaker, J. B. (1987). Activating the inactive learner: Advance organizers in the secondary classroom. *Learning Disability Quarterly, 10*, 53-67.

Lenz, B. K., & Hughes, C. A. (1990). A word identification strategy for adolescents with learning disabilities. *Journal of Learning Disabilities, 23*, 149-163.

Lenz, B. K., Schumaker, J. B., Deshler, D. D., & Beals, V. L. (1984). *The word identification strategies* (Learning Strategies Curriculum). Lawrence: University of Kansas Press.

Leonard, C. M. (2001). Imaging brain structure in children: Differentiating language disability and reading disability. *Learning Disability Quarterly, 24*(3), 158-176.

Lindsley, O. R. (1971). Precision teaching in perspective: An interview with Ogden R. Lindsley (A. Duncan, interviewer). *Teaching Exceptional Children, 3*, 114-119.

Linn, R. L. (1986). Educational testing and assessment: Research needs and policy issues. *American Psychologist, 41*, 1153-1160.

Lovitt, T., & Horton, S. V. (1994). Strategies for adapting science textbooks for youth with learning disabilities. *Remedial and Special Education, 15*(2), 105-116.

Lovitt, T., Rudsit, J., Jenkins, J., Pious, C., & Benedetti, D. (1985). Two methods of adapting science materials for learning disabled and regular seventh graders. *Learning Disability Quarterly, 8*, 275-285.

Lyon, G. R., & Moats, L. C. (1997). Critical conceptual and methodological considerations in reading intervention research. *Journal of Learning Disabilities, 30*(6), 578-588.

Maheady, L., Harper, G. F., & Sacca, K. (1988). A classwide peer tutoring system in a secondary, resource room program for the mild handicapped. *Journal of Research and Development in Education, 21*(3), 76-83.

Maher, C. A. (1982). Behavioral effects of using conduct problem adolescents as cross-age tutors. *Psychology in the Schools, 19*, 360-364.

Maher, C. A. (1984). Handicapped adolescents as cross age tutors: Program description and evaluation. *Exceptional Children, 51*, 56-63.

Marks, J. W., Laeys, J. V., Bender, W. N., & Scott, K. S. (1996). Teachers create learning strategies: Guidelines for classroom creation. *Teaching Exceptional Children, 28*(4), 34-38.

Marston, D., Tindal, G., & Deno, S. L. (1984). Eligibility for learning disabilities services: A direct and repeated measurement approach. *Exceptional Children, 50*, 554-556.

Mastropieri, M. A., Leinart, A., & Scruggs, T. E. (1999). Strategies to increase reading fluency. *Intervention in School and Clinic, 34*(5), 278-283.

Mastropieri, M. A., & Peters, E. E. (1987). Increasing prose recall of learning disabled and reading disabled students via spatial organizers. *Journal of Educational Research, 80*, 272-276.

Mastropieri, M. A., & Scruggs, T. E. (1988). Increasing content area learning of learning disabled students: Research implementation. *Learning Disabilities Research, 4*(1), 17-25.

Mastropieri, M. A., & Scruggs, T. E. (1998). Enhancing school success with mnemonic strategies. *Intervention in School and Clinic, 33*(4), 201-208.

Mathes, M., & Bender, W. N. (1997a). The effects of self-monitoring on children with attention-deficit/hyperactivity disorder who are receiving pharmacological interventions. *Remedial and Special Education, 18*(2), 121-128.

Mathes, M., & Bender, W. N. (1997b). Teaching students with ADHD in the elementary classroom: A hierarchical approach to strategy selection. In W. N. Bender (Ed.), *Understanding ADHD: A practical guide for teachers and parents*. Columbus, OH: Charles Merrill.

Mathes, P. G., Fuchs, D., Fuchs, L. S., & Henley, A. M. (1994). Increasing strategic reading practice with Peabody classwide peer tutoring. *Learning Disabilities Research and Practice, 9*(1), 44-48.

Mathes, P. G., Fuchs, D., Roberts, P. H., & Fuchs, L. S. (1998). Preparing students with special needs for reintegration: Curriculum-based measurement's impact on transenvironmental programming. *Journal of Learning Disabilities, 31*(6), 615-624.

McConnell, M. E. (1999). Self-monitoring, cueing, recording, and managing: Teaching students to manage their own behavior. *Teaching Exceptional Children, 32*(2), 14-23.

McTighe, J. (1990). *Better thinking and learning.* Baltimore: Maryland State Department of Education.

Meichenbaum, D. H., & Goodman, J. (1969). The developmental control of operant motor responding by verbal operants. *Journal of Experimental Child Psychology, 7,* 553-565.

Meichenbaum, D. H., & Goodman, J. (1988). Training impulsive children to talk to themselves: A means of developing self-control. *Journal of Abnormal Psychology, 77,* 115-126.

Miller, M., & Fritz, M. F. (1998). A demonstration of resilience. *Intervention in School and Clinic, 35,* 265-271.

Moats, L. C., & Lyon, G. R. (1993). Learning disabilities in the United States: Advocacy, science, and the future of the field. *Journal of Learning Disabilities, 26,* 282-294.

Monda-Amoya, L., & Reed, F. (1993). Informal assessment in the classroom. In W. N. Bender (Ed.), *Best practices in learning disabilities* (pp. 105-134). Reading, MA: Andover Medical Publishers.

Montague, M. (1992). The effects of cognitive and metacognitive strategy instruction on the mathematical problem solving of middle school students with learning disabilities. *Journal of Learning Disabilities, 25,* 230-248.

Montague, M., & Leavell, A. G. (1994). Improving the narrative writing of students with learning disabilities. *Remedial and Special Education, 15*(1), 21-33.

Mortweet, S. W., Utley, C. A., Walker, D., Dawson, H. L., Delquardri, J. C., Reedy, S. S., Greenwood, C. R., Hamilton, S., & Ledford, D. (1999). Classwide peer tutoring: Teaching students with mild mental retardation in inclusive classrooms. *Exceptional Children, 65*(4), 524-536.

Palincsar, A. S., & Brown, A. L. (1986). Interactive teaching to promote independent learning from text. *The Reading Teacher, 39,* 771-777.

Palincsar, A. S., & Brown, A. L. (1987). Enhancing instructional time through attention to metacognition. *Journal of Learning Disabilities, 20*(1), 66-75.

Patzer, C. E., & Pettegrew, B. S. (1996). Finding a "voice": Primary students with developmental disabilities express personal meanings through writing. *Teaching Exceptional Children, 29*(2), 22-27.

Peterson, J., Heistad, D., Peterson, D., & Reynolds, M. (1985). Montevideo individualized prescriptive instructional management system. *Exceptional Children, 52,* 239-243.

Polloway, E. A., Epstein, M. H., Polloway, C. H., Patton, J. R., & Ball, D. W. (1986). Corrective reading program: An analysis of effectiveness with learning disabled and mentally retarded students. *Remedial and Special Education, 7*(4), 41-47.

Pressley, M., Hogan, K., Wharton-McDonald, R., Mistretta, J., & Ettneberger, S. (1996). The challenges of instructional scaffolding: The challenges of instruction that supports student thinking. *Learning Disabilities Research & Practice, 11*(3), 138-146.

Rabren, K., Darch, C., & Eaves, R. C. (1999). The differential effects of two systematic reading comprehension approaches with students with learning disabilities. *Journal of Learning Disabilities, 32*(1), 36-47.

Richards, T. L. (2001). Functional magnetic resonance imaging and spectroscopic imaging of the brain: Application of fMRI and fMRS to reading disabilities and education. *Learning Disability Quarterly, 24*(3), 189-204.

Rooney, K. J., & Hallahan, D. P. (1988). The effects of self-monitoring on adult behavior and student independence. *Learning Disabilities Research, 3,* 88-93.

Rooney, K. J., Hallahan, D. P., & Lloyd, J. W. (1984). Self-recording of attention by learning disabled students in the regular classroom. *Journal of Learning Disabilities, 17,* 360-363.

Rose, T. L., & Robinson, H. H. (1984). Effects of illustrations on learning disabled students' reading performance. *Learning Disability Quarterly, 7,* 165-171.

Russell, T., & Ford, D. F. (1984). Effectiveness of peer tutors vs. resource teachers. *Psychology in the Schools, 21,* 436-441.

Sasso, G. M., Mitchell, V. M., & Struthers, E. M. (1986). Peer tutoring vs. structured interaction activities: Effects on the frequency and topography of peer interactions. *Behavior Disorders, 11,* 249-258.

Scheid, K. (1994). Cognitive based methods for teaching mathematics. *Teaching Exceptional Children, 56,* 540-549.

Scruggs, T. E., Mastropieri, M., Veit, D. T., & Osguthorpe, R. G. (1986). Behaviorally disordered students as tutors: Effects on social behavior. *Behavior Disorders, 11,* 36-43.

Scruggs, T. E., & Richter, L. (1985). Tutoring learning disabled students: A critical review. *Learning Disability Quarterly, 8,* 286-298.

Shapiro, E. S., DuPaul, G. J., & Bradley-Klug, K. L. (1998). Self-management as a strategy to improve the classroom behavior of adolescents with ADHD. *Journal of Learning Disabilities, 31*(6), 545-555.

Smith, C. R. (1998). From gibberish to phonemic awareness: Effective decoding instruction. *Teaching Exceptional Children, 30*(6), 20-25.

Smith, S. B., Baker, S., & Oudeans, M. K. (2001). Making a difference in the classroom with early literacy instruction. *Teaching Exceptional Children, 33*(6), 8-14.

Snider, V. (1987). Use of self-monitoring of attention with LD students: Research and application. *Learning Disability Quarterly, 10,* 139-151.

Snyder, M. C., & Bambara, L. M. (1997). Teaching secondary students with learning disabilities to self-manage classroom survival skills. *Journal of Learning Disabilities, 30*(5), 534-543.

Sousa, D. (1999, April 23). *Motor learning in the classroom.* Paper presented at the teleconference, *Brain Based Learning,* Atlanta, GA.

Sousa, D. (2001a). *How the brain learns* (2nd ed.). Thousand Oaks, CA: Corwin Press.

Sousa, D. A. (2001b). *How the special needs brain learns.* Thousand Oaks, CA: Corwin Press.

Stone, C. A. (1998). The metaphor of scaffolding: Its utility for the field of learning disabilities. *Journal of Learning Disabilities, 31,* 344-364.

Swanson, P. N., & De La Paz, S. (1998). Teaching effective comprehension strategies to students with learning and reading disabilities. *Intervention in School and Clinic, 33*(4), 209-218.

Sylwester, R. (2000). *A biological brain in a cultural classroom.* Thousand Oaks, CA: Corwin Press.

Tomlinson, C. A. (1999). *The differentiated classroom: Responding to the needs of all learners.* Alexandria, VA: Association for Supervision and Curriculum Development.

Tomlinson, C. A. (2001). *How to differentiate instruction in mixed-ability classrooms* (2nd ed.). Alexandria, VA: Association for Supervision and Curriculum Development.

Tomlinson, C. A., Kaplan, S. N., Renzulli, J. S., Purcell, J., Leppien, J., & Burns, D. (2002). *The parallel curriculum: A design to develop high potential and challenge high-ability learners.* Thousand Oaks, CA: Corwin Press.

Top, B. L., & Osguthorpe, R. T. (1987). Reverse-role tutoring: The effects of handicapped students tutoring regular class students. *Elementary School Journal, 87,* 413-423.

Utley, C. A., Mortweet, S. L., & Greenwood, C. R. (1997). Peer-mediated instruction and interventions. *Focus on Exceptional Children, 29*(5), 1-23.

Vail, C. O., & Huntington, D. (1993). Classroom behavioral interventions for students with learning disabilities. In W. N. Bender (Ed.), *Best practices in learning disabilities* (pp. 153-176). Reading, MA: Andover Medical Publishers.

Vaughn, S., Gersten, R., & Chard, D. J. (2000). The underlying message in LD intervention research: Findings from research syntheses. *Exceptional Children, 67*(1), 99-114.

Wang, M. C., & Birch, J. W. (1984). Comparison of a full-time mainstreaming program and a resource room approach. *Exceptional Children, 51,* 33-40.

Wang, M. C., & Zollers, N. J. (1990). Adaptive instruction: An alternative service delivery approach. *Remedial and Special Education, 11*(1), 7-12.

Ward-Lonergan, J. M., Liles, B. Z., & Anderson, A. M. (1999). Verbal retelling abilities in adolescents with and without language-learning disabilities for social studies lectures. *Journal of Learning Disabilities, 32*(3), 213-223.

Wesson, C. L. (1991). Curriculum based measurement and two models of follow-up consultation. *Exceptional Children, 57,* 246-256.

White, O. R. (1986). Precision teaching-precision learning. *Exceptional Children, 52,* 522-534.

Winn, J. A., & Otis-Wilborn, A. (1999). Monitoring literacy learning. *Teaching Exceptional Children, 32*(1), 40-45.

찾아보기

저자 소개

William N. Bender 교수는 1983년 University of North Carolina에서 박사학위를 받았다. 이에 앞서 공립학교에서 수 년 동안학생들을 가르쳤다. 그는 중등교육에 몸담은 이후로 특수교육과 교육학에 관한 60편 이상의 논문과 9권의 책을 저술했다. 그의 전문분야는 장애 학생, 특히 학습장애, 정서장애, 주의집중장애 학생의 교수전략과 훈육전략(disciplinary strategies)에 관한 것이다. 그는 교수기법과 원격교육(distance education) 분야에서 선두주자로 알려져 있다.

역자 소개

김자경

미국 미주리주립대학교 대학원 특수교육전공 철학박사
조선대학교 특수교육과 교수
현 부산대학교 사범대학 특수교육과 교수

김기주

부산대학교 대학원 특수교육학과 특수교육전공 박사 수료
현 소리나라 언어발달 치료센터 원장